Ksenija Maricki Gađanski
BURA I SNOVI

Kolekcija
PEČAT

Urednik
JOVICA AĆIN

Na koricama
Eksekija
Dionis na brodu plovi morem
Oko 535. godine pre n. e.
Muzej antičke umetnosti, Minhen

KSENIJA MARICKI GAĐANSKI

BURA I SNOVI

Antičke i moderne teme

RAD

I

KA NAJSTARIJOJ EVROPSKOJ GLOTOLOGIJI

„Stvari su iste i sada i nekada, ali se sada rečima ne služimo uvek istim kao ranije."

Lisija, 10, 20[1]

Poznato Štajntalovo delo *Geschichte der Sprachwissenschaft bei den Griechen und Römern mit besonderer Rücksicht auf die Logik* u dva toma sa blizu osam stotina stranica doživelo je u 19. veku dva izdanja (1863. i 1890). Sto godina kasnije, preduzeće Ferd. Dimlera izdalo je fototipsko izdanje drugog, proširenog izdanja. To se može shvatiti kao lepa pažnja prema jednoj značajnoj knjizi, ali neće biti i jedina dimenzija u odluci preduzeća da javnosti ponovo učini dostupnom ovu davno rasprodatu knjigu. Pojava Štajntalove *Istorije lingvistike* u drugoj polovini 20. veka zahteva nešto više razmišljanja. Jer, time nije samo potvrđena njena aktualnost, nego je pokazano da mi za njom osećamo i potrebu. Drugim rečima, praznina u izučavanju antičkih učenja o jeziku još uvek je odviše prostrana da bi i najnoviji radovi u toj oblasti mogli da je popune.*

A tih radova je ipak bilo u priličnom broju. Istina, oni su uglavnom bili ograničavani dosta suženim poljem istraživanja, jer su činili deo istorije logike, istorije lingvistike, istorije gramatike, u novije vreme i istorije helenske filosofije i književnosti, pa i religije, muzikologije, estetike i dr. Antička shvatanja o jeziku, pored toga, ulaze u najno-

---
[1] „Τὰ μὲν πράγματα ταὐτά ἐστι νῦν τε καὶ πάλαι, τῶν δὲ ὀνομάτων ἐνίοις οὐ τοῖς αὐτοῖς χρώμεθα νῦν τε καὶ πρότερον". *Lys.* 10,20. Lisija je čuveni atinski retor (rođ. 445. g. pre nove ere), autor 233 besede od kojih je sačuvano samo 34.

* 2004. godine je u Hildeshajmu objavljeno 4. reprint izdanje ove knjige (Georg Olms Verlag).

vija ispitivanja uloge i značenja mimese, polariteta i analogije, i drugih konstitutivnih elemenata helenske misli i kulture. Uza sve to, i teorija značenja mora da vodi računa o antičkim teorijama jezika. I tako dalje.

Međutim, iako je interesovanje za tu tematiku zaista široko, teško je reći da su analize pokazale mnogo novih i nepoznatih elemenata u odnosu na Štajntala, a i na autore pre njega (Švalbe, Lerš, na primer). Razlog će verovatno biti u suženom obimu u kome se ova raznovrsna problematika počela obrađivati. Tek u novije vreme, možda poslednjih dvadesetak godina, počinje se osećati potreba da se ovi razjedinjeni aspekti nekako povežu, usklade i kompleksnije izuče, jer sa dozrevanjem naših današnjih saznanja o određenim problemima, mnoge antičke formulacije postaju nam jasnije i interesantnije. Iako se na prvi pogled može učiniti da ovakav stav označava postulisanje teorija *a posteriori*, u stvari je reč o ozbiljnijem i zrelijem razumevanju antičke refleksije o jeziku. Istina, bilo je pokušaja da se ovakav kompleksniji pristup primeni i u odnosu na antička učenja o jeziku. Tako je u SSSR 1936. izašla knjiga *Античные теории языка и стиля,* koja, na sreću i za čudo, premaša granice marovskih koncepcija o jeziku koje su autori knjige sami sebi postavili. Glavna vrednost knjige još uvek je izbor tekstova, u prevodu, relevantan za ovu problematiku, iako se odnosi samo na najmarkantnije pojave i ne predstavlja zapravo pregled istorije ovih ideja.

Zato bi verovatno jezička izučavanja u antici trebalo obraditi iznova, uzimajući u obzir sva najnovija saznanja i interpretacije, i to u vidu izvesne sinteze, koju bismo možda mogli označiti kao *antičku glotologiju*, tj. kao antičku refleksiju o jeziku, shvaćeno u najširem smislu.

Ja ne želim da kažem da mi antička učenja o jeziku ne možemo posmatrati kao sastavni deo istorije lingvistike ili istorije logike ili istorije estetičkih teorija, ali mi se čini da ih ne možemo dobro ni objasniti ni razumeti ako ih ne vratimo onom širokom krugu glotoloških refleksija i koncepcija kome su one uistinu pripadale. Sličnu misao već sam u nekoliko mahova zastupala, između ostalog i u saopštenju koje sam u kursu istorije lingvistike podnela kod profesora R. Austerlica na Kolumbija univerzitetu u Njujorku oktobra 1966. godine.

Koje su onda osnovne karakteristike antičke, u prvom redu, helenske glotologije. Pod glotologijom, kako sam to, zahvaljujući pomoći profesora M. Budimira, definisala u svom neobjavljenom magistarskom radu *O Demokritovoj glotologiji*, podrazumevam sve ono što se odnosi na jezički materijal, počevši od glasova pa do poetske funkcije jezika, od filološke i filosofske, logičke i semantičke komponente do glotogonije, kulturnoistorijske uloge jezika i njegove gramatičke strukture.

Da je ovako kompleksna problematika zaista bila zastupljena u tom, ili vrlo sličnom vidu kod Grka, vidi se već po elementima Demokritove glotologije, ma kako nam bili oskudno sačuvani. Imajući to, a i kasniji razvoj, na umu, zaista se ne može prihvatiti kao opravdana kritika koju je Dž. Lajonz (J. Lyons) uputio profesoru M. Ivić da je u njenoj knjizi *Trends in Linguistics*, objavljenoj 1965. u engleskom prevodu, „the influence of Heraclitus and Democritus considerably exaggerated" (Lingua 22 (1969) 230).

Kad je ovako široko određen predmet glotologije, treba videti zašto je reč o najstarijoj *evropskoj* glotologiji, kad je poznato da je, npr. u Indiji, takođe uspešno izučavana jezička problematika. S indijskom glotologijom ustvari ima mnogo problema. Prvo, datovanje je veoma teško i neodređeno, zatim, ona se bavi isključivo pisanim tekstom i, najzad, i pored velikog uticaja na savremenu lingvističku teoriju za poslednjih stopedeset godina, u novije vreme sve se više ističe skroman domet njenih jezičkih opisa (npr. R. Austerlic u predavanjima već spomenutog kursa na Kolumbija univerzitetu).

Dostignuća Helena upravo u oblasti glotologije dozvoljavaju nam da damo prednost evropskoj misli, jer, dok su Heleni praktično u mnogo čemu, a ne samo u kultu i mitu, imali još mnogo ostataka primitivnog čoveka i društva, njihova teorijska misao već je počela da raščlanjuje elemente koji su sačinjavali metriku i ritam u njihovom pesništvu i igri, počela je da razlikuje, i formalno i po značenju, sastavne delove jezika kojim su govorili, i tako dalje. Kao i kod većine kulturnih zajednica, koje prema tradicionalnom određenju, tek 'ulaze u istoriju', i kod Helena je prisutna logička identifikacija naziva s objektom koji označava, a jezik, muzika i igra su međusobno nerazdvojno povezani u svim društvenim funkcijama. Heleni se tako u početku u vrlo bitnim karakteristikama ne odvajaju od ostalih primitivnih populacija, što priznaje i M. Nilson[2], a K. Levi-Stros i pokazuje, iako ne uvek eksplicitno, u svojoj knjizi *Divlja misao*. Međutim, Grci vrlo rano počinju da pitaju šta je šta u jeziku, u igri, u muzici, zašto to, otkuda i kako, (θεωρίης εἵνεκεν), a to mnogi narodi ne čine ni kad već uveliko 'uđu u istoriju'. Zbog te neverovatne duhovne elastičnosti i kulturne kreativnosti imamo prava da u glotološkim ispitivanjima dajemo primat Helenima ne samo u odnosu na Evropu, nego i na Orijent i Indiju. Levi-Stros, naravno, kao antropolog, ne misli da se ijednom tipu kulture može dati prednosti nad drugim, ali za naše svrhe, kad posmatramo razvoj neke ideje, mi moramo dati prvo mesto onoj kulturi u kojoj je do tog razvoja došlo, niukoliko time ne potcenjujući ostale i drukčije, niti isključujući eventualne uzajamne veze i prožimanja. U tom smislu, dakle, ne samo u čisto geografskom, treba shvatiti određenje teme „O evropskoj glotologiji".

---

[2] M. Nilsson: „Es ist keine Entwürdigung der Griechen zu bechaupten, dass auch sie einmal primitive Menschen mit primitiven Sitten und Bräuchen wie alle anderen Völker gewesen sind; um so höher tönt das Lob dessen, was sie daraus gemacht haben." *Geschichte der griechischen Religion* I[3] (1967) 163.

***

... τῷ παντ' ὄνομ(α) ἔσται,
ὅσσα βροτοὶ κατέθεντο πεποιθότες εἶναι ἀληθῆ.

Parm. 8,38–39[3]

Ova dva stiha iz Parmenidove pesme možda ne pokazuju sve detalje neophodne da bismo razumeli njegovo učenje, ali nesumnjivo pokazuju okvire u kojima se kod Grka najčešće sreću razmišljanja o jeziku, a to je filosofija. Ovaj helenski mislilac, verovatno rođen u pretposlednjoj deceniji šestog veka, već je vrlo određeno postavio pitanje o odnosu reči prema predmetu i o karakteru samih reči. On izričito kaže da su reči, ὀνόματα, uspostavili (κατέθεντο) ljudi, smrtnici (βροτοί). Tim rečima, doduše, ne odgovara ništa realno, ali to već spada u Parmenidovo ontološko određenje. Ova dva stiha, međutim, koja su filosofska teorija značenja u začetku, pretpostavljaju složenu predistoriju ideja o jeziku.

Već kod Heraklita, koji je verovatno bio stariji od Parmenida dvadeset do trideset godina, iako je K. Rajnhart smatrao redosled obrnutim, imamo indicija da je on razmišljao o ulozi jezika u saznanju opštevažećeg logosa, koji čini potku njegove metafizike. Tako već kod ove dvojice ranih filosofa nalazimo tri tačke koje će ostati ključne u svem kasnijem razmišljanju o jeziku: njegov nastanak, odnos prema stvarnosti i uloga u saznavanju te stvarnosti.

Jasno je da ovako precizno određen problem, pa makar često izražen i igrom reči kao kod Heraklita, nije mogao biti sagledan odjednom i morao je poteći iz neodređenije i nejasnije predstave o ovom osnovnom sredstvu za sporazumevanje među ljudima.

---

[3] „Darum wird alles blosser Name sein, was die Sterblichen in ihrer Sprache festgesetzt haben, überzeugt, es sei wahr." Diels.

Najstariji, nama poznati, pisani podatak o jeziku kod Helena po svoj prilici su neki Homerovi stihovi[4]. Tu u prvom redu mislim na čuveno mesto iz Dvadesetog pevanja *Ilijade*, gde Homer upotrebljava tri različita izraza da bi označio ljudski jezik:

„cτρεπτὴ δὲ γλῶcc' ἐcτὶ βροτῶν· πολέεc δ' ἔνι μῦθοι παντοῖοι' ἐπέων δὲ πολὺc νομὸc ἔνθα καὶ ἔνθα".

(*Il.* 20, 248–249)[5]

Da bi pokazao kontinuitet ljudskog interesovanja za jezik kroz hiljadu godišta, francuski lingvista A. Vandrijes je ove stihove uzeo čak za moto svojoj knjizi o jeziku, koja je izašla u velikoj ediciji kolektivne sinteze o evoluciji čovečanstva pokrenutoj od strane A. Bera.

Pored ove uopštene pesničke misli o jeziku, ima kod Homera i drugih indicija o tome da je bio svestan postojanja ljudskog govora i čak različitih jezika kod pripadnika raznih naroda. On reč γλῶccα upotrebljava u istim značenjima kako se kasnije sreće u latinskom, našem, engleskom jeziku i drugde, tj. obeležava tako telesni organ i životinja i ljudi, s jedne strane, a s druge – istom rečju oz-

---

[4] Štajntala ne interesuje podrobnije šta je Homer rekao o jeziku, zato što to izlazi izvan okvira njegove koncepcije proučavanja. On samo spominje da kod Homera i pesnika postoji izvesno saznanje koje izražava „*die griechische Volksansicht*" o jeziku. Međutim, „*Sprachbewusstsein*" se razlikuje od „*grammatisches Bewusstsein*" (I[2] 17,18), a jasno je da kod Homera o tome nema reči. Kako nas interesuju najranija glotološka, a ne gramatička shvatanja, razumljivo je zašto moramo početi s homerskim epovima. Istina, tu se uvek postavlja problem datovanja. Septembra 1969. g. na Petom svetskom kongresu za klasične nauke u Bonu u razgovoru s profesorom Miroslavom Markovićem sa *University of Illinois* (SAD) saznala sam da on datuje Homera oko 780. ili 770. g. na osnovu najnovijih epigrafskih podataka.

[5] „Obrtan jezik je ljudski, svakovrsnih reči imade, polje je prostrano njihno i ovde ih ima i onde."

(Prevod M. N. Đurića)

načava *govor* ljudi. Glasove koje puštaju životinje inače izražava sa φονή (za pse, svinje, goveda, *cf. Od.* 12, 86; 12, 239; 12, 396). Kao deo tela γλῶccα se spominje u oba homerska epa, na pr. u Prvom pevanju *Ilijade* (st. 249), gde je reč o Nestoru, kome teče s jezika beseda slađa od meda.

Kad označava 'govor, jezik', ovaj grčki izraz, koji je verovatno srodan s našom reči 'glog', kod Homera se u istoj funkciji javlja u oba epa. U Drugom pevanju *Ilijade* pesnik govori o opomeni koju boginja Irida upućuje kralju Trojanaca Prijamu i njegovom sinu Hektoru, koreći ih što se ozbiljnije ne prihvate rata kad je protiv njih krenula tolika ahajska sila. Ali ni Trojanci nisu bespomoćni jer

„Πολλοὶ γὰρ κατὰ ἄcτυ μέγα Πριάμου ἐπίκουροι,
ἄλλη δ' ἄλλων γλῶccα πολυcπερέων ἀνθρώπων·
τοῖcιν ἕκαcτοc ἀνὴρ cημαινέτω οἷcί περ ἄρχει".

(*Il.* 2, 803–805)[6]

Slična misao se pojavljuje i u Četvrtom pevanju:

„ὡc Τρώων ἀλαλητὸc ἀνὰ cτρατὸν εὐρὺν ὀρώρει·
οὐ γὰρ πάντων ἦεν ὁμόc θρόοc οὐδ' ἴα γῆρυc,
ἀλλὰ γλῶcc' ἐμέμικτο, πολύκλητοι δ' ἔcαν ἄνδρεc".

(*Il.* 4, 436–438)[7]

Homer, međutim, zna ne samo da Trojanci nisu istog jezika i iz istog zavičaja, nego naročito dobro poznaje etničku i jezičku situaciju na Kritu:

---

[6] „Mnogo saveznika u gradu Prijam imade,
i svi jezikom raznim od rasutih naroda zbore;
svaki onima neka naređuje kojima vlada."

(Prevod M. N. Đurića)

[7] „Tako se trojanska graja po širokoj orila vojsci,
jer im govor i jezik ne beše jednak u sviju,
jezik im beše mešovit, sa različnih bili su strana."

(Prevod M. N. Đurića)

„Κρήτη τις γαῖ' ἔςτι μέςῳ ἐνὶ οἴνοπι πόντῳ
καλὴ καὶ πίειρα, περίρρυτος· ἐν δ' ἄνθρωποι
πολλοὶ ἀπειρέςιοι καὶ ἐννήκοντα πόληες.
Ἄλλη δ' ἄλλων γλῶςςα, μεμειγμένη· ἐν μὲν Ἀχαιοί,
ἐν δ' Ἐτεόκρητες μεγαλήτορες, ἐν δὲ Κύδωνες
Δωριέες τε τριχάικες δίοί τε Πελαςγοί".

(*Od.* 19, 172–177)[8]

Ima kod Homera još jedan detalj koji se odnosi na jezik i koji nije sasvim jasan. Reč je o izrazu βαρβαρόφωνος (*Il.* 2, 867), kojim se opisuju Karci.[9] Maretić to prevodi sa 'gruborječni', što zadržava i Ivšić. Ali teško da je za Homera ova reč imala to značenje, jer on, kao ni Herodot i Ajshil kasnije, još ne gleda s porugom i prezirom na barbare. Pre će to značiti 'ljudi drukčijeg jezika'. M. N. Đurić prevodi adekvatnije od Maretića: „što barbarskim jezikom zbore". Taj pojam na drugim mestima Homer izražava s ἀλλόθροος, npr. *Od.* 1,183; 3,302. S obe ove reči izražava se upravo glasovna jezička realizacija, koja se najpre i uočava kod nekog drugog jezika.

Da razni narodi govore različitim jezicima bilo je vrlo dobro poznato Herodotu, koji čak objašnjava da je podatke o Egiptu dobio od Helena nastanjenih u toj zemlji. Oni su bili prvi ljudi koji su govorili stranim jezikom, a koji su se naselili u Egiptu (Πρῶτοι γὰρ οὗτοι ἐν Αἰγύπτῳ ἀλλόγλωςςοι κατοικίςθηςαν, 2,154). Herodot tu upotrebljava

---

[8] „Kreta zemlja postoji u sredini pučine puste,
lepa i rodna zemlja, oko nje voda, a na njoj
rasuti bezbrojni ljudi; gradova devedeset ima.
Onda se jezik meša sa jezikom: tu su Ahejci,
Eteokrećani tu su junaci, tu i Kidonci,
Doraca tu su plemena tri, i divni Pelazgi."

(Prevod M. N. Đurića)

[9] „Es ist schwer, die Konnotationen von βάρβαρος in ältester Zeit genauer zu fassen, da das Material spärlich ist." W. Spoerri u: *Der Kleine Pauly (1964)* s. *Barbaren*, stubac 1545.

reč ἀλλόγλωccoc zato što mu je polazna tačka jezik Egipćana, a ne Helena. Kod Tukidida se kasnije javlja izraz δίγλωccoc[10] za oznaku ličnosti koja govori persijski i grčki (8,85). Kod Plutarha ovaj pridev u imeničkoj funkciji znači čak i: prevodilac, tumač.

Svi ovi filološki detalji pokazuju da su Helenima od najranijih vremena bile poznate pojave bilingvizma i čak miksoglotije, jer je cela teritorija na kojoj su oni bili nastanjeni bila vrlo šarolika i po etničkom i po jezičkom sastavu, uključujući tu i pregrčke i negrčke elemente.

Dva su razloga koja mogu navesti čoveka da počne misliti o jeziku: sopstveni jezik, u kome treba razjasniti ono što je nasleđeno a što nije više sasvim obično i blisko *sujet parlant*-u i prisustvo drugih jezika, drukčijih od onog koji je u svakodnevnoj upotrebi jedne etničke grupe. Videli smo da je Homer svestan da ne govore svi ljudi istim jezikom. Ali ima kod njega još jedna vrsta jezičkih asocijacija čiji su koreni u samom grčkom jeziku. U pitanju je objašnjavanje reči, naročito imena, i traženje njihovog prvobitnog značenja. Taj će postupak kod stoičara biti poznat pod nazivom ἐτυμολογία, a u Kikeronovom latinskom prevodu kao *veriloquium*. Ove etimološke kombinacije kod Homera nemaju neku saznajnu funkciju, nego je to u prvom redu poetsko stilsko sredstvo da se slušaocu (a zašto ne i samom pesniku-pevaču?) približi neki lik iz epa na osnovu semantičke paralele njegovog imena s nekim odgovarajućim oblikom grčkog jezika. Lerš je u svojoj knjizi (*Die Sprachphilosophie der Alten* 3,3–18) skupio nekih sedamdeset izabranih primera iz Homera, tragičara i Pindara. Čuven je primer Homerove interpretacije Odisejevog imena, koji u odličnom prevodu M. Đurića glasi:

„Zete i ćerko, dajte mu ime, kako vam kažem:
srdeći se ja na mnoge ljude i žene

---

[10] Na izraze ἀλλόγλωccoc i δίγλωccoc uputio me je prof. M. Budimir.

na mnogohranoj zemlji dolazim amo, i zato
neka se dete *Srđa* nazove".

„Γαμβρὸс ἐμὸс θύγατέρ τε, τίθεcθ' ὄνομ' ὅττι κεν εἴπω·
πολλοῖcιν γὰρ ἐγώ γε ὀδυccάμενοc τοδ' ἱκάνω,
ἀνδράcιν ἠδὲ γυναιξὶν ἀνὰ χθόνα πουλυβότειραν·
τῷ δ' 'Οδυccεύс ὄνομ' ἔcτω ἐπώνυμον".

(*Od.* 19, 406–409)

Na taj način je pomoću samog grčkog rečnika ('Οδυc-
cεὐc : ὀδύccομαι) objašnjeno ime glavnog junaka *Odiseje* i
valjda najčuvenijeg lutalice i stradalnika u evropskoj književ-
nosti, čije ime u latinskom, zahvaljujući nekom balkanskom
posredniku, glasi *Ulysses* ili *Ulixes*, a na samom grčkom tere-
nu se na natpisima pojavljuje u oblicima 'Ολυττεύc i 'Ολυc-
cεύc. Ovo mnoštvo oblika ne samo što ukazuje na starinu li-
ka, nego i navodi na pomisao da upravo ovakva homerska
etimologija nije bila neophodna po svaku cenu. Označavajući
Ahileja kao ἄχοc 'Αχαιϝῶν izgleda da je Homer bio bolje
sreće u pogledu etimologije. Ovo objašnjenje Ahilejeva ime-
na govorilo bi u prilog teze da Homer i nije autor *Odiseje*.

Sličan etimološki postupak primenjuju i Hesiod, tra-
gičari, Pindar. Hesiod, na primer, negrčko ime jedne od
glavnih boginja Olimpa, Afrodite, povezuje s jedino[11] mo-
gućim pojmom u grčkom jeziku, koji i onomasiološki i fo-
netski može da se poveže s boginjinom pojavom i s nje-

---

[11] Hesid Afroditino ime povezuje s ἀφρόc 'pena', ona je ἀφρο-
γένεα θεά, što odgovara Hesiodovoj teogonskoj koncepciji. Euripid,
kasnije, u skladu sa svojim shvatanjem ljubavi i strasti kao nečeg pa-
tološkog i bezumnog, povezuje ime boginje ljubavi s rečju ἀφρο-
cύνη, koja u Homera sasvim određeno znači 'ludost, bezumnost'.
Starinski mentalitet i Homera i Hesioda ne bi ni jednom od njih
dozvolio ovakvu kombinaciju s boginjom i njenim imenom (*Eur.
Tro.* 989–990).

nim imenom. Njegova etimologija, koju ponavlja i Platon u *Kratilu*, glasi:

... τὴν δ' 'Αφροδίτην
- - - - - - - - - - -
κικλήcκουcι θεοί τε καὶ ἀνέρες, οὕνεκ' ἐν ἀφρῷ
θρέφθη,...

(*Theog.* 195–198)

Drugi značajan pokušaj objašnjenja imena nekog božanstva imamo u Ajshilovom *Agamemnonu*. Povezivanje imena Apolonova, 'Απόλλων, s glagolom ἀπόλλυμι 'uništiti, upropastiti' spada u onu vrstu igre reči koja je razumljiva samo u jeziku u kome je nastala i stoga se ne može s punim smislom prevesti ni na jedan drugi jezik:

„'Απόλλων, 'Απόλλων
'Αγυιᾶτ' 'Απόλλων ἐμόc·
ἀπώλεcαc γὰρ οὐ μόλιc τὸ δεύτερον"

(1080–1082)[12]

Nešto dalje, u istoj tužaljci, Kasandra atribut Apolonov objašnjava na način od koga se nije napred pomakla ni savremena etimologija (*cf.* Baijev *Rečnik s.* ἀγυιά).

Rani helenski pesnici nisu tako objašnjavali samo imena bogova koja im nisu bila na prvi pogled pristupačna i razumljiva. Na primeru Odisejevog imena videli smo da su se trudili i oko imena običnih smrtnika. Tako Sofokle, na primer, Ajantovo ime objašnjava pomoću glagola αἰάζω 'to cry αἰαῖ or ah', a Pindar istog nesrećnog junaka iz trojanskog pohoda shvata u uzvišenijem smislu i kombinuje ga s αἰετός, 'orao'. Ovakvi detalji, često ne samo nespretni nego i smešni, ostali bi beznačajni da nisu u

---

[12] „Apolone, Apolone,
O zaštitniče staza, Apolone moj!
Ti drugi put me sasvim upropasti sad!"

(Prevod M. N. Đurića)

znatnoj meri doprineli analizi pesničkog jezika. Kakvoj-takvoj analizi, ali svesnoj, hotimičnoj. Jezik nije više bio nešto „samo po sebi dato", toliko „*selbstverständlich*"[13] da ga čovek nije bio svestan kao ni vazduha koji udiše, nego je postao sredstvo pomoću koga su se i namerno, kao u Ajshilovom slučaju, mogle izraziti određene umetničke i estetske koncepcije. Pored toga, takva analiza vršila je snažan pedagoški uticaj, jer je, zahvaljujući trudu rapsoda i prvih helenskih glosografa, Homer nastavio da živi u svim helenskim gradovima i pored mnogih leksičkih pojedinosti, koje su, usled vekova, zastarevale. Već krajem 6. veka, a naročito u 5. veku, za školske potrebe sastavljane su mnoge zbirke zastarelih i dijalekatskih izraza. To još nisu bili rečnici izrađeni alfabetskim redom, kakvi će postati tek u helenističko doba, ali su bili *rečnici*. Takve zbirke su koristili i tragičari, izgleda naročito Ajshil[14], a takvu praksu je pravdao i Aristotel, koji je u svojim književnoteorijskim spisima naglašavao da razumna upotreba glosa, tj. retkih ili stranih reči koje zahtevaju objašnjenje, pa čak i prevod, oživljava izlaganje pisca, isto kao i upotreba metafora.

Takvi su, unekoliko, bili empirijski počeci helenske glotologije, svedeni na praktične ciljeve tumačenja, i razumevanja, mitološkog odnosno religiozno-kultskog nasleđa i homerske epike. U delovanju rapsoda E. Švicer čak vidi „praktičnu fonetiku" „*bis zu einem gewissen Grade*" (*Griech. Gramm.* I³ 5). Ali tu ne treba gubiti iz vida ni druge pra-

---

[13] „Wenn aber eine Tatsache 'seit Menschengedenken' so selbstverständlich ist wie die, dass man fünf Finger an einer Hand hat, fordert sie gewiss nicht zur Betrachtung heraus." Hans Arens: *Sprachwissenschaft. Der Gang ihrer Entwicklung von der Antike bis zur Gegenwart.* – Freiburg/München, 1955, 3. Ovo poređenje bi bilo vrlo zanimljivo kada bi bilo tačno; jer i indoevropski i neki drugi jezici pokazuju da ljudima koji su tim jezicima govorili u prošlosti veoma dugo nije bila tako „*selbstverständlich*" činjenica o postojanju pet prstiju na jednoj ruci. Da se podsetimo samo slučaja u našem jeziku: četiri čoveka: pet ljudi, gde je usek posle '4' još uvek očigledan.

[14] Cf. Der *Kleine Pauly s. Glossographie.*

ktične ciljeve[15] koje su Heleni imali kod svojih glotoloških aktivnosti. Politički sistem njihovih gradova-država zahtevao je da građani poznaju „zakone otaca" i „staru pravicu", pa su se i u tu svrhu sastavljali spiskovi reči čije je značenje davno zaboravljeno i sačuvano samo u tamnim zakonskim formulacijama. Takvi su spiskovi morali, na primer, postojati za staroatičke zakone, za Solonove ἄξονες.[16] Jedan atički govornik, Lisija, čije su reči navedene kao moto ovom radu, čak je u jednom svom sudskom govoru objašnjavao da su stvari bile iste nekada kao što su sada, ali da njih više ne obeležavamo istim izrazima koji su nekada upotrebljavani.

Ove karakteristike praktične helenske glotologije ne bi verovatno imale dubljeg značaja da nisu pokrenule Helene i na nešto drukčija rasuđivanja o jeziku. Jer Homerovo pesništvo nije bilo jedina poezija koja je bila poznata Helenima. Uostalom, već on sam u svojim epovima spominje i monodijsku i horsku liriku, praćenu muzikom i igrom (npr. *Il.* 18, 570; 18, 50–51, 314–316; 24, 746–747, 472–474; 18, 493; *Od.* 13, 256–265; *Il.* 16, 182–183). Već od početka 7. veka pre nove ere razvija se umetnička lirika, tj. pesništvo kome su poznati autori, i to lirika bogata ne samo sadržajno nego i formalno, savršenih metričkih i ritmičkih shema. Takva suptilna i bogata lirika nije mogla da ne izazove izvesne analize, bar u praktične svrhe, ove visoko formalizovane kvantitativne versifikacije.[17]

Ma kako ovo možda izgledalo nevažno na prvi pogled, ne sme se zaboraviti, kako s pravom ističe istoričar

---

[15] Na primer, kod Tukidida (2, 29) se nailazi na interesantno zapažanje promene imenice po padežima, što njemu služi za identifikaciju ličnosti. Tukidid, naime, kaže da ne treba mešati odriskog kralja (Τήρες, gen. Τήρεω) s legendarnim tračkim kraljem (Τηρεύς, gen. Τηρέως). Cf. Schwyzer, *Griech. Gramm.* I³ (1959) 6.

[16] Cf. *Lexikon der alten Welt.* – Artemis Verlag, Zürich/Stuttgart (1965) s. *Lexikographie;* Schwyzer, op. c. p. 5.

[17] Cf. Steinthal, I² 20: „Wenn also auch Sappfo und Alkäos ihre Strophen nicht ohne ein gewisses theoretisches Bewusstsein gebaut haben können".

helenske filosofije V. K. Gatri, da je poezija bila jedina literatura koju su prvi helenski filosofi, Milećani, poznavali.[18] Kako se već kod Heraklita i Parmenida javlja sasvim određena refleksija o jeziku, onda je ona svoje prefilosofske i nefilosofske prethodnike i uzročnike mogla imati samo u mitu i pesništvu. Određenu ulogu svakako je odigralo i prilagođavanje feničanskog pisma grčkom jeziku ili, tačnije, grčkim dijalektima, jer dugo to pismo na teritoriji nastanjenoj Helenima nije bilo uniformno. Prilagođavanje tog pisma grčkom jeziku je, po Štajntalovim rečima, omogućilo „eine vollständige, wenn auch durchaus empirische Kenntnis der Lautseite der Sprache" (op. c. I^2, 22). Ali o tom vidu helenske glotološke aktivnosti nije nam poznato gotovo ništa, kao uostalom ni o sličnoj delatnosti skoro cela dva milenijuma mlađe Solunske braće. Jedino je, koliko mi je poznato, ako se ne računaju obaveštenja koja, posrednim putem, možemo dedukovati iz kasnijih epigrafskih spomenika, sačuvan podatak o uvođenju novojonskog alfabeta krajem 5. veka namesto dotadašnjeg starinskog pisma koje je bilo u upotrebi u Atini. Tom prilikom je autor zakonskog projekta Arhin i napismeno razjasnio tu reformu, o čemu je sačuvano nekoliko reči.[19]

U svakom slučaju, uvođenje feničanskog pisma nije mogao biti slučajan i automatski potez. To je moralo u znatnoj meri takođe doprineti „jezičkom osvešćivanju", jer su prvim pisarima morala biti poznata bar dva jezika. Isto tako mora da su postojali i uporedni rečnici grčkog i nekih drugih jezika.[20] Upotreba semitskih grafičkih oznaka za grčke vokale pokazuje analizu, u praktične svrhe, ta-

---

[18] W. K. C. Guthrie: *A History of Greek Philosophy.* Vol. I. – Cambridge 1965, 118.

[19] Cf. *Античные теории языка и стиля.* Под общей редакцией О. М. Фрейденберг. – Москва–Ленинград, 1936, 12.

[20] Na Istoku su još krajem trećeg milenija postojali dvojezični rečnici za diplomatske svrhe. Koliko je to, posredno, uticalo na Grke, još uvek je nemoguće pokazati, iako se ne sme, kao ni u drugim slučajevima, odbaciti *a limine*.

kođe oba jezika. Redosled slova i njihova brojna vrednost isto tako se podudaraju u oba jezika. Sam alfabet se dosta razlikovao od jednog do drugog grčkog govora, a neki starogrčki natpisi pisani su čak bustrofedon stilom, kao i neki staroitalski. Tako, međutim, nisu pisali Feničani. Iako se, prema shvatanju M. Koena[21], pojava grčkog pisma preuzetog od Feničana, direktno ili nečijim posredstvom, može datirati na početak prvog milenija, mnogo šta se još uvek ne može objasniti. Uostalom, i sam izbor feničanskog pisma, pored toliko drugih upotrebljavanih u to vreme, uključujući i pisma poznata danas kao Linearno *A* i *B*, ukazuje na osmišljenost ovog postupka. H. R. Robins to shvata kao „the first achievement of linguistic scholarship in Greece, essentially part of 'applied linguistics' (to use later terminology)".[22] I Robins, kao nekada Štajntal, naglašava važnost dostignuća koje su Heleni zaveštali svetu, svojim skoro revolucionarnim zahvatima u transponovanju strane azbuke: „The Greeks cannot claim to have invented writing; but by devising an alphabet, in the modern sense of the term, separately representing all the distinctive segments, vowels as well as consonants, they can claim to have broken new ground in their application of linguistic science" (l. c.).

* * *

„Οὕτω τοι κατὰ δόξαν ἔφυ τάδε καί νυν ἔαϲι
καὶ μετέπειτ' ἀπὸ τοῦδε τελευτήϲουϲι τραφέντα·
τοῖϲ δ' ὄνομ' ἄνθρωποι κατέθεντ' ἐπίϲημον ἑκάϲτῳ".

Parm. frg. 19[23]

U uvodnoj studiji u već spomenutu zbirku tekstova *Antičke teorije jezika i stila* I. Trockij ističe jednu bitnu ka-

---

[21] M. Cohen: *L'écriture.* – Paris, 1953, 60.
[22] R. H. Robins: *A Short History of Linguistics.* – London, 1967, 12.
[23] „Thus according to appearance these things have arisen and now are, and as they have grown will end in time to come; and men have laid down a distiguishing name for each of them." Guthrie.

rakteristiku etimologije kod Helena: „ ... у Гесиода и ранних греческих мыслителей этимологизирование получает уже характер сознательного метода интерпретации имен." (str. 9). Iako nije sasvim jasno koji su to sve „rani grčki mislioci koji su interpretirali imena", ova primedba je značajna zato što ističe saznajnu vrednost jezika, koju je već Hesiod pokušavao da nađe i iskoristi, u svom traganju za istinom. To je kod Hesioda, doduše, ostalo u sasvim skromnom začetku i možda je više naginjalo ka traženju prikrivenog smisla pojava nego ka isticanju saznajne funkcije jezika. To će kasnije Platon zvati ὑπόνοια, a još kasnije će ovakva interpretacija sveta, koju su, ponekad i s razlogom, već rani filosofi tražili u Homera i Hesioda, dobiti svoj definitivan naziv: ἀλληγορία. Jedan detaljan pregled helenske glotologije morao bi iscrpno obraditi i alegorijska tumačenja, naročito s njihove jezičke strane.

U ovom trenutku nije potrebno podsećati na dobro poznat uticaj Hesioda na Parmenida, i to posebno s obzirom na njihovu zajedničku izjavu da pod „instrukcijom božanskog učitelja" (Gatri) objavljuju istinu. Ali možda je potrebno istaći da upravo u Parmenida počinje da se govori o saznajnoj vrednosti reči, odnosno jezika. Istina, ta vrednost zapravo i ne postoji, jer rečima ništa ne odgovara u stvarnosti („Names without Reality", kako ih zove Gatri). Tako se nalazimo u čudnoj situaciji, koja, čini mi se, nikad nije dovoljno naglašena: tako reći na samom početku filosofskog bavljenja jezikom već je sasvim jasno uočena gnoseološka uloga jezika. I to kod Helena, u teoriji kojoj se skoro redovno prebacuje da je u prvom redu nastojala da osvetli poreklo i nastanak jezika! Uostalom, i na sasvim nefilosofskom glotološkom terenu, kakav je u Homera, sasvim se trezveno i razborito uočava šarolikost jezičke situacije, bez obzira što se neke strane reči pripisuju 'jeziku bogova'. I ova pojedinost ukazuje na to da nismo uvek dovoljno oprezni kad analiziramo ove drevne spomenike.

Parmenidova koncepcija jezika u znatnoj meri je inicirala glotološka, naročito sofistička, shvatanja u 5. veku, koja bismo danas nazvali 'konvencionalnom' teorijom o nastanku jezika. Nasuprot njoj je stajala teorija 'prirodnog' nastanka jezika, koja je posredno vodila poreklo od Heraklita i koja je vrlo kasno, verovatno tek posle diferencijacije pojma prirode (φύσις) od strane Sokratovog ispisnika Hipokrata, postala jedna od φύσις–teorija. One su obuhvatale veoma široko polje kulturnih i društvenih pojava: običaja i prava, države i religije, umetnosti i nauke.[24] Iako, dakle, kad govorimo o Heraklitu i Parmenidu, ne možemo na njihova shvatanja s istorijskom opravdanošću primeniti mnogo kasnije termine, ipak vidimo da su oni sasvim određeno pripadali onoj glotološkoj tendenciji koju je interesovala adekvatnost jezika u odnosu na stvarnost koju treba da označi. Kod Parmenida ima sasvim jasnih aluzija na neke Heraklitove misli (Steinthal I[2] 49, Guthrie I 408) i izvestan broj njegovih stihova pokazuje namernu kritiku Heraklita. Ipak je Heraklit, opšte uzev, bliži po mnogo čemu svojim prethodnicima nego nekim interpretacijama svojih poslednika, koji su se obilno bavili glotološkim ispitivanjima koja bismo mogli nazvati 'filosofskom etimologijom'. Oznaka 'filosofski', ovde je sasvim uslovna i ne treba da sugeriše bilo kakvu nadmoć te etimologije nad onom o kojoj je već bilo reči kao o 'pesničkoj'.[25] U stvari, bez dovoljnog razloga ne bismo mogli odvojiti pesničku od filosofske etimologije, kao ni od one kasnije, 'gramatičke', a za sada se takav razlog ne pojavljuje.

Etimologijom su se, u svakom slučaju, bavili pripadnici i jedne i druge struje u ispitivanju adekvatnosti jezika,

---
[24] E. Hoffmann: *Sprache und die archaische Logik.* – Tübingen, 1925, 17. Cf. et Steinthal I[2] 51–79 et passim.
[25] Ovako je podelio H. Erbze u *Lexikon der alten Welt s. Etymologica*.

i heraklitovci i sofisti, naravno svaki za svoje ciljeve, bilo praktične bilo teorijske. Platon je u dijalogu *Kratil* pokušao da analizira saznajnu vrednost i νόμος i φύσις–teorije i za obe se pokazalo da ne zadovoljavaju. Ali to nije značilo da treba prestati s etimologisanjem. I zaista, tek kod stoičara ova procedura ne samo da dobija svoje ime – ἐτυμολογία, nego doživljava i svoj pravi procvat. Kod njih se najjasnije ispoljava ono što je bilo osnovni princip u najvećem broju helenskih etimoloških pokušaja: to je izraziti semantički pristup. Stoičke etimologije tipa φωνή = φῶς νοῦ to najbolje pokazuju.[26] Iako je teško u jednoj ovako šarolikoj delatnosti tražiti neku sistematičnost, ipak se nameće zaključak da najranija, empirijska, faza grčke etimologije nije zasnovana na tom filosofskom principu. Homer, na primer, ne misli po svaku cenu da dokaže postojanje neke ideje u rečima, nego on, obrnuto, polazi od glasovne strukture reči i onda gleda kakvo ona inače ima značenje. Ako ne bi bio rukovođen ovim fonetskim principom, ma koliko da je upotreba te reči ovde uslovna, bilo bi sasvim nerazumljivo kako on glavnog junaka svog drugog epa može da označi kao ljuticu i srđu, kad to uopšte ne odgovara liku kako je opevan u tom istom epu. A bar je Homer, mada je i njegovo ime po svoj prilici samo apelativ, morao znati kakav mu je glavni junak. Isto tako ni kod Heraklita ne smemo pretpostaviti da su neki

---

[26] Čudnovato je što se Grcima prebacuje stalna naklonost ka etimologisanju, kad ih mi, upravo u najnovije vreme, daleko nadmašujemo. Po rečima V. Kiparskog, etimologija upravo u periodu posle 2. svetskog rata doživela je nečuvenu popularnost, i ovu novu eksploziju etimologisanja on objašnjava uzrocima socijalno-psihološke prirode, dakle ne čisto naučnim potrebama jezičkih disciplina. Cf. njegov članak „Etymologie gestern und heute" u: *Kratylos* 11, Heft 1/2 (1966) 68.

[27] Cf. radove Miroslava Markovića spomenute u mom članku „Heraclitus retractatus" u: *Godišnjak* Filosofskog fakulteta u Novom Sadu, 11/1 (1968), gde se ukazuje na ovu pojavu; v. rad u ovoj knjizi.

izrazi upotrebljeni slučajno. Ima npr. reči, kako je pokazao Kornford, koje aludiraju na jezik misterija (*cf. Guthrie I 425 n. 1*), zatim su česte igre reči.[27] To sve ukazuje na Heraklitov izuzetno brižljiv i kreativan odnos prema jeziku i stilu svoga spisa, što još uvek ostaje da se detaljno ispita. Njemu u antici nije bez razloga dat nadimak Σκοτεινός.

Sve to je izraz prastarih kultnih ostataka, kad je čovek još uvek tražio načina da zagospodari situacijom oko sebe, koju je još i grčka filosofija, sve do Empedokla, smatrala neprijateljskom. U tim verovanjima ogromna je uloga pesnika, koji je ne samo prorok i sveštenik, nego ima čak demonsku funkciju. Sveštenik je u *Ilijadi* poštovan kao božanstvo, ὡς θεός. Helenska lirska i dramska poezija puna je aluzija na tu prvotnu ulogu pesnika i šamana.[28] To još uvek postoji i kod Heraklita, koji vrlo mnogo očekuje upravo od jezičkog izraza svoje filosofije. Kod njega jezik treba ne da govori o stvarima, kao kod kasnijih filosofa; on treba da bude identičan sa stvarima. Jasno je da su u oba slučaja u pitanju ontološke pretpostavke,[29] i taj smisao helenska glotologija nikad nije izgubila, ni kad je u njenom krilu stasala koliko-toliko formalizovana klasifikacija samih jezičkih oblika, ono što bi se danas zvalo gramatika. I otud je jasno zašto se iz helenske glotologije nikad nije razvila lingvistika u današnjem smislu, nego dijalektika i logika.

---

[28] U novije vreme je ovo bilo predmet posebnog proučavanja E. R. Dodsa (Dodds) u knjizi: *The Greeks and the Irrational.* – Berkeley & Los Angeles, 1964 (prvo izdanje 1951).

[29] I ne samo ontološke, nego i „metapsihičke", jer pesnik je u neku ruku čarobnjak, on mora da ostvari jedinstvo s bogom da bi mogao da peva. Otud je, na primer, kod Demokrita, entuzijazam, ἐνθουσιασμός, ne samo deo teorije umetničkog stvaranja nego i cele glotologije. O ekstazi i entuzijazmu je mnogo pisano, cf. npr. A. Delatte: *Les conceptions de l' enthousiasme chez les philosophes présocratiques.* – Paris, 1934 i A. Savić Rebac: *Antička estetika i nauka o književnosti.* – Beograd, 1955.

Kad se shvati tesna povezanost glotologije i logike u antici, onda se verovatno i počeci logike moraju pomeriti nešto dalje u prošlost nego što se to najčešće čini u istorijama formalne logike. Jedna od novijih, od I. Bohenjskoga[30], takođe se zadržava u tradicionalnim granicama[31], iako ne osporava postojanje „logičke problematike" pre Aristotela, koja, čak ni u platonovskoj dijalektici, nije došla do „teorijske logike". Ali Bohenjski daje odličnu shemu (p. 32) po kojoj se za drugu liniju helenske teorijsko-logičke misli jasno vide razvojni putevi od Elejaca preko sofista do Euklida iz Megare. Ali Bohenjski ne ide do kraja i ne stavlja u taj red Parmenida, iako Diogen Laerćanin jasno kaže da je Euklid temeljno studirao upravo ovog filosofa (cf. Bochenski p. 121). Logička strana Parmenidove glotologije, zajedno sa sofističkim interpretacijama sinonima, morala je znatno uticati na formiranje megarsko-stoičke logike, koja je „upadljivo slična modernim semantičkim pogledima, i to u prvom redu s obzirom na jezički izraz".[32] Kako nam je izgubljeno sve što su rani stoičari napisali, osim neznatnog broja fragmenata (cf. Mates 8), jedini put da se uspostavi kontinuitet između njih i njihovih prethodnika jeste, pored sadržinske analize, i terminološko razmatranje. A to se naročito odnosi na glotološka saznanja onih dvojezičnih stoičara semitskog porekla kojima grčki nije bio maternji jezik i koji su helen-

---

[30] „Bochenski seems to me... to have understimated Plato's logical competence very gravely" kaže u svojoj knjizi *Plato's Use of Fallacy* (1956) R. Sprejg (R. Sprague), s čijom se kontraargumentacijom, po rečima recenzenta knjige K. Elera (K. Oehler), mora upoznati svako ko namerava da istoriju logike započne tek s Aristotelom, cf. *Gnomon,* 36 (1964) 335, 340. Cf. uostalom J. Štencel: *Zur Logik des Sokrates* (Jahresbericht des Schlessischen Gessellschaft für Vaterländische Kultur. – Breslau, 1917; preštampano u: *Kleine Schriften zur griechischen Philosophie.* – Darmstadt, 1956).
[31] I. Bochenski: *Formale Logik.* – Freiburg/München, 1956.
[32] B. Mates: *Stoic Logic.* – Berkeley & Los Angeles, 1961, 26 (prvo izdanje 1953).

ska glotološka shvatanja obogatili novim pristupima izvesne 'kontrastivne analize' *in statu nascendi*. Budući da se ni iz ove struje, koja je podstakla i sintaktička izučavanja, nije razvila lingvistička nauka u današnjem smislu, to nas verovatno obavezuje da prestanemo optuživati grčke mislioce što su se interesovali[33] pretežno za grčki jezik. Zaista je teško odgovoriti na pitanje zašto oni ne bi izučavali svoj jezik, kad njih interesuje prvenstveno filosofska strana problema. Podjednako opravdano bi se, na primer, Ludvigu Vitgenštajnu moglo zameriti što je punih šesnaest godina ispitivao logičku stranu jezičkih problema na svom maternjem, nemačkom jeziku (*Philosophische Untersuchungen*). Uostalom, njegova saznanja nisu bitno obogaćena korišćenjem engleskih primera u *The Blue and Brown Books*.

Izgleda uopšte da se konvencionalna shvatanja veoma tvrdoglavo održavaju upravo kad je u pitanju jezik. I pored onih antičkih ideja za koje danas vidimo da su mogle uroditi mnogo značajnijim plodovima ne samo u lingvistici nego i u teoriji značenja, fizici i drugde, moralo se čekati sve do devetnaestog veka, pa i kasnije, da one dovedu do novijih saznanja. Na primer, tek za poslednjih stotinak godina počelo se razvijati „novo shvatanje o jeziku, prirodnom ili veštačkom, kao sredstvu za prenošenje obaveštenja među pojedinim živim bićima, skupinama živih bića, strojeva i robota i skupine stojeva". Po proceni profesora Đure Kurepe, ovo novo shvatanje o jeziku, čiji je „vidni oblik današnja automatizacija i kibernetika", dolazi, sa još desetak novih saznanja iz raznih oblasti, među najvažnija dostignuća u periodu od 1868. do 1968. godine.[34]

Ali da se vratimo stoičarima. Obično se smatra da su oni zaslužni za razvoj „grčke gramatike" (Koler) ili da je njihova škola „najznačajnija u istoriji lingvistike" (Robins). Robins sasvim s pravom ističe da kategorije koje su

---

[33] „Always with reference to the Greek language", Robins, op. c., 14.

[34] *Dijalektika* 2 (1968) 11.

oni izdvojili u jeziku, τὸ σημαῖνον i τὸ σημαινόμενον, upadljivo podsećaju na De Sosirove *le signifiant* i *le signifié*. S logičke strane, ova stoička učenja su odlično prikazali u novije vreme B. Mejts i I. Bohenjski u već spominjanim knjigama, a pre njih je Štajntal obratio naročitu pažnju stoičkoj teoriji znaka i značenja. O gramatičkim dostignućima ove škole govore opširnije Robins u obe svoje knjige[35], Arens i drugi. Bohenjski zamera M. Polencu što je u svom velikom dvotomnom delu o Stoi logici stoičara posvetio samo „wenige Seiten" (op. c. 33). Još uvek, dakle, nedostaje sintetički prikaz i ove oblasti helenskih izučavanja. Ali kad je reč o 'gramatici', možda se treba podsetiti da i u čuvenoj Τέχνη γραμματική Dionisija Tračanina ono što se označava sa „gramatika" još uvek ne odgovara tom terminu u njegovoj današnjoj upotrebi. On, naime, piše na početku svoje knjižice: „Γραμματική ἐστιν ἐμπειρία τῶν παρὰ ποιηταῖς τε καὶ συγγραφεῦσιν ὡς ἐπὶ τὸ πολὺ λεγομένων". Robins takođe naglašava da ovde „grammar in the strict sense was part of a wider scheme of propaedeutic studies leading to a proper appreciation of classical greek literature" (p. 31). Ne osvrćući se posebno na poznatu raspru anomalista i analogista i na mesto Dionisijeve *Gramatike* u toj raspri, podsećamo da je u helenističko doba gramatika još uvek bila skupni pojam za „Sprach- *und Literaturwissenschaft*"[36] i da je *calque linguistique* ove reči na latinskom području bio *litteratura*. Uza sve leksikografske i druge delatnosti, grčka gramatička i filološka aktivnost nikada se uistinu nije bavila opisom

---

[35] Već citirana „Kratka istorija lingvistike" i knjiga iz 1951 *Ancient & Mediaeval Grammatical Theory in Europe* with particular reference to modern linguistic doctrine.

[36] Cf. M. Glück, *Lexikon der alten Welt* s. *Grammatik*.

[37] Možda je na to uticala i činjenica što jezik homerskih epova, u celini toliko izučavan i analiziran u antici, nije zapravo nigde bio u svakodnevnoj upotrebi baš u tom obliku. V. o tome Štajntal, op. cit. II² 29. Tako je, u neku ruku, već antička glotologija bila usmerena na *la langue*, a ne na *le langage*.

govornog jezika[37], nego je pretežno ostajala u domenima semantičke funkcije književnog jezika i više je mnogobrojnim nitima bila povezana i upućena na sve oblasti filosofske, naučne i umetničke misli nego na formalno izučavanje jezičkih jedinica. Semantički pristup[38] je toliko bio svojstven Grcima, da se čak i oni elementi koje, na primer, Platon izdvaja kao sastavne glasovne delove reči, očigledno odnose na značenje reči, a ne samo na fonetske karakteristike. Drugim rečima, ono što Platon zove στοιχεῖον nije identično sa γράμμα, što bi trebalo očekivati. Robins je sasvim u pravu kad ovaj Platonov pojam poredi sa fonemom, kako ga danas definiše lingvistika.[39] U svakom slučaju, istorija jezičkih ideja, kad se bavi helenskim periodom, ne vodi dovoljno računa o opštim kulturnim i društvenim uslovima; ona, na primer, ne vodi uvek računa o odnosu govornog i književnog jezika, s jedne strane, i književnog i pisanog jezika, s druge strane. Kako je pokazao B. Havranek, relacija između ovih pojava nije jednoznačna i istovetna u svim epohama i kulturama i treba je uvek sasvim konkretno odrediti za svaki izučavani slučaj. Tako bi se preciznije odredilo i ono što je helenizam zvao 'filologija', a što takođe ne odgovara današnjoj upotrebi termina.

Ostaje još da se spomene jedan veoma značajan momenat helenske glotologije, na koji je nedavno ukazao H. Koler u već spominjanom radu *Die Anfänge der griechischen Grammatik*, a pre toga u svojoj poznatoj knjizi *Die Mimesis in der Antike*. On smatra da dosadašnji pristupi tome problemu ne zadovoljavaju, zato što obično razlikuju „dva puta ka poreklu grčke gramatike": jedan preko

---

[38] „Der Mentalismus", kako ga zove H. Koler u članku „Die Anfänge der griechischen Grammatik", *Glotta 37* (1958) 6.

[39] U mom članku „Democritea", *Živa antika* 16 (1966) 343 s., spomenuto je da se čak ni γράμμα ne sme shvatiti doslovno. Prevodeći Platonov dijalog *Kratil*, uočila sam ovu sličnost još pre no što sam to našla kod Robinsa.

prefilosofskog i filosofskog bavljenja jezikom, sve do Aristotela, a drugi preko stoičke gramatike. Između ove dve vrste bavljenja jezikom u takvim interpretacijama ostaje nepremostiv jaz („eine grosse Kluft") i ne mogu se pokazati zajedničke crte, iako su one ne samo tematskog, nego i genetskog karaktera. Koler predlaže da oblast, koja bi obe struje ujedinila, tražimo u helenskoj μουcική,[40] i praktičnoj i teorijskoj. Ovo je svakako veoma podsticajno i obogaćuje naše razumevanje antičkih pogleda. Ali Koler pravi nekoliko grešaka, od kojih, srećom, njegove analize nimalo ne trpe, nego samo opšti zaključci. On, na primer, smatra da grčki krajem petog veka ne samo što je izgubio svoj 'muzički karakter', nego je stupio u takvu razvojnu fazu koja „die eigentliche grammatische Darstellung erlaubte und erforderte" (op. c. p. 5). Bojim se da on govori o karakteristikama kulture, umetnosti i teorijske misli toga doba, a ne o karakteristikama jezika. Jer ovako nešto bi se teško dokazalo ne samo za grčki jezik, nego i za bilo koji drugi. A Koler dalje ustvari i ne govori o jeziku, jer kaže: „Manches deutet darauf hin, dass sich der Übergang von der musikalischen zur grammatischen Theorie ohne Bruch vollzogen hat" (l. c.). On pokazuje kompleksnost fenomena koji se označavao sa μουcική i koji se odnosi na prvobitno neizdiferencirane oblike umetničkih delatnosti i na nerazdvojivu povezanost različitih medijuma umetničkog izražavanja. Veoma je interesantno kako on pokazuje da je jezik, zajedno s igrom i muzikom, imao i izrazitu deiktičku funkciju, koja bi bila suprotna mimetičkoj funkciji. Tako se, u kultne svrhe, mogu razlikovati dva nivoa jezika: svakodnevni (κύρια ὀνόματα još i kod Aristotela) i uzvišeni, simbolički izraz, jezik ritma i perioda u umetničkoj prozi i poeziji. Možda ovo unekoliko osvetlja-

---

[40] Ne treba gubiti iz vida ni strano poreklo grčke muzike. Nazivi lestvica (frigijska, lidijska i dr.) nemaju figurativnu upotrebu, nego pokazuju i veze i uticaje Helena s tim narodima.

va i jednu distinkciju koju pravi Platon u *Kratilu* i o kojoj, čini mi se, ispitivači mimese ne vode računa. Platon, naime, kaže *da podražavati* kukurikanje petla nije isto što i *prikazati*, a prikazuje se pomoću reči.[41] Ako ne bismo imali glasa ni jezika, onda bismo morali stvari izraziti pokretima drugih delova tela, kaže Platon. Koler ne obraća pažnju na ovaj detalj, iako Platon samo nešto dalje govori i o „sredstvima muzičkog izražavanja", što se ustvari neposredno odnosi na Kolerovu temu u pomenutom članku, a pokazuje i povezanost raznih umetnosti o čemu govori Koler. Platonovo određivanje 'jezika pokreta' ja sam u prevodu *Kratila* (Letopis Matice srpske, januar 1969, 12) označila kao 'kinetički govor', iako ovaj današnji termin osiromašuje ceo kontekst u koji bi se ova Platonova misao mogla uklopiti. Tu imam na umu ono što Koler tačnije zove „Deixis der Sprache", iako ne u odnosu na Platona. Ali ne treba gubiti iz vida ni indijsku paralelu kultskih kretnji, zvanih 'mudra', koje su ipak imale u prvom redu ne demonstrativno, nego simboličko značenje. Tako čak ni u najstarijoj glotologiji jezik nije bio shvatan kao jedini sistem za izražavanje i za sporazumevanje među ljudima, da upotrebimo današnju terminologiju.

Koler tumači da je tradiciji „muzičke kritike", t.j. posebnom vidu jezičkih analiza, pripadao i čuveni Dionisije

---

[41] Jedan naš slikar (A. Čelebonović, *Politika* od 9. 2. 1969) nedavno je govorio da je podražavanje kič i šund a prikazivanje prava umetnost, to jest prerada. Interesantno je da su Heleni i umetnost i davanje naziva označavali kao τέχνη. Sama reč τέχνη koridikalna je sa τέκτων 'zidar' i našim *tesati*. Pokorny *(Idg. etym. Wb.)* tumači: weben; Werk, wirken, Wirkware 'pletenine'. Tako je „tehnička" obrada u početku bila ograničena na pletenje, što je i razumljivo kad se setimo razvoja manualnih delatnosti čoveka u kameno doba. Zatim dođe obrada tvrđih materijala („tesati"), a zatim se to prenosi na sve vrste ljudskih delatnosti. Za Platona se τέχνη još uvek podjednako odnosi na obe vrste „prerađivačkih" delatnosti koje mi zovemo 'zanat' i 'umetnost', i, budući da je najbliže pojmu „veština", uključuje u sebe čak i davanje naziva stvarima.

Halikarnašanin. Naslov njegovog spisa Περὶ cυνθέcεωc ὀνομάτων izražava pojam koji se na latinski može prevesti sa *compositio* ili još tačnije *structura* (cf. Fortun. *rhet.* 3, 11). Tako i osnovni pojam mnogih današnjih nauka, struktura, ima, *mutatis mutandis*, svoj pandan u našoj davnoj „muzičkoj" prošlosti. Uostalom, i savremena muzička teorija operiše s antičkim pojmovima 'analogija' i 'promena' (umesto antičke 'anomalije').

Kolerov članak pokazuje povezanost, isprepletanost i zavisnost pojmova i termina u antičkoj „gramatici" tj. filosofiji, poetici, retorici, stilistici, pa čak i logici. ‘Ρυθμός, jedan od osnovnih pojmova helenske atomističke filosofije, podjednako je bio, i ostao, značajan i u muzici i u poetici, kako je utvrdio E. Banvenist. Mukotrpnu genezu ovog značajnog pojma on je ovako objasnio: „Il a fallu une longue réflexion sur la structure des choses, puis une théorie de la mesure appliquée aux figures de la danse et aux inflexions du chant pour reconnaitre et denommer le principe du movement cadencé".[42] A već po samim terminima νόμος i φύcιc, primenjenim na jezik kod antičkih autora, vidi se kako se u široku problematiku uklapala antička refleksija o jeziku, da se na ovom mestu ne zadržavamo i na popularnim antičkim shvatanjima o ulozi jezika u razvoju kulture.

* * *

Tako je samo ovlaš, u skoro uzgrednim napomenama, pokazano kako su izrađene brojne analize koje omogućuju da se jedna dugo zapostavljena oblast sagleda adekvatnije. Ali još uvek nedostaje izvesna sinteza i usklađivanje ovih zaključaka, još uvek se o krugu istih, ili sasvim bliskih, shvatanja govori pod raznim naslovima od kojih su Sprach-

---

[42] U članku „La notion de „rhythme" dans son expression linguistique" u: *Journal de psychologie normale et pathologique* (juillet–septembre) 1951, citat po Koleru op. c., 12, n. 2.

lehre, Sprachphilosophie, Grammatik, Sprachwissenschaft, Linguistics, Grammatical Theories sasvim mali izbor. Većina spominjanih autora (Arens, Robins, Koler, pa i sam Štajntal) a i drugi koji su se bavili ovim pitanjima, a o čijim pogledima nije moglo u ovom letimičnom pregledu biti reči, osećaju potrebu da naglase da sâm predmet izučavanja prevazilazi granice koje su omeđene upotrebom savremenih termina. S tog razloga sam predložila da se ta problematika obuhvati zajedničkim nazivom 'glotologija' koji treba shvatiti u najširem smislu[43] teorije čiji je predmet izučavanja jezik u svoj svojoj kompleksnosti. Nešto što bi unekoliko odgovaralo Blomfildovom naslovu *Language*, ali ne u potpunosti i sadržini knjige za koju je Dž. Votmou rekao „But language is more than linguistics, and works, such as L. Bloomfield's *Language* are misnamed."[44] Ako igde, ova primedba odlično pristaje jezičkim izučavanjima u antici, naročito na helenskoj strani. Uostalom, zar i De Sosir nije lingvistiku koncipirao kao deo šire discipline, semiologije?

A drevni helenski mislioci kao da su dva i po milenija pre Romana Jakobsona bili saglasni s njim da se ne sme „biti gluv" ni za jedan jezički fenomen, za jezik *sensu proprio*, za njegovu poetsku funkciju, za folklor. A od nas danas zavisi koliko ćemo uspeti da ne budemo „gluvi", da ih saslušamo i čujemo.

1969.

---

[43] Bez obzira, npr., na to što se u italijanskom i novogrčkom (*glottologia*, γλωσσολογία) značenje skoro poklapa sa značenjem reči 'lingvistika'.
[44] J. Whatmough, *Classical Philology* 48 (1953) 253.

KAKO NASTAJE SLIKA KENTAURA
Nam certe ex vivo centauri non fit imago

Professori
M. BUDIMIRO
Quantum debeam gratiarum
Verbis eloqui non possim.

Kentauri se u *Ilijadi* i *Odiseji* spominju kao „peuple de Thessalie", kako se prevodi u Bajievom *Rečniku s. v.* Kasnije se, po navodima iz *Rečnika*, pod tim podrazumevalo čudovišno biće, uglavnom pola konj – pola čovek, mada se javlja i ὀνοκένταυρος i ἱπποκένταυρος. Poznate su brojne likovne predstave, u reljefu, kao skulpture ili slike, Kentauromahije i njenih epizoda. Mitologija i poezija obilato se koristila ovim bićima. Drugim rečima, Kentauri su, na vrlo određen način, postojali u svesti helenskog čoveka. I ne samo u svesti, kao predstava, pojam ili simbol, već i na hramovima, na vazama, u knjigama. Kad su se filosofi zainteresovali za njih, Kentauri su već imali za sobom dugu istoriju i očevidan razvoj: od kombinacije čudovišta kome se na ljudsko telo nastavlja konjski trup ili magareći promenili su se u konja s ljudskom glavom. ᾿Ονοκένταυρος i ženke Kentaura da se i ne uzimaju u obzir, iako je ova leksička grupa dosta bogata i morfološki dobro zastupljena. Ali nije jasna. Najočiglednija bi kombinacija bila sa κεντεῖν[1] „aiguillonner" i to je upravo i iskoristio P. Krečmer, shvatajući Kentaure u značenju „Wasserpeitscher", kao neke demone koji valjda udaraju repom po vodi[2]. Kako mi

---
[1] Zajedno s κέντρον i κεστός i sâmo nerazjašnjeno. Prof. Budimir upućuje na naše 'konac' i dr.; v. Skokov *Etim. rečnik s. čedo*, i Šantrenov *Grčki etim. rečnik s. v.*
[2] Cf. *glotta* 10 (1920) 50 ss.; Krečmer ustvari modifikuje staru Manhartovu hipotezu (cf. Nilsson GGR I³ 231).

je ljubazno pomogao naš dragi, poštovani slavljenik,* ovoj kombinaciji nedostaje nekoliko elemenata, od kojih je već prvi dovoljan da je obesnaži: pretpostavljeno* αὔρα (neophodno da bi Κένταυρος uopšte moglo da se prevede kao „Wasserpeitscher", ma koliko je i ovo samo nejasno) uopšte ne postoji u grčkom jeziku u tom značenju „voda". Akademik M. Budimir dalje podseća da bi se tu mogla naći semantička vrednost „juriti" ako u svakom slučaju treba tražiti složenicu. Prvi bi se njen deo onda odnosio na apelativ κανθήλιος = ὄνος, i sam sa svoje strane nejasan. Baji ga povezuje sa κανθήλια „sorte de panier" i objašnjava kao „technique, obscure". To bi bilo ustvari vraćanje na stari predlog povezivanja sa staroindijskim apelativom *gandharva* „konj". Ali je i u tom slučaju, kako mi savetuje moj poštovani učitelj, bolje *-auro* shvatiti kao sufiksalni elemenat, a ne kao samostalnu reč. Zaključak koji se iz svega nameće jeste da situacija uopšte nije jasna i stoga se profesor Budimir slaže sa konstatacijom K. Šauenburga da je reč neobjašnjena („Name ungeklärt")[3]. Nilson (GGR I[3] 229 ss.) navodi pojedinosti iz istorijata proučavanja i shvatanja ovog mitološkog bića i božanstva nižeg reda. Po arheološkim nalazima može se tumačiti da pripada veoma starom sloju narodskih verovanja, koja neki pokušavaju da objasne drevnim, još totemskim karakterom indoevropskih verovanja, a drugi sveobuhvatnim animizmom (v. o tome Nilson l. c.). Zanimljiv je i podatak da se u *Ilijadi* (A 268) za njih upotrebljava ajolski izraz φῆρες ὀρεσκῷοι, iako bi u potpunosti odgovaralo i morfološki i metrički istovetno po strukturi, običnije θῆρες. Najverovatnije je reč o stalnom epitetu, pa to ukazuje i na pravac širenja samog kulta, ma koliko on u nama pozna-

---

* Rad objavljen u *Spomenici* posvećenoj akademiku Milanu Budimiru.
[3] Cf. *Lexikon der Alten Welt*, Zürich/Stuttgart, 1965 s. Kentauren.

toj tradiciji bio drukčije lokalizovan. Arheološki podaci ovome svakako ne protivreče, jer, kako ukazuje Nilson, najranija grčka svedočanstva (iz iskopavanja Blegena i dr.) ne odnose se na razvijen i ujednačen tip ovog čudovišta kakav nam je poznat iz mitologije. Nilson dalje pokazuje da ni etimologija ni komparativna mitologija nisu zapravo utvrdile poreklo Kentaura, ali da je to, ustvari, i „manje važno pitanje", iako ne i manje zanimljivo. U cilju „osvetljenja demonologije kod Grka", on smatra da je zadovoljavajuća konstatacija da su Kentauri ona vrsta demona prirode kojima se u svakom vremenu i kod svake primitivnije populacije („die einfache Landbevölkerung") nastanjuje cela priroda. „Dahinter steht etwas Elementares" zaključuje on, a ne „duša predmeta" ili nešto slično (op. cit. p. 231).

Iz ove kraće skice našeg današnjeg shvatanja o prirodi pojave i reči, kao i o njihovom nastanku, vidi se da stvar nije baš ni laka ni jednostavna za tumačenje. Nimalo ne postaje jednostavnije kad se posmatra u sklopu sa ostalim brojnim i raznovrsnim čudovišnim bićima, „Mischwesen" u grčkom predanju, mitologiji i religiji, odnosno književnosti i likovnoj umetnosti. Stoga nije ni malo čudno što su ovakve pojave zanimale i same Grke, pogotovo što su oni bili i, pomalo naivno, zainteresovani za njihov ontološki status. Drugim rečima, interpretacija je u tim relacijama, kojima se priključuje još i gnoseološki tretman ovih spodoba, bila teža i komplikovanija. U filosofiji se ona očituje kao specifičan problem definisanja suštine realno nepostojećih stvari, to jest ultrafenomenalnih bića i metafizičkih simbola. Ovako posmatrana, ova s početka naivno prikazana rasprava postaje značajnija i, tako reći, aktualnija. Poznata su nastojanja savremenih logičara da se izbore s takvim simbolima kao što su, na primer, Pegaz ili Belerofont i slična. Rasel je pokušao sa svojom teorijom deskripcije, a nastavio je, između ostalih V. Kvajn, došavši do besmislenog ali duhovitog postupka koji Pegaza definiše kao „stvar koja pegazira"[4]. I za neke druge filosofe realiste ili empiriste u teoriji značenja nije jednostavno da se odredi šta realno korespondira nekom simbolu koji nije proverljiv čulnim iskustvom, a među njih spadaju i takva imena kao Ogden, Ričards, Koržibski, Karnap, i mnogi drugi[5].

Kad se ovo ima na umu, može se, čini se, s manje predrasuda prići ispitivanju antičkih rešenja. Kao najistaknutije svakako se nameće ono izraženo u filosofiji atomista, a najpotpunije sačuvano u Lukretijevom izlaganju, koje je uzeto i kao podnaslov ovog teksta. Za tu filosofiju su karakteristična dva momenta: a) gotovo beskonačno široka ontološka atomistička osnova i b) na tome dosledno materijalistički zasnovana linija logičkog zaključivanja. Sve se to nalazi i kod Demokrita i kod Epikura, ali je najpreglednije pokazano kod Lukretija. Budući da ja ovde ne želim da opišem istorijsko-razvojni aspekt ovog pitanja, već teorijski prilaz i rešenje u toj filosofiji, zadržaću se kod Lukretija.[6]

U početku rada je spomenuta kompleksnost značenja i nastanka Kentaura. Za Lukretijevu interpretaciju su oni bili nezaobilazan entitet bar sa dva razloga, ako se izuzme okolnost da je tu kompletnu tematiku već nasledio. Prvi bi bio razlog što su Kentauri *postojali*, svako je znao kako izgledaju i mogao ih je ne samo videti već i dodirnuti na slici, reljefu ili skulpturi, ili sam nacrtati. Lukretijevo tumačenje nije moglo biti kulturno-istorijsko ili alegorijsko, već dosledno materijalističko-atomističko. Drugi razlog je

---

[4] W. Quine, *One What There is (Semantics and Philosophy of Language,* ed. by Linsky, University of Illinois, 1952, p. 195), navedeno prema Mih. Marković: *Dijalektička teorija značenja*[2], Beograd, 1971, str. 187.

[5] O tome opširnije M. Marković, *op. cit. p. 231 et passim.*

[6] Za poređenja atomističke doktrine i, naročito, filosofskih termina na grčkoj strani i kod Lukretija, cf. kritička izdanja i komentare S. Bejlija, F. Petrovskoga, A. Ernua i L. Robena.

svakako banalniji – jer bi pozivanje na bića tipa Kentaura i od strane najneveštijeg kritičara bio takav prigovor koji bi u mnogo čemu dezavuisao njegovo izlaganje o egzaktnim osnovama svega što postoji[7].

Stoga je Lukretije primoran da se nosi i s objašnjenjima takvih pojava kao što su Skila, Kerber, Kentauri i slično. Iz njegovog opšteg kritičkog stava prema mitologiji i religiji proizlazi i njegovo negiranje objektivnog postojanja ovakvih čudovišnih bića. Da to i dokaže, na raspolaganju mu je nekoliko kriterija ili, tačnije, metoda. Jedno je *genetska metoda*, koja objašnjava nemogućnost nastanka takvih nemani. Ovome tumačenju su u osnovi glavni postulati atomističke filosofije: red, plan i zakonitost dešavanja:

Scilicet id certa fieri ratione necessust.

(2,710)

„... zakonom
određenim to biva tako sve."[8].

Iz ove stroge determinisanosti genetskog projekta, kako bi se reklo jezikom savremene biologije, logično proizlazi nemogućnost svakog nastanka ovakvih nemani. Jer, ma da je sve sastavljeno od atoma, oni se: 1) ne mogu udruživati u beskrajnom broju kombinacija, naročito ne proizvoljnih i svaki put novih

Nec tamen omnimodis conecti posse putandumst omnia.

(2,700)

---

[7] Platon je tu bio u mnogo povoljnijoj situaciji: on je dozvolio Sokratu da celu tu „gomilu čudovišnih spodoba iz legende" jednostavno zanemari, ubrajajući u njih Hipokentaure, Himere, Gorgone i Pegase, uz Sokratovu izjavu da u takvom ispitivanju, doduše, ima neke draži, ali da on sam nije dovoljno dokon za takva, stručna i teška, ispitivanja (cf. *Pheadr.* 229e–230a).

[8] Prevod svugde A. Savić-Rebac, Beograd 1951; lat. tekst se navodi po Ernuovom kritičkom izdanju.

„Pa ipak nemoj smatrati da se sve
na isti način može spojiti."

i 2) u okviru jedne vrste jedinka zadržava „nasleđene"
specifične karakteristike:

    ... omnia quando
seminibus certis certa genetrice creata
conservare genus crescentia posse videmus

(2,707–709)

„... semena
određena sva bića grade, majka
određena ih rađa, čuvaju,
dok rastu, znake roda."

To su dva uslova koja objektivno sprečavaju da dođe do monstruozne kombinacije čovek–konj, devojka–ptica, devojka–lav ili drugih primera poznatih iz popularnih verovanja.

... nam volgo fieri portenta videres,
semiferas hominum species existere, et altos
interdum ramos egigni corpore vivo,
multaque connecti terrestria membra marinis.

(2,701–704)

„Nemani tad bi bile obične,
k'o poluzveri rađali se ljudi,
iz živog tela nicale bi grane,
suvozemnih se bića spleli udi
s udima bića morskih."

Sa bioloških je, dakle, razloga nemoguće da postoje Kentauri. Naravno, nakaze ili izrodi u okviru jedne vrste su mogući, i tu onda počinje da dejstvuje princip prirodnog odabiranja. Lukretije želi da ubedi da nije moguće stvaranje nakaza na osnovu protivprirodnog tj. spontanog ukrštanja.

Ali Lukretije na čudan način i ne sumnja u opravdanost kazivanja o Kentaurima, iako je upravo pokazao da uopšte nisu mogli nastati. Otkud onda postoje Kentauri i otkud mi znamo za njih?

U atomističkoj je filosofiji i misao materijalna, pa, logično, i čudovište ili Kentaur mora biti materijalan, inače mi ne bismo o njemu ništa ni mogli saznati. Ovde mu pomaže atomistička teorija emanacija, na kojoj se zasniva teorija čulnog saznavanja:

> Sunt igitur iam formarum vestigia certa,
> quae volgo volitant suptili praedita filo,
> nec singillatim possunt secreta videri.
>
> (4,87–89)
>
> „Postoje dakle trazi pouzdani
> oblika koji lebde, tkiva tanka,
> a ne može se svako videt za se."

Znači da su ove sličice stvari, ljuspice koje nadražuju naša čula (kod vizuelnih oseta kinematografskim principom, kako se danas s pravom ističe) toliko tanane da su praktično nevidljive, kao i sam vazduh, iako su svugde oko nas. Ali i ono „što stiže umu", što čini sadržaj našeg čulnog saznavanja, takođe počiva na materijalnim osnovama, još finijim i fluidnijim nego što je to bilo slučaj kod prvih. Ove se sličice (*rerum simulacra*) „ko paučina i listići zlatni spajaju lako kad se sretnu."

> ... quae facile inter se iunguntur in auris,
> obvia cum veniunt, ut aranea bratteaque auri.
>
> (4726–727)

Te prefine sličice se, prema tome, spajaju u čudovišne oblike pre no što ih mi saznamo, već „*in auris*", tako da je u potpunosti očuvan materijalni princip saznavanja:

quippe etenim multo magis haec sunt tenvia textu
quam quae percipiunt oculos visumque lacessunt,
corporis haec quoniam penetrant per rara, cientque
tenvem animi naturam intus sensumque lacessunt.

(4, 728–731)

„Jer nežnije je mnogo njino tkanje
no slikâ onih koje oni plave
i draže vid, jer prodiru kroz pore
i duha nežnu prirodu pokreću
unutra, potstičući osećaje."

Tako mi stičemo predstavu nečega što stvarno ne postoji, ali što nastaje zahvaljujući izvanrednoj tananosti ovih ljuspica i ogromnoj brzini kojom se to dešava, množini, zatim pokretljivosti i sličica i uma koji ih prima. Tako se slučajno „sljube u mahu" slike čoveka i konja i rezultat je naše viđenje Kentaura ili, sličnim putem, Skile, Kerbera i drugog:

Cetera de genere hoc eadem ratione creantur.

(4, 744)

Tako se dolazi do zaključka koji je, uostalom, bio unapred poznat:

Nam certe ex vivo Centauri non fit imago.

(4, 739)

„Jer slike te ne nastaju, dakako,
iz živoga Kentaura."

Možda je čudno što Lukretije objašnjava da se *viđenje* Kentaura odigrava upravo tako, a ne, recimo, primanjem onih manje finih sličica sa objektivnog postojećeg kipa Kentaura, kojih su, kao i Satira, bili puni gospodski vrtovi i letnjikovci, u Rimu i okolini. Po atomističkoj filosofiji i ovakvi objekti su izvori emanacija. Ali to bi verovatno bilo odviše prakticističko, vulgarno rešenje i nikako principijelno. Jer tako bi se objasnilo naše svakodnevno *čulno* viđenje Kentaura, a ne nastanak predstave uopšte, prema kojoj je, onda, načinjen kip ili slika. Lukretija ipak zanima logički aspekt, koji se razrešava ontološkim i biološkim argumentom. Ali je negde krajičkom svesti ostao čak i prema svemu tome kritičan, pa je spomenuo i sociološko objašnjenje: ljudi nas možda zasipaju tolikim čudesima sa svojih običnih, nefilosofskih razloga:

... Ideo iactant miracula dictis,
aut aliqua ratione alia ducuntur, ut omne
humanum genus est avidum nimis auricularum.

(4, 592–594)

„Čudesima nas zato zasiplju.
A možda još i drugo vodi njih –
za laskom priče žudi ljudski rod."

U ovaj krug problema se uklapa i tretiranje mišljenja, „mentalnih slika" i pamćenja što zahteva posebno razmatranje i, mada tesno povezano s logičkim statusom imaginarnih bića, izlazi iz najužeg okvira ovde ispitivanog problema.

Mitološke ličnosti i imaginarna, fantastična bića svih klasa nisu zanimala samo pesnike i narodsku maštu, već su bila i predmet proučavanja filosofa, raznih vremena i raznih pravaca. I to naročito polazeći od ontološkog i gnoseološkog aspekta. Lukretije je, izražavajući usvojenu filosofsku doktrinu, imao kod tog detalja mogućnosti da veoma uspešno primeni i svoju ličnu poetsku imaginaciju i ekspresiju. Sa manje slikovite deskripcije to je dato kod Lukretijeva glavnog izvora na helenskoj strani, Epikura, iako nema bitne razlike u prilazu. Stoga se Epikur i ne analizira ovde posebno. Ali postoji još jedna zanimljiva struja koja uočava teškoće nastale u razlučivanju predmeta denotacije kod realnih i imaginarnih entiteta. Mislim na sporni spis Gorgijin *O nebiću ili o prirodi*, za koji uopšte nije dovoljno ako se oceni kao „skeptički". Odmah valja istaći da se ova ocena odnosi na poznata tri aksioma iz tog teksta, a da u obrazloženju ovih aksioma ima zaista i sa današnjeg stanovišta zanimljivih zapažanja i formulacija.

* * *

Mislim da je najpre potrebna digresija o samom izboru. Tu nam je tekst sačuvan u dva izvoda. Obično se navodi izveštaj Seksta Empiričara iz druge polovine 2. veka nove ere (*Adv. math.* 7, 65–87)[9], a ređe pseudo-Aristotelov spis *De Melisso Xenophane Gorgia libellus*. Budući da je poznato da je Aristotel i sam pisao jednu knjižicu o Gorgiji (cf. *Diog. L. V* 25), nije isključeno da je ovaj sačuvani tekst nastao i na osnovu te knjižice, od ruke nekog peripatetičara, i to čak možda ne mnogo posle Aristotela odnosno Teofrasta.[10] U tom slučaju bi taj izveštaj o Gorgijinim skeptičkim postulatima bio stariji od Sekstovog. Krajem prošlog veka se o ovom spisu dosta raspravljalo i kao zaključak te diskusije može se uzeti mišljenje Hermana Dilsa iz predgovora navedenom kritičkom izdanju ovog teksta. On, naime, izražava svoje uverenje da se na osnovu rukopisne kolacije, ortografske i sadržinske analize može smatrati „ut de *MXG* libellum paulo post Christum natum ab eclectico homine logices Peripateticae librorumque scholasticorum Aristotelis non imperito, historiae tamen philosophiae antiquae ipsorumque philosophorum parum gnaro, atticismo modeste favente scriptum esse" (op. cit. p. 12). Ako se usvoji ovo mišljenje,[10] onda je *MXG* doista starije od Sekstovog teksta, i to više od jednog i po veka, ali tim ne dobija prednost u verodostojnosti. To bi se mo-

---

[9] Ovde se navodi Diels–Kranz VS II[10] (1960), p. 279–283.

[10] O tome *cf.* H. Diels, *Aristotelis qui fertur de Melisso Henophane Gorgia libellus,* Berlin, 1900, *pp.* 8–10; iz istog teksta su i dalje navođeni citati, p. 30–35 (MXG 5.6. 979a11–980 *b*21).

glo verovatno ispitivati terminološkom analizom, posebno ključnih termina, upoređujući oba sačuvana izveštaja o Nebiću s ostalim autentičnim Gorgijinim tekstovima. Ali i bez te detaljne analize, jednostavnim konsultovanjem rečnika odmah se uočava da većina izraza kojima Sekst formuliše Gorgijine aksiome nema u tome značenju ni kod Gorgije ni kod savremenika njegovih. Takvi su izrazi

καταλεπτόν („qu'on peut saisir par l'intelligence")
ἀκατάλεπτον (pojam suprotan prethodnom),
ἀνεπινόητον („inconcevable"),
ἀνερμήνευτον („inexplicable"),
ἀνέξοιςτον („qu'on ne doit pas divulguer").

Od drugih termina koje u istom kontekstu upotrebljava Sekst, jedino su u Gorgijino vreme u filosofskoj upotrebi bili običniji

μηνύειν δηλοῦν,
δηλωτόν γνωςτόν i ἄγνωςτον.

MXG umesto μηνύειν ima δηλοῦν, εἰπεῖν λόγῳ, umesto ἄγνωςτον ima δηλωτόν, umesto para καταληπτόν/ἀκατάληπτον upotrebljava γνωςτόν/ ἄγνωςτον. Na osnovu ovoga već imamo dovoljno indicija da sumnjamo u autentičnost formalne strane stavova koji se pripisuju Gorgiji u oba sačuvana izveštaja[11]. Logički stručnjaci sumnjaju i u sadržinsku autentičnost. Zanimljivo je da istoričari helenske filosofije u novije vreme nisu toliko skeptični i prihvataju ove izveštaje kao deo Gorgijine filosofske delatnosti[12], ne vodeći, doduše, računa o samim terminima. Ipak, i pored većeg broja knjiga i rasprava o sofistima uopšte i o Gorgiji posebno,[13] još uvek nema celovite i pouzdane

---

[11] Bohenjski, na primer, u tome vidi „jake stoičke uticaje", tako da čak i ne analizira Sekstov izveštaj; tekst u MXG i ne spominje, cf. *Formale Logik*. Freiburg/München 1956 p. 36, 39.

[12] Npr. V. Gatri, K. Frimen.

[13] Npr. Unterštajner, Breker, Žigon, M. N. Đurić i dr.

monografije o ovom istaknutom sofisti.[14] Ali budući da cilj ovog rada nije uspostavljanje autorske i vremenske autentičnosti pojedinih fragmenata i mišljenja, već ukazivanje na jedno specifično pitanje za koje verujem da je u antici bilo uočeno kao važan logičko-gnoseološki problem, taj filološki aspekt može se zanemariti. U krajnjoj liniji nije čak ni presudno, ukoliko je u pitanju Gorgijina filosofija (a ja imam razloga da mislim da jeste), ni da li je on to mislio ozbiljno, šeretski ili s ironijom. Za mene je ovde značajno da je problem *uočen*, bez obzira na nihilističko-skeptičke teze u koje je razvijen.

Kao atomistički filosofi, i Gorgija je bio suočen s pojavama i predmetima dobro poznatim iz mita i religije čiji je ontološki status u teoriji značenja dubiozan, ako ne i sasvim neodredljiv. (Ovo će kasnije skeptičari proširiti na sve drugo svojom tvrdnjom „da se ništa ne može odrediti„ i da „nešto ne postoji nimalo više – οὐδὲν μᾶλλον – nego nešto drugo"). Gorgija kaže da se sasvim lepo može zamisliti kako čovek leti ili kako se kola voze po moru, a isto tako sadržinu naših misli čine i Skila i Himera i mnogo slično nebiće.[15] Za sada ostavimo po strani zaključak koji on odatle izvodi da nije biće to što mislimo (οὐκ ἄρα τὸ ὂν φρονεῖται *Adv. math.* 7,821). Gorgija uspostavlja ana-

---

[14] Cf. Mišljenje Hajnriha Derija: „Eine monographische Behandlung des G. fehlt leider gänzlich", *Der Kleine Pauly* (1967) s. v. *Gorgias*.

[15] Gorgija ovde nije mogao da uvede jednu novu kategoriju znanja, tzv. „second-order knowledge", jer „neko ne samo da zna neke činjenice, već zna kako ih zna". Govoreći o lingvističkom tretmanu problema denotacije, američki lingvista D. Hejs zaključuje „Whatever the proper treatment of this problem may be in philosophy, a linguistic model of human performance must allow speakers to disagree with each other about what entities exist." (U predavanju „*Linguistic Problems of Denotation*" na 10. Međunarodnom lingvističkom kongresu u Bukureštu 1967, štampano u: *Progress in Linguistics*. A Collection of Papers Selected and Edited by M. Bierwisch and K. A. Heidolph, the Hague-Paris, 1970, p. 83).

logiju *gledati: predmet viđenja, slušati: predmet čuvenja*, i najzad, *misliti: predmet mišljenja*. S malim nepodudarnostima ovo imamo i kod Seksta i u MXG i teško je reći zašto bi se odricalo Gorgiji. Prvi zaključak koji se nameće kad se uporede oba teksta jeste da Gorgija ovde vrši *leksičko* poređenje, to jest *lingvističko*, a ne *ontološko* uopštavanje. Budući da mi verujemo u ono što čujemo, a da ne moramo nešto pri tom i da vidimo, i u ono što vidimo a da pri tom ništa ne čujemo, logično je dalje da se ne sumnja u ono što zamislimo, makar pri tome ne bilo nečega da se čuje ili vidi. Tu on zastupa tezu da nema interkorelacije opažaja i da za svaku percepciju postoji specifičan kriterijum (ἕκαστον γὰρ ὑπὸ τῆς ἰδίας αἰσθήσεως ἀλλ' οὐχ ὑπ' ἄλλης ὀφείλει κρίνεσθαι (81), kako kaže Sekst). Gorgija očigledno pravi i stvarni i logički skok u zaključivanju od čulnog na nečulno saznavanje i to, kako se meni čini, sa čisto jezičkih razloga (cf. MXG: καὶ γὰρ τὰ ὁρώμενα καὶ ἀκουόμενα διὰ τοῦτο ἔστιν ὅτι < ὁρᾶται καὶ ἀκούεται, καὶ ὁμοίως τὰ φρονούμενα ἔστιν, ὅτι > φρονεῖται ἕκαστα αὐτῶν (980a 12). Tako bismo već kod njega imali onaj isti postupak formalno-logičkog zaključivanja direktno izvedenog iz grčkog jezika i primenjenog na njemu, što se izrazito pojavljuje nešto kasnije kod Aristotela i peripatetičara, i, naravno, kod stoičara.

Možda nije čudno što Gorgija nije uočio da u grčkom jeziku postoji sinestezija, koja bi znatno umanjila validnost njegovog lingvističkog kriterija, koji je opasno proširio na polje ontologije i gnoseologije. Ali pitanje sinestezije nije bilo dugo uočeno ni u modernoj nauci.[16]

Tako Gorgiji ostaje da se izbori sa svojim strogo odeljenim pojedinačnim čulnim saznanjima i njihovim predmetima. Biće je ono što je predmet opažaja; vidom se opaža ono što se može videti, sluhom ono što se može ču-

---

[16] Cf. Lj. Crepajac, *Primarne sinestesije u indoevropskom*, Zbornik Filozofskog fakulteta, knj. X–1, Beograd, 1968.

ti, a ne obrnuto (kod Seksta: ...τὰ ὄντα ὁρατά ἐcτι καὶ ἀκουcτὰ καὶ κοινῶc αἰcθητά, ἅπερ ἐκτὸc ὑπόκειται, τούτων τε τὰ μὲν ὁρατὰ ὁράcει καταληπτά ἐcτι τὰ δὲ ἀκουcτὰ ἀκοῇ καὶ οὐκ ἐναλλάξ (83). Prema tome, nije moguće da se nekome drugome razjasni to što vidimo ili čujemo (πῶc οὖν δύναται ταῦτα ἑτέρῳ μηνύεcθαι[17] (83). I sad Gorgija dolazi do stava koji zvuči izuzetno moderno i koji bi mnogi današnji lingvisti usvojili; on, naime, govori o samosvojnosti jezika u odnosu na svet stvari. „Ono pomoću čega saopštavamo jeste govor, a govor nije predmet i biće: tako da mi ne saopštavamo drugima stvari već govor, koji je nešto drugo nego stvari; koje su van nas i koje se ne mogu identifikovati s govorom." (Kod Seksta: ᾧ γὰρ μηνύομεν ἐcτὶ λόγοc, λόγοc δὲ οὐκ ἔcτι τὰ ὑποκείμενα καὶ ὄντα· οὐκ ἄρα τὰ ὄντα μηνύομεν τοῖc πέλαc ἀλλὰ λόγον, ὃc ἕτερόc ἐcτι τῶν ὑποκειμένων... ἐπεὶ ὑπόκειται τὸ ὂν ἐκτόc, οὐκ ἂν γένοιτο λόγοc ὁ ἡμέτεροc (84). Govor ne objašnjava ono što postoji van nas, već se to „spoljnje" obelodanjuje putem govora (οὐχ ὁ λόγοc τοῦ ἐκτὸc παραcτατικόc ἐcτι, ἀλλὰ τὸ ἐκτὸc τοῦ λόγου μηνυτικὸν γίνεται (85) Sekst).

U MXG kaže se gotovo isto: „Niti vid razaznaje zvukove, niti sluh čuje boje, već zvukove; tako je i *govor* ono što neko govori, a ne boja ili stvar." („... οὐδὲ ἡ ὄψιc τοὺc φθόγγουc γιγνώcκει, οὕτοc οὐδὲ ἡ ἀκοὴ τὰ χρώματα ἀκούει, ἀλλὰ φθόγγουc· καὶ λέγει ὁ λέγων, ἀλλ' οὐ χρῶμα οὐδὲ πρᾶγμα" (980 b 1). Stoga se ne može reći da govor postoji na isti način kao što postoje αἰcθητά jer se on razlikuje od njih i mi ga primamo pomoću drugog organa. Tako govor nikada zapravo ne može obelodaniti spoljne stvari (kod Seksta: καὶ μὴν οὐδὲ ἔνεcτι λέγειν, ὅτι ὃν τρόπον τὰ ὁρατὰ καὶ ἀκουcτὰ ὑπόκειται, οὕτωc

---

[17] Izraženo u formi „ako je..., kako da bude", ali je očigledno da on prvi sud smatra pozitivnim.

καὶ ὁ λόγος, ὥστε δύνασθαι ἐξ ὑποκειμένου αὐτοῦ καὶ ὄντος τὰ ὑποκείμενα καὶ ὄντα μηνύεσθαι. εἰ γὰρ καὶ ὑπόκειται... ὁ λόγος, ἀλλὰ διαφέρει τῶν λοιπῶν ὑποκειμένων..., δι' ἑτέρου γὰρ ὀργάνου ληπτόν ἐςτι τὸ ὁρατὸν καὶ δι' ἄλλου ὁ λόγος (86). To je razlog zašto se ne može pomoću govora drugome saopštiti nešto o biću, čak i kad bi bilo moguće da se sazna.

MXG ide dalje u ovoj skepsi: tu se, naime, pita kako da onaj koji prima saopštenje zamisli isto ono što i onaj koji to saopštenje daje. Ili, kako bismo danas rekli, kako da se dekodira poruka i da se pri tom dešifrovanju obezbedi identičnost informacije koja je enkodirana. (εἰ δὲ ἐνδέχεται γιγνώσκειν τε καὶ ἃ ἂν γιγνώςκῃ λέγειν, ἀλλὰ πῶς ὁ ἀκούων τὸ αὐτὸ ἐννοηςει; (980 b 8). Ponovo se potrže ontološki argument da u slučaju kada bi više subjekata istovremeno a odvojeno zamišljalo *isto*, to više ne bi bilo *jedno* (οὐ γὰρ οἷόν τε ταυτὸ ἅμα ἐν πλείοςι καὶ χωρὶς οὖςιν εἶναι· δύο γὰρ ἂν εἴη τὸ ἕν (980 b 9).

Izgleda, naime, da ni ono što sam subjekt opaža u jednom trenutku nije slično već zavisi od organa i vremena percepcije, a tim manje može neko drugi u drugo vreme opažati identično što i on (φαίνεται δὲ οὐδ' αὐτὸς αὐτῷ ὅμοια αἰςθανόμενος ἐν τῷ αὐτῷ χρόνῳ ἀλλ' ἕτερα τῇ ἀκοῇ καὶ τῇ ὄψει, καὶ νῦν τε καὶ πάλαι διαφόρως. ὥστε σχολῇ ἄλλῳ γ' ἂν ταὐτὸ αἴσθοιτό τις (980 b 14).

Gorgija na osnovu ovoga nije izvukao zaključak o relativnosti jezika ili relativnosti saznanja, već o relativnosti bića. Možda je to jedan od razloga što ovako stimulativne pretpostavke o jeziku nisu urodile bogatijim plodom u svoje vreme. Ponekad se kaže da za Gorgiju, kao kasnije za skeptičare, postoji provalija između reči, misli i bića. Ako je tako, onda ta provalija i nema drugu stranu, nasuprot reči i misli. Da li se sme reći da je Gorgija apsolutizovao jezik? Ima nešto čak paradoksalno u svemu ovome. Jer, kako retor koji je od jezika načinio virtuozno sredstvo ubeđivanja da kao filosof tvrdi kako se drugom ne može ništa saopštiti? Da li je on *mutatis mutandis* naslutio, ono što se potvrđuje u teoriji informacije danas, da nije ista količina inforamcije koja se u običnom jeziku daje i – prima? Svojim čuvenim figurama, poznatim u teoriji književnosti kao „gorgijanski stil", kao da je želeo da ukaže na posebne psihološke razloge koji utiču na različito doživljavanje jezičke informacije emitovane od strane nekog drugog. Ako se ove njegove misli o jeziku kao nečem posebnom (recimo: *sistemu sporazumevanja*), što se ne može identifikovati ni sa stvarima ni sa našim čulnim saznanjem o tome (iako on njih „obelodanjuje"), ako se posmatraju ne sa filosofskog, već sa lingvističkog stanovišta, postaje manje upadljiva njegova skepsa i manje značajan ton kojim je to sastavljeno. Sa tog razloga su u ovom izlaganju neke stvari namerno simplifikovane, da bi se izvukla zrnca dragocene lingvističke misli, makar još „nekritičke".

Tako su ovde konfrontirana dva filosofa, mada je primena ove reči malo neobična i za Lukretija i za Gorgiju. Jedan je od njih zbog preterane vere u biće i zbog teorijske potrebe da sve ima objektivni korelat čak napunio svet hipostaziranim fantastičnim spodobama (bez obzira na pokušaj da ih racionalno objasni), a drugi je zbog preterane vere u jezik zaključio da ničega nema, jer nema svega onoga što postoji u jeziku i u našim mislima. A pri tom su jedan i drugi stvorili značajna umetnička dela i u mnogo čemu anticipirali kasnija filosofska i naučna shvatanja.

1971.

O HERAKLITU, PONOVO

(*Heraclitus retractatus*)

PREGLED DOSADAŠNJEG IZUČAVANJA

U trećem veku nove vere nastalo je delo „Βίοι καὶ γνῶμαι τῶν ἐν φιλοσοφίᾳ εὐδοκιμησάντων" Diogena Laerćanina, sa podacima za nas neprocenjivim, iako dosta često malo verodostojnim. U devetoj knjizi tog dela Diogen je zabeležio i nekoliko podatak o Heraklitu, filosofu koji mu je prethodio bar za sedam i po vekova. On tu daje i podelu Heraklitovog učenja kakva je po svoj prilici bila poznata u njegovo doba: τὸ δὲ φερόμενον αὐτοῦ βιβλίον ἔςτι μὲν ἀπὸ τοῦ cυνέχοντος Περὶ φύcεως, διῄρηται δὲ εἰς τρεῖς λόγους, εἴς τε τὸν περὶ τοῦ παντὸς καὶ πολιτικὸν καὶ θεολογικόν[1]. Na osnovu ovog podatka očigledno je, na prvom mestu, da nije bio poznat naslov knjige koja se pripisivala Heraklitu, a zatim da je, prema svom glavnom sadržaju, ta knjiga bila *O prirodi*. Sama podela filosofije Heraklitove na tri kazivanja (τρεῖς λόγους[2]): *O svemiru*,

---
[1] „Knjiga pod njegovim imenom je po svom glavnom sadržaju O prirodi, a deli se na tri kazivanja:O svemiru; Politika; Teologija."
[2] Λόγος ovde N. Majnarić prevodi sa 'knjiga' (*Heraklit*. Svjedočanstva i fragmenti. Prev. i objasnio –, Zagreb, 1951, *p.* 5). Λόγος, istina, već u petom veku počinje da se upotrebljava u nešto užem značenju nego dotada, kada je činilo semantičku opoziciju prema legendi (μῦθος), epskoj poeziji (ἔπος), istraživanjima u herodotovskom smislu (ἱστορίαι). Tako λόγος sve više dobija značenje proznog sastava (nasuprot ποίησις i dr.), mahom filosofske ili istorijske sadržine. Kasnije se ovo proširuje i na druge literarne rodove, tako da λόγος, početkom nove ere, označava književnost i nauku uopšte (*cf. A. Bailly, Dict. gr.-fr. s. v.* λόγος). Zbog ovakve raznolikosti upotreba u različitim vremenima teško je odrediti pravo značenje te reči kod Diogena Laerćanina. On kaže da se spomenuto βιβλίον deli na tri dela, i tu pre ima u vidu te-

Politika, Teologija ne samo da ukazuje na vrlo pozno poreklo izvora koje je koristio Diogen (neko aleksandrinsko izdanje ili čak izvod iz Heraklitovog učenja[3]), nego nedvosmisleno pokazuje *nerazumevanje* te filosofije. Kako Kerk ističe, u toj filosofiji se nije odviše pažnje posvećivalo politici, a učenje o bogovima je sasvim neodvojivo od Heraklitove fizičke doktrine. S tim se slaže i Miroslav Marković, a Kerk, pozivajući se na Dajhgrebera, zaključuje da ova podela koju saopštava Diogen[4] samo delimično reprodukuje opštu shemu filosofije kakvu su razradili stoičari (logika, etika i fizika) i koju je Kleant u trećem veku stare ere usitnio na podgrupe dijalektika i retorika; etika i politika; fizika i teologija. Samo ove tri poslednje podgrupe Diogen navodi kao tri λόγοι koji čine Heraklitovu knjigu. Taj isti autor navodi i drugi naslov knjige (Μοῦσαι – IX 12), koji verovatno potiče od Platona (*Soph.* 242d, cf. Kirk 10, Marković RE 258); još su neverovatniji naslovi koji se Heraklitovom delu pripisuju kod drugih autora[5].

Sve ovo ukazuje da je u to vreme Heraklitovo učenje bilo, doduše, poznato, ali u pomerenoj i netačnoj slici. Ovo nerazumevanje i iskrivljavanje Heraklitove misli počelo je, izgleda, veoma rano. Već Platonov prvi učitelj, heraklitovac Kratil, doveo je *ad absurdum* misao „o opštem kretanju" i Platon se njemu, i njegovim istomišljenicima, neštedimice podsmeva u svom dijalogu „Kratil ili o ade-

---

matsku podelu, a ne formalnu. Zato bi možda bilo najbolje da, sledeći sugestiju prof. M. Budimira, prevedemo λόγος sa 'kazivanje', a ne sa 'knjiga'. *Cf. i G. S. Kirk, Heraclitus.* The Cosmic Fragments. A Critical Study with Introduction, Text and Translation. – Cambridge, 1954, p. 7: „discourses" (U daljem tekstu: Kirk).

[3] Cf. H. Diels – W. Kranz: *Die Fragmente der Vorsokratiker. Griechisch und deutsch.* 10. Aufl. – Berlin, 1961, p. 140 n. (u daljem tekstu DK) i M. Marković: *Herakleitos* u Pauly-Wissowa *Realencyclopädie der classischen Alternatumswissenschaft.* – Stuttgart, 1965, p. 258 (u daljem tekstu: RE).

[4] Kirk, loc. cit.; M. Marković, RE, loc. cit.; DK, loc. cit.

[5] Cf. M. Marković: „Andere Titel sind stoisch-kynische Spielereien" (RE loc. cit.).

kvatnosti jezičkog izraza"[6]). Ali, nisu samo epigoni Kratilovog tipa bili daleko od pravog razumevanja Heraklitovih gnoma; ni sami prvaci helenske filosofske misli, Platon i Aristotel, ne mogu se ubrojiti u one koji su se udubili u suštinu jednog učenja toliko različitog od njihovog.

Heraklit je, bez obzira na nadimke Σκοτεινός „Mračni" i slične,[7] i na česte pogrešne interpretacije, veoma mnogo uticao i na antičku filosofiju i na filosofiju modernog doba. Hegel je, npr., *verbis expressis* priznao svoju zavisnost od Heraklita[8]. Naročito je značajan Heraklitov prilog izgrađivanju pojma dijalektike i na taj način ne samo razvoju dijalektičke logike nego i dijalektičkog materijalizma uopšte.

Međutim, bez obzira na sav taj Heraklitov uticaj, njega je i danas veoma teško izučavati. Uložen je, za poslednjih stopedesetak godina, ogroman trud da se iz spisa koje su nam vreme i prepisivači još sačuvali od antičke pisane reči izdvoje oni oskudni podaci koji se odnose na Heraklitov život i učenje. Prvu zbirku fragmenata objavio je F. Šlajermaher u Berlinu 1807. godine. Dalji značajan doprinos je bilo objavljivanje Hipolitove knjige *Refutatio omnium haeresium* u Oksfordu, 1851 (izdavač E. Miler), koja je obelodanila niz novih Heraklitovih fragmenata. Takođe u Oksfordu je 1877. izašla fundamentalna zbirka fragmenata, koju je pripremio I. Bajvoter. U međuvremenu je, između ostalih radova, vrlo značajnu ulogu odigrala opsežna

---

[6] O ovom dijalogu v. moj članak *Platon i Demokrit* u čaospisu Filozofija 2 (1963) 89–96 i tekst pod naslovom „*Aktualno i zanimljivo filosofsko štivo*" u Književnim novinama br. 243 od 20. februara 1965.

[7] Σκοτεινός se uz Heraklitovo ime u sačuvanim podacima prvi put nalazi kod Aristotela (*De mundo*, 5. 396b 7). Ja to pre shvatam kao atribut uz njegovo ime, kao karakteristiku od Aristotelove strane, a ne kao nadimak. Kasnije je to postalo nadimak, i to jedan od mnogih.

[8] „Es ist kein Satz des Heraklit, den ich nicht in meine Logik aufgenommen". – G. W. Fr. Hegel: *Vorlesungen über die Geschichte der Philosophie*. 2. Aufl. (*Werke*, Bd. 13). – Berlin, 1840, p. 301. Ovo je za moto svojoj knjizi uzeo F. Lassalle: *Die Philosophie Herakleitos des Dunkeln von Ephesos*. – Berlin, 1858. Cf. i B. Bošnjak: *Logos i dijalektika*. – Zagreb, 1961, passim.

studija Ferdinanda Lasala, objavljena 1858. u Berlinu na nekih hiljadu trista stranica u dve sveske. Heraklit je, dalje, obrađivan, i različito tumačen, u poznatim istorijama helenske filosofije (Celer, Barnet, i dr.), a 1922. godine je štampano četvrto izdanje zbirke čuvenog nemačkog filologa Hermana Dilsa pod naslovom: *Die Fragmente der Vorsokratiker*. Dalja izdanja te zbirke, koja je vrlo brzo postala neka vrsta kodeksa za sve dosokratovske filosofe, pripremio je Valter Kranc[9]. Doktorska disertacija Olofa Žigona (*Untersuchungen zu Heraklit*, 1935) otvorila je nove vidike i odredila nove puteve tumačenju Heraklitove filosofije.

Posle toga, naročito za poslednjih dvadesetak godina, naglo je živnulo istraživanje Heraklitove filosofije, i to naročito kritičko ispitivanje tekstova[10]. Najznačajniji prilog, i novinu, svakako predstavljaju kritička izdanja G. S. Kerka i Miroslava Markovića[11].

---

[9] Citiram po desetom izdanju, 1961; brojevi Heraklitovih fragmenata koje navodim takođe su po ovom izdanju.

[10] Najvažnije knjige: R. *Walzer: Eraclito*. Raccolta dei frammenti e traduzione ialiana. – Firenze, 1939; preštampano: Olms, 1964; R. Mondolfo: *Heraclito*. Textos y problemas de su interpretatión. – México, 1966. Pored toga su značajni članci po časopisima, naročito radovi K. Rajnharta, B. Snela, J. Keršenštajner, G. S. Kerka, M. Markovića i drugih. Kod nas je o Heraklitu relativno malo pisano. 1924. izašla je studija D. Nedeljkovića o Heraklitu uz koju je štampan prevod Heraklitovih fragmenata od A. Markezi. Heraklita su zatim prevodili N. Majnarić (*Heraklit. Svjedočanstva i fragmenti*. – Zagreb, 1951) i Miroslav Marković: *Heraklit: O prirodi*. Beograd. 1954. Od krupnijih radova o Heraklitu treba spomenuti članak N. Majnarića „*Heraclitea*" u: *Rad JAZU*, 293 (1953) 281–301 i knjigu Branka Bošnjaka: *Logos i dijalektika*. – Zagreb, 1961, u kojoj, na žalost, nije korišćena sva najnovija literatura. (Ostale bibliografske podatke v. u *Istoriji helenske književnosti* M. N. Đurića, Beograd, 1951).

Da je velika doza kritičnosti kod ovakvih ispitivanja još uvek neophodna odlično ilustruje pojavljivanje knjiga kao što je npr.: R. Lahaye: *La philosophie ionienne*. – Pariz, 1966, čija kritičnost ostaje na nivou njene religiozne posvete: „*A Marie, trône de la sagesse*".

[11] Kerkova knjiga, objavljena 1954. godine, izašla je u popravljenom izdanju 1962. godine; iz tehnikih razloga citati koje navodim su iz izdanja 1954. godine. Za Markovića, v. dalje tekst (citiram: M. M.

„U ISPITIVANJU JE NEOPHODNO VIŠE KRITIČNOSTI"

Svi noviji ispitivači antičke filosofije naglašavaju da je neophodno, pre donošenja zaključaka o bilo kom detalju te misli, ponovo ispitati autentičnost i verodostojnost literarnih podataka sačuvanih iz antike.

Kod Heraklita je još veća opasnost da nam antička istorija filosofije nije predala njegovu originalnu misao, i pored dosta velikog broja fragmenata (148 fragmenta *B* u *DK*, na primer) i svedočanstava kod brojnih kompilatora i komentatora za te dve hiljade godina koje dele Marsilija Fićina (15. v. nove ere) od prvih podataka kod Iona sa Hija (5. v. pre nove ere).[12] Oko 400. g. pre nove ere još je uvek bio poznat Heraklitov tekst u celini (cf. Kirk 26), pa ipak većina današnjih ispitivača smatra da u Platona, na primer, nemamo *nijednog*[13] doslovnog citata iz Heraklita. Vrlo brzo posle toga tekst je bio poznat samo delimično (npr. Teofrastu) i u stoičkim interpretacijama i aleksandrinskim izvodima; u njima je pravi smisao Heraklitovih doktrina već uveliko bio zamagljen i izmenjen.

Novije vreme polako vraća boju koju su ta davna dela morala imati i smešta ih u realne istorijske i misaone okvire. Između ostalih, prof. H. Černis je ispitao Aristotelov

---

Heraclitus). Treba spomenuti i knjigu G. S. Kirk & J. E. Raven: *The Presocratic Philosophers. A Critical History with a Selection of Texts.* – Cambridge, 1957. (citiram Kirk – Raven), K. Freeman: *Companion to the Pre-Socratic Philosophers.* – Oxford, 1953 i M. Marković: *Heraclitus. Texto griego y version castellana. Editio minor.* – Merida, 1968.

[12] Tako M. Marković, *Heraclitus XV;* Kirk 13: „There is probably no evidence earlier than Plato, except for the fragments themselves and the doubtful references in Parmenides and Epicharmus". M. Marković nije za Epiharma (Heraclitus 501, 545) ni za Parmenida (cf. e. g. Heraclitus 175 n.).

[13] Tako Kirk 13: Plato: Direct Quotations: virtually none; ili Kirk – Raven 187: „As for Plato and Aristotle, there is little *verbatim* quotations of H. in either, nor were they really interested in the accurate objective assessment of early predecessors". To se svakako naročito odnosi na Platona, koji se, npr., u dijalogu „Kratil" vrlo podsmešljivo obračunava s heraklitovskom doktrinom.

odnos prema dosokratovskim učenjima, a zatim i prema Platonu i Akademiji.[14] Kako se zbirka fragmenata Dilsa i Kranca dalje samo preštampavala, bez izmena, potreba da se na jednom mestu, celovito, iskoriste i dalje razrade sva nova saznanja prosto se sama nametala.

Dils je nastojao, naravno, da bude što kritičniji. On je već pokušao da unekoliko klasifikuje sačuvane literarne podatke po njihovoj vrednosti. Tako je on pravio razliku između podataka obeleženih sa A (Leben, Schrift und Lehre) i onih sa B (Fragmente). Dalje je, ponekad, stavljao i odeljak C (Imitation), a kod fragmenata je odvajao prave fragmente od nepravih ili sumnjivog porekla (Zweifelhaftes, Unechtes). Onde gde je verovao da ima osnove za neku unutrašnju podelu, tematsku ili po spisima, Dils je izvršio tu podelu (npr. kod Demokrita).

Međutim, Heraklitove fragmente je poređao po abecednom redu autora kod kojih je podatak sačuvan! Koliko je to moglo da bude mudro za početak izučavanja, kad je samo prikupljan materijal (Bajvoterova vrlo arbitrarna klasifikacija pokazala se pre toga neefikasnom, iako se njom, npr., rukovodio Barnet), kasnije sve više postaje prepreka za tumačenje Heraklitove filosofije. Heraklitov sistem po svoj prilici nije bio onoliko logički koherentan koliko danas hoće da mu pripišu ispitivači, nije bio ni lišen protivrečnosti niti potpuno jedinstven, ali je ipak bio – filosofski sistem. To znači da je morao imati nekoliko sadržajnih jezgri oko kojih se sve ostalo na neki način grupisalo.

Mi, naravno, ne možemo nikad više da pretendujemo na to da rekonstruišemo Heraklitovu *knjigu*. Takvih je pokušaja, istina, bilo, ali su propali (na primer, P. Šustera, cf. E. Wellmann, RE VIII, 1 (1912) 505, zatim H. Gomperca i drugih). To je, po rečima M. Markovića (RE 270) „methodisch verfehlt und aussichtslos". „Trotzdem, nastavlja isti autor, um die Lehren Herakleitos' deuten zu können, müssen wir im

---

[14] H. Cherniss: *Aristotle's Criticism of Presocratic Philosophy*. – Baltimore, 1935 i *Aristotle's Criticism of Plato and the Academy*. vol. 1. – Baltimore, 1944.

Rahmen einer Arbeitshypothese die erhaltenen Fragmente nach ihrem Inhalt in einige Gruppen einordnen" (ibid.). Tako je, u grupe na osnovu sadržaja, Heraklitovo učenje podelio G. S. Kerk u već spominjanoj knjizi. Ali, on nije obradio sve podatke, nego samo „kozmičke" („those whose subject-matter is the world as a whole, as opposed to men", op. cit. XII); tu je uključio, posle kritičke obrade teksta, 59 fragmenata raspoređenih u 12 grupa.[15] Ovakvu podelu na

---

[15] Taj raspored kod Kerka izgleda ovako:

1. GRUPA: frg. 1
(+73 D)
frg. 114
(+113 D)
frg. 2
(+89 D)
frg. 50
2. – 8. GRUPA
2. GRUPA: frg. 61
frg. 13
(+37 D)
frg. 9
(+4 D)
3. GRUPA: frg. 58
frg. 59
frg. 60
frg. 103
frg. 48
4. GRUPA: frg. 23
frg. 111
5. GRUPA: frg. 88
frg. 126
frg. 57
(+106 D)
6. GRUPA: frg. 10
frg. 102
frg. 67

7. GRUPA: frg. 51
(+8 D)
frg. 54
frg. 123
frg. 7
8. GRUPA: frg. 80
frg. 53
frg. 84a, b
frg. 125
frg. 11
9. GRUPA: frg. 6
frg. 3
frg. 94
frg. 100
(+137 D)
10. GRUPA: frg. 30
frg. 31
frg. 36
(+76 D)
frg. 90
frg. 64
frg. 65
(+66 D)
11. GRUPA: frg. 12
(+49 a D)
frg. 91
12. GRUPA: frg. 41
(+112 D)
frg. 32
frg. 108.

Slovo D pored fragmenta odnosi se, po Kerkovoj oceni, na parafraze ili na nepouzdane fragmente, koje je Dils ipak prihvatio.

„kozmičko" i „antropocentričko" učenje Kerk se ne trudi naročito da opravda, jer je i njemu od samog početka bilo jasno da je to jedva održivo. Njegovi motivi da tako postupi su, zapravo, sasvim formalni: knjiga bi bila preobimna ako bi sadržala sve fragmente i verovatno izdavač ne bi prihvatio da je štampa; zatim, mislio je da je korisno prvo konsultovati stručnu kritiku pre no što celo delo bude gotovo. Tek njegov četvrti razlog je da „the fragments fall not unnaturally into the two classes which I have indicated". (Kirk XII s.). M. Marković smatra da je delo ostalo torzo, iako je „gewissenhaft ediert und besprochen worden" (RE 259), ali da ipak ni Kerk nije bio dovoljno kritičan (*Proceedings* 301). Kerk sada priprema novo, potpuno izdanje (cf. M. Marković, loc. cit.).

Najpotpunije kritičko izdanje svih Heraklitovih fragmenata dosada je svakako *Heraclitus. Greek Text with a Short Commentary*. Editio maior, koje je 1967 izašlo u izdanju univerziteta Los Andes u Meridi, u Venecueli. Tu knjigu, o kojoj stručna kritika još nije stigla da kaže svoju reč, pripremio je poznati istraživač antičke filosofije (uključujući tu i dela na sanskrtu), naš sunarodnik, profesor Miroslav Marković.

On je ponovo, po većini biblioteka, proverio svu dostupnu rukopisnu tradiciju i ranija izdanja. U brojnim prilozima u raznim časopisima M. Marković je, pre pojave ove knjige Heraklitove filosofije, strpljivo proučavao pojedine tekstove koji se odnose na Heraklita.[16] Rezultate tih dugogodišnjih proučavanja sažeo je u obimnom članku objavljenom u Pauly-Wissowa *Realencyclopädie der classischen Altertumswissenschaft*, Supplementband X (1965). Članak obuhvata 75 stubaca (245–320). Već sam taj broj strana koji je *RE* posvetila Heraklitu u svojoj dopunskoj desetoj svesci pokazuje koliki je napredak u izučavanju Heraklita postignut od štampanja njenog prvog članka o

---

[16] Podatke o tome v. u RE; *Heraclitus;* zatim u M. Marković: *Estudios de filosofia griega*, I. – Merida, 1965.

Heraklitu 1912. godine. Taj je članak iz pera E. Velmana iznosio 4 stupca (RE VIII, 1, 504–508)! Dalji sažet prikaz svojih proučavanja M. Marković je izneo na Sedmom međuameričkom kongresu za filosofiju održanom 1967. godine u Kanadi. Naslov saopštenja bio je: *What Heraclitus said?*[17]. Iste godine pojavila se i navedena zbirka fragmenata, koja, snabdevena iscrpnim i veoma korisnim registrima, iznosi 665 stranica.

U čemu se sastoji novina ovog kritičkog izdanja? Posebnu pažnju sastavljač posvećuje *transmisiji Heraklitovog teksta u antici*, ali to je tek početak posla. Ono što sledi iz tih detaljnih filoloških proučavanja svakako je rezultat vredan pomena ne samo kad je reč o Heraklitu, nego i o svoj dosokratovskoj filosofiji uopšte. M. Marković pokušava da ispita *odnos između pojedinih literarnih izvora*. Tako on uspostavlja neku vrstu *hijerarhije* među sačuvanim podacima i sistematizuje ih, pokazujući njihovu unutrašnju strukturu. Tako, najzad, različit stepen pouzdanosti izvora, koji je naglašavala većina novijih istraživača, u ovako organizovanom tekstu postaje *vidljiv* i precizno naznačen u svakom pojedinom slučaju.

Treća osnovna karakteristika ovog izdanja Heraklita je što su izreke, prema svojoj najverovatnijoj sadržajnoj implikaciji, određene u nekoliko manjih skupina. Ove se, opet, grupišu u dva velika odeljka: 1. Učenje o logosu i 2. Učenje o vatri. Treći, najmanji deo, čine podaci o etici, politici i ostalom.

Osnovni kriterijum koga se M. Marković držao u kritičkoj obradi teksta i u uspostavljanju njihove međusobne zavisnosti i strukture bio je „the degree of literality in the citations from Heraclitus" *(M. M. Heraclitus XV)*. Tako on među svim fragmentima razlikuje one koji su direktni citati iz Heraklita (obeleženo sa *C*, tj. Heraklit *verbis expressis*),

---

[17] Objavljeno: Proceedings of the Congress. – Quebec, 1967, p. 301–311 u trećem poglavlju knjige: *Invited Papers*. (citiram kao: Proceedings).

zatim fragmente obeležene sa P, koji su samo manje ili više slobodne parafraze Heraklitovih reči i, najzad, fragmente R – sadržajno daleke reminiscencije na Heraklita. U skladu s tim, svi podaci su raspoređeni prema svojoj vrednosti i odnosu prema onome što su analize pokazale da je najverodostojniji Heraklitov tekst. Redosled svedočanstava označen je sa (a), (b), (c) itd., ali on *ne uključuje i hronološki* redosled autora tih podataka. Njihov red je, naravno, s obzirom na upotrebljene simbole, sasvim nepredvidljiv. Originalni Heraklitov tekst je označen većinom sa (a),[18] ali ono može i da izostane, ako nam tekst nije sačuvan. Međutim, moguća su i dalja odstupanja od tog zajedničkog izvora, i ona su beležena sa (a^1), (a^2), (b^1), (b^2). Fragmenti su, prema svom verovatnom sadržaju, podeljeni na grupe. Isti, semantički odnosno tematski, princip primenjen je kod svakog pojedinog fragmenta: strukturiranje fragmenta na redove i manje celine takođe je dobijeno analizom značenja „u okviru ritmičke proze Heraklitove". Pri tom se autor nije upuštao u metričku analizu teksta (kako je postupio Dajhgreber, cf. M. M. *Heraclitus* XVI). Revalorizacija svih fragmenata na *C, P* i *R* je u knjizi M. Markovića dosledno sprovedena. Za takav postupak on je, naravno, koristio sugestije u nekim prethodnim radovima o Heraklitu. Tako je, na primer, K. Friman govorila o „commentators, summarizers, paraphrasers",[19] što nije dalje razradila niti iskoristila u tumačenju fragmenata. G. S. Kerk veoma mudro podatke o heraklitizmu kod Platona određuje kao: Direct quotations (kojih, uostalom, i nema) i References to or paraphrases of extant fragments (op. cit. 13), a kod Aristotela kao: Direct quotations, Recognizable paraphrases, General references (op. cit. 16). Zatim, Kerk je izradio dve tablice na kojima je, *exempli gratia,* pokazao zavisnost Teo-

---

[18] Ilustracije radi: Dils je u originalne fragmente strpao i tekstove na latinskom!

[19] Op. cit. p. 106, 109.

frasta od Aristotela i zavisnost Diogena Laerćanina od Teofrasta (a zatim i kasniju doksografsku tradiciju: Eusebija, Aetija). Ali on to nije izradio za sve fragmente. I najzad, u istoriji helenske filosofije od V. Gatrija, ističe se relativna vrednost podataka Dilsa i Kranca koji „present 131 passages as fragments of Heraclitus, but it is a matter of lively argument how far they reproduce his actual words and how much is paraphrase or addition".[20]

U izdanju Dilsa i Kranca fragmenti 1–126 su pravi Heraklitovi fragmenti. Fragmenti od 126a–139 su označeni kao: Zweifelhafte, falsche und gefälschte Fragmente. Kerk je kao parafrazu ili nepouzdane citate označio ove fragmente: 4, 8, 37, 49a, 66, 71, 73, 76, 77, 89, 106, 112, 113, 116, 125a; zatim 136 i 137, u čiju su autentičnost ionako sumnjali Dils i Kranc. M. Marković smatra da ni fragmenti 67a i 91b ne mogu pretendovati na to da predstavljaju Heraklitove ideje.[21] Isti je slučaj s fragmentima 19, 70, 75, 82–83 i 136 (cf. *Proceedings* 301). S druge strane, Marković se ne slaže s Kerkom da treba odbaciti fragmente 66, 89, 106 i 125a. On, dalje, povezuje fragmente 2 i 114 i smatra da fragmenti 105 i 38 čine jedna fragment; on ga beleži kao 63ab. Isto tako je očigledno da fragment 28 sadrži dve različite izreke. Iz svega toga M. Marković izvlači zaključak da nemamo više od 111 pravih Heraklitovih izreka. On ih je obeležio brojevima 1–111 i („tentatively") podelio na 24 grupe na osnovu već spomenutog kriterijuma sadržajne implikacije teksta. Istina, grupu 24. čine fragmenti označeni kao ΑΔΗΛΑ. Marković naglašava da od tih 111 fragmenata, strogo uzevši, samo sedamdesetak[22] ima pravo filosofsko značenje, „the rest consisting either of too short, incomplete and obscure sayings, or of sayings implying personal

---

[20] W. K. C. Guthrie: *A History of Greek Phislosophy*, I. – Cambridge, 1962, p. 403.

[21] Cf. *On Heraclitus* u: *Phronesis* 11 (1966) 19–22 o frg. 91 b i *p. 26 s.* o frg. 57 a: „Nothing is here from Heraclitus".

[22] Štampano masnim slogom na izloženom shematskom prikazu.

polemics and ethical-political advice of minor philosophical import" *(Proceedings* 301*)*. Najzad, izdvojena je i 25. grupa sa 14 fragmenata označenih kao: *Dubia, Spuria*. Ta nova podela Heraklitovog učenja izgleda ovako:

DEO I: UČENJE O LOGOSU
(frg. 1–50)

1. GRUPA:	frg.	1	M. Marković (1 Dils-Kranc)
	"	2	(34)
	"	3	(17)
	"	4	(72)
2. GRUPA:	frg.	5	(55)
	"	6	(101a)
	"	7	(35)
3. GRUPA:	frg.	8	(123)
	"	9	(54)
	"	10	(22)
	"	11	(18)
	"	12	(86)
	"	13	(107)
	"	14	(93)
	"	15	(101a)
4. GRUPA:	frg.	16	(40)
	"	17	(129)
	"	18	(81)
	"	19	(28b)
	"	20	(28a)
	"	21	(56)
	"	22	(97)
5. GRUPA:	frg.	23	(114+2)
	"	24	(89)
6. GRUPA:	frg.	25	(10)
	"	26	(50)
	"	27	(51)

7. GRUPA: frg. 28 (80)
" 29 (53)
" 30 (42)
" 31 (125)

8. GRUPA – 12. GRUPA

8. GRUPA: frg. 32 (59)
" 33 (60)
" 34 (103)

9. GRUPA: frg. 35 (61)
" 36 (13)
" 37 (9)
" 38 (4)
" 39 (48)
" 40 (12)

10. GRUPA: frg. 41 (88)
" 42 (126)
" 43 (57)

11. GRUPA: frg. 44 (111)
" 45 (23)
" 46 (58)

12. GRUPA: frg. 47 (62)
" 48 (26)
" 49 (21)
" 50 (15)

DEO II: UČENJE O VATRI
(frg. 51–93)

13. GRUPA: frg. 51 (30)
" 52 (94)
" 53 (31)
" 54 (90)
" 55 (65)
" 56ab (84ab)

14. GRUPA.	frg. 57	(3)
	" 58	(6)
	" 59	(106)
	" 60	(99)
	" 61	(A 1: DL IX 9–11)
	" 62	(120)
	" 63ab	(105+38)
	" 64	(100)
	" 65	(A 13)
15. GRUPA:	frg. 66	(36)
	" 67	(45)
	" 68	(118)
	" 69	(117)
	" 70	(85)
	" 71	(110)
16. GRUPA:	frg. 72	(98)
	" 73	(63)
	" 74	(27)
	" 75	(92)
	" 76	(96)

17. GRUPA – 21. GRUPA

17. GRUPA:	frg. 77	(67)
	" 78	(7)
18. GRUPA:	frg. 79	(64)
	" 80	(11)
	" 81	(16)
	" 82	(66)
19. GRUPA:	frg. 83	(108)
	" 84	(32)
	" 85	(41)

20. GRUPA: frg. 86 (5)
  " 87 (14)
  " 88 (68)
  " 89 (74)

21. GRUPA: frg. 90 (78)
  " 91 (102)
  " 92 (79)
  " 93 (52)

DEO III: ETIKA, POLITIKA I OSTALO
(frg. 94–125)

22. GRUPA: frg. 94 (119)
  " 95 (29)
  " 96 (24)
  " 97 (25)
  " 98 (49)
  " 99 (20)
  " 100 (39)
  " 101 (104)

23. GRUPA: frg. 102 (43)
  " 103 (44)
  " 104 (33)
  " 105 (121)
  " 106 (125a)

24. GRUPA: frg. 107 (124)
  " 108 (A19 + A 18)
  " 109 (87)
  " 110 (95 + 109)
  " 111 (122)

25. GRUPA: DUBIA ET SPURIA
  frg. 112 (115)
  " 113 (47)
  " 114 (46)
  " 115 (67a)

"	116	(A 16)
"	117	(0)
"	118	(126a)
"	119	(127)
"	120	(132)
"	121	(133)
"	122	(134)
"	123	(135)
"	124	(130)
"	125	(138)

Iz ove sheme je jasno da M. Marković ne priznaje Dilsovu razliku između podataka A i B, i da nekoliko od *Testimonia* pod A iz Dilsa i Kranca uvodi u prave Heraklitove izreke (tj. A 1, A 13, A 19 + A 18). On se i drugde vraćao na fragmente grupisane pod A kod *DK*, pa je pokazao da su neki od njih sasvim bez značaja za Heraklita.[23] Od fragmenata pod B u *DK* potpuno je odbacio ove:[24] 8, 12*b*, 14a, 19, 37, 46, 47, 49a, 67a, 69, 70, 71, 72b, 73, 75, 76, 77*ab*, 82–83, 91*ab*, 109, 112, 113, 115, 116, 126a, 126*b*, 127, 128, 130–139. Osim fragmenta 129, pokazalo se da je Dils sasvim bio u pravu što je sumnjao u pouzdanost fragmenata 126a–139.

Takva valorizacija izvora, dosledno sprovedena, pokazala je gde u antičkoj transmisiji Heraklitovog teksta treba da se traži izneveravanje i izopačavanje Heraklitove misli. M. Marković smatra da je prvi po redu od tih izopačitelja bio Kratil, na koga se nadovezuje Platon, drugi Aristotel, treći Teofrast, na koga se nadovezuje Stoa. Manje-više i dosad se smatralo da su svi ovi helenski mislioci, svesno ili nesvesno, pogrešno tumačili Heraklita. Ali minuciozna analiza teksta i

---

[23] Npr. (A 22), (A 16) u navedenom članku u *Phronesis*, p. 24s., 27 s., cf. RE 268.

[24] „out of 148 B-fragments in DK at least 37 are to be discarded either as spurious or as useless repetition and paraphrases of geniuine sayings" (Proceedings 301). Broj fragmenata u DK unekoliko se razlikuje zavisno od izdanja i načina brojanja.

njegovo hijerarhijsko strukturisanje, koje je izvršio M. Marković, izneli su na videlo još jednog novog izopačitelja, na koga dosad istraživači nisu obraćali naročitu pažnju. Reč je o poznom skeptičaru Ajnesidemu. On je bio iz Knosa, a živeo je u Aleksandriji, verovatno u Kikeronovo doba. Zasnovao je neopironski skepticizam i veoma mnogo uticao na jednog od poslednjih skeptičara, pripadnika empirijske lekarske škole – Seksta Empiričara (verovatno kraj 2. v. n. ere). Pored Diogena Laerćanina, kod Seksta je sačuvano najviše podataka iz Ajnesidemovih dela. Ajnesidem je, izgleda, odigrao vrlo značajnu ulogu u trasmisiji poznate misli da se u istu reku ne može ući dvaput; tome M. Marković poklanja posebnu pažnju. Na drugom mestu (Sext. Empir. Adv. math. X 233) taj njegov „izopačiteljski doprinos" još je očigledniji: τό τε ὂν κατὰ τὸν Ἡράκλειτον ἀήρ ἐcτιν, ὥc φηcιν ὁ Αἰνηcίδημοc. Τὸ ὄν[25] se ovde očigledno odnosi na ὁ θεῖοc λόγοc o kome Sekst govori nešto ranije (VII 129) i zaista je jedini moguć zaključak koji donosi i M. Marković: „a *Logos* thought of as air is out of question for Heraclitus" (*Heraclitus* 583, cf. *Phronesis*, loc. cit.).

U kojoj meri onda ovako kritički rekonstruisano učenje predstavlja Heraklitov filosofski sistem? Na to je danas veoma teško, ako ne i nemoguće, da se da valjan odgovor. M. Marković, međutim, veruje da se možda ipak sme naslutiti da nam „vom Büchlein Herakleitos' nicht zuviel fehlt" (RE 269) ili da („schlimmstenfalls") imamo pred sobom samo polovinu. Iako je ova pretpostavka naoko veoma smela, ona dosta logično sledi iz činjenice da skoro sva doksografska tradicija, kao po pravilu, ponavlja one fragmente koji su nam sačuvani.

---

[25] Sama ova reč se takođe ne može odnositi na Heraklita, cf. Index verborum Heracliti ad fragmenta 1–111 spectans, koji je izrađen uz Markovićevo izdanje Heraklita. Maločas citirani tekst je u tom izdanju obeležen sa 116, izvor (b) i reči iz njega uopšte nisu mogle ući u taj indeks. Reč τὸ ὄν izgleda da se ni inače ne javlja u Heraklita.

HERAKLITOVO OTKRIĆE: UČENJE O LOGOSU

Koliko je meni poznato, dosadašnja tumačenja Heraklita najčešće nisu u njegovom učenju na posebno mesto izdvajala doktrinu o logosu. Ponekad, čak, nije naglašavana ni izuzetna uloga logosa u Heraklitovoj filosofiji, iako se govori o jedinstvu koje postoji u svetu i koje nastaje slaganjem suprotnosti.[26] Fundamentalnu ulogu ovog sprega suprotnosti u Heraklitovoj filosofiji istakao je u prvoj polovini 1. veka nove ere helenizovani Jevrejin Filon iz Aleksandrije. U jednom svom spisu on je zabeležio: ἓν γὰρ τὸ ἐξ ἀμφοῖν τῶν ἐναντίων οὗ τμηθέντος γνώριμα τὰ ἐναντία. οὐ τοῦτ' ἔστιν ὅ φασιν Ἕλληνες τὸν μέγαν καὶ ἀοίδιμον παρ'αὐτοῖς Ἡράκλειτον κεφάλαιον τῆς αὐτοῦ προστησάμενον φιλοσοφίας αὐχεῖν ὡς ἐφ'εὑρέσει καινῇ;[27] *(Quis rerum divin. heres 213–214).* Poznata su nastojanja ovog učenog Jevrejina, čiji je maternji jezik bio grčki, da helensku filosofiju poveže sa religijskom mudrošću Starog zaveta. Isto je tako poznat njegov ogroman uticaj ne samo na jevrejstvo, nego i na hrišćanstvo koje se upravo javljalo. Te opšte karakteristike se svakako moraju imati na umu kad se procenjuje Filonova delatnost uopšte. Ali u detaljima, njegove vrlo precizne formulacije o helenskim filosofima i njihovim učenjima mogu nam biti od velike koristi. Takav je, verovatno, slučaj s navedenim odlomkom u kome se govori o „novom Heraklitovom otkriću". Barnet se, takođe, pouzdaje u ovo svedočanstvo.[28] M. Marković

---

[26] tako, npr. B. Rasel: *Istorija zapadne filosofije*. Prev. D. Obradović. – Beograd, 1962.

[27] „Jer ono što čine obe suprotnosti jeste jedno; i, kada se to jedno podeli, suprotnosti postaju saznatljive. Zar nije to upravo ono što Helenikažu da je njihov veliki i proslavljeni Heraklit označio kao krunu svoej filosofije, hvaleći se tim kao novim oktirćem?"

[28] J. Burnet: *Early Greek Philosophy*. – Cleveland–New York, 1965, p. 143 (citiram kao: EGP).

(*Heraclitus* 177) ga obeležava kao izvor (*d*), ali znak pitanja iza R pokazuje da nije potpuno siguran da li navedeno mesto treba da se shvati kao reminiscencija na Heraklita. Mislim da Filon ovde na neki način daje svoju ocenu Heraklitovog učenja; primeri suprotnosti koje on navodi, naravno, nisu Heraklitovi.

Postojanje suprotnosti bilo je u helenskoj filosofiji poznato pre Heraklita (Anaksimandar; Pitagora?); ali je njih Heraklit sagledao, i predstavio, u drukčijem svetlu. To svetlo je λόγος, i to je njegovo „glavno otkriće".[29]

Šta je λόγος za Heraklita? Ovo je, verovatno, jedno od najtežih pitanja istorije helenske filosofije. U Heraklitovim „mračnim gnomama", naravno, nema definicije ovog osnovnog pojma njegove filosofije. Sama reč λόγος vrlo se uporno održavala u grčkom jeziku i pre i posle Heraklita, menjajući značenja u toku svih tih stoleća. Danas, svaki pokušaj da se λόγος u Heraklitovoj filosofiji izrazi precizno jednim terminom indoevropskih jezika,[30] može samo uslovno pretendovati na uspeh. A takvih pokušaja je bilo vrlo mnogo. na nemački jezik je, npr., prevođeno kao Wort, Sinn, Gesetz, Mass, Verhältnis, Lehre, itd. Ništa bolje ne stoji ni sa engleskim, francuskim, italijanskim, ruskim itd., pa ni u našem jeziku. N. Majnarić često ostavlja logos neprevedeno, što je vrlo dobro, ali prevodi i sa: zakon (svjetski um, svjetski zakon, op. cit. 33); B. Bošnjak: razložnost, red, mjera (op. cit. 72, 73 et passim). Sasvim se odvaja prevod M. Markovića: istina (*Heraklit*, Beograd, 1954), ali na to ću se vratiti kasnije, jer je taj termin on zadržao i u novijim radovima iz ove oblasti.

Kod svih ovih pokušaja karakteristična su dva momenta: ili se reči λόγος odredi jedno značenje i ono se dosledno koristi u prevodu svih fragmenata, ili se opet, pre-

---

[29] Cf. B. Bošnjak, *op. cit.* 101: „Heraklit je prvi mislilac logosa", M. M. RE 310: „Der Löwenteil gehört der metaphysischen Logoslehre. Das ist seine grosse Entdeckung".

[30] Nisu mi poznati pokušaji prevođenja na druge jezike.

ma kontekstu svakog fragmenta, određuje drugo značenje. Jasno je da su rezultati nesaglasni i da se ionako komplikovan problem samo još više zamršuje. Pored toga, filološka i filosofska tumačenja se, nažalost, i ovde retko susretnu, pa i to od jednog polja izučavanja stvara dva, međusobno prilično udaljena. A uza sve to, obe spomenute vrste ispitivanja pokazuju zajedničku grešku imputiranja savremenih logičkih standarda i znanja u Heraklitovu filosofiju.[31] Takvo „podešavanje" antičke filosofije sopstvenim shvatanjima učinilo je da se danas može govoriti o „hegelovskom stupnju" Heraklita (u Lasalovoj interpretaciji), o „jaspersovskom" Heraklitu (u interpretaciji F. Brehta), o „hajdegerovskom" Heraklitu, itd.

Sve ove razlike uočljivije su upravo u interpretiranju pojma i termina λόγος.[32]

Ja želim da se zadržim na jednom od najnovijih istraživačkih rezultata koji predlaže radikalne izmene upravo u shvatanju Heraklitove doktrine o logosu. Reč je o rezultatima istraživanja saopštenim u već spominjanom obimnom članku Miroslava Markovića o Heraklitu u *RE*, objavljenom 1965. godine. Taj članak, koji je glavni urednik K. Cigler označio kao „bahnbrechend",[33] uzima u obzir sva najnovija istraživanja o Heraklitu i prvi put posle

---

[31] *Cf. M. M. RE 271:* „Einer der Hauptnachteile der modernen Deutung Heakleitos' besteht darin, dass man ihm zuviel an logischer Kohärenz zutraute". Uostalom, zamerka da prethodnika tumače sa pozicija sopstvenog učenja već je upućivana u starini stoičarima. Epikurovac Filodem iz Gadare u Palestini, filosof i pesnik, živeo je u Rimu u Kikeronovo doba. Njegov izraz cυνοικειοῦν za takav metod interpretacije Kikeron je preveo sa: accomodare (*De natura deorum* I 15, 41). Filodem u *De pietate* (c. 13) piše:ἐν δὲ τῷ δευτέρῳ τά τε εἰς Ὀρφέα καὶ Μουσαῖον ἀναφερόμενα καὶ τὰ παρ' Ὁμήρῳ καὶ Ἡσιόδῳ καὶ Εὐριπίδῃ καὶ ποιηταῖς ἄλλοις, ὡς καὶ Κλεάνθης, πειρᾶται cυνοικειοῦν ταῖς δόξαις αὐτῶν (cf. Burnet, EGP 32, 142).

[32] Više o tome, čemu bi zapravo trebalo posvetiti posebnu veću studiju, v. kod B. Bošnjaka, passim, i M. M. RE 271.

[33] Prema saopštenju prof. M. Budimira.

značajnog Žigonovog dela (*Untersuchungen zu Heraklit*), gradi izvesnu sintezu. M. Marković tu postupa na ispravan način: on λόγος posmatra kao metafizički simbol visokog reda, zbog čega nijedna od reči našeg običnog jezika ne može u potpunosti da zadovolji kao prevod ovog grčkog izraza.[34]

Drugi značajan momenat o kome M. Marković vodi računa je povezanost objekta i subjekta (izraženog mišlju tj. rečju), što je, po opštoj oceni, bilo svojstveno arhajskom načinu mišljenja i saznavanja.[35] Marković pokazuje da ljudi taj λόγος mogu čuti od Herkalita (frg. 1, 34, 17), ali da ga mogu saznati i iz spoljnog sveta, jer on postoji i objektivno (frg. 1, 50: οὐκ ἐμοῦ, ἀλλὰ τοῦ λόγου ἀκούσαντας). „Diese beiden Momente kann wohl das Wort 'Wahrheit' als eine sprachlich formulierte und zugleich objektiv bestehende Regel oder Gesetz decken" (RE 272). Takvom tumačenju svakako je bio blizak Celer kada je λόγος interpretirao kao „die in der Rede gesprochene Wahrheit" (*Die Philosphie der Griechen* I[6] 792n.). Od ostalih istraživača mislim da je takvom stavu blizak Barnet, iako kod njega u stvari nije reč o prevodu logosa. On kaže: „Herakleitos looks down not only on the mass of men, but on all previous inqurers into nature. This must mean that he belived himself to have attained insight into some truth not hitherto recognized, though it was staring men in the face". (EGP 143). U pitanju je, dakle, ta istina, shvatanje o jednom kao sjedinjenim suprotnostima, što je Filon označio kao Heraklitovu εὕρεσις καινή i što se nesumnjivo odnosi na logos kao izraz te *coincidentia oppositorum*.[36]

---

[34] Namerno ne kažem termin, jer λόγος nikako nije *terminus technicus* u današnjem smislu.

[35] Na ovo ukazuje i B. Bošnjak govoreći da su za Heraklita reči nastale φύσει.

[36] D. Nedeljković je, nasuprot, smatrao da se taj Heraklitov filosofski pronalazak „jednog u mnoštvu" odnosio na vatru, „to prvo jedno", „materiju postajanja i napredovanja" (op. cit. 65).

Prevod „istina" za Heraklitov λόγος M. Marković je upotrebio još u svom srpskohrvatskom prevodu Heraklita iz 1954. godine. Branko Bošnjak (op. cit. 90 ss.) je odbio takvu interpretaciju s motivacijom: „prema tom prijevodu postoji Istina, koja vječito važi. A gdje bi se ta istina nalazila? Nema li ona tada ontičko određenje?" (p. 91). Jer, po Bošnjaku, to bi odvelo u realizam pojmova ili objektivni idealizam, a „time smo odmah na tlu platonizma, a nikako kod Heraklita" (loc. cit.). Istini za volju, sam strah od uvlačenja „platonizma" u Heraklita kao argument nije svakako dovoljan. (Možda treba spomenuti i kao predmet važan ispitivanja upravo odnos Heraklita i Platona, jer, i pored nešto preliminarnih radova, to je još neispitano područje istorije helenske filosofije). Ali, da li u Heraklita λόγος shvaćen kao *istina* nužno postaje „ontički određen"? Ili, tačnije, *samo* ontički određen? Ako dobro razumem prigovor B. Bošnjaka, on misli na neposrednu i aktualnu denotaciju koju bi ovako shvaćen simbol morao da ima. Bez obzira na to kako da shvatimo i prevedemo λόγος teško je, ako ne i nemoguće, da se precizno odredi koja bi „suština" predstavljala njegovo predmetno značenje. A kod ovako kompleksnog i neodređenog metafizičkog simbola to je čak i neopravdano. Iako zabeležena jezička upotreba reči koje Heraklit povezuje uz λόγος dozvoljava tu mogućnost da se λόγος shvati kao *istina*,[37] ipak mislim da je

---

[37] Barnet je veoma dobro primetio da je u tumačenju frg. 1 nastala opšta teškoća zbog reči ἐόντος αἰεί (EGP 133). Početak fragmenta, kako ga saopštava Sekst Empiričar (*Adv. Math.* VII 132) glasi: τοῦ δὲ λόγου τοῦδ' ἐόντος αἰεὶ ἀξύνετοι γίνονται ἄνθρωποι. Problem je dvostruk: 1) gde treba seći rečenicu u sintagme, pre ili posle αἰεί i 2) kako prevesti ἐών? To je uočio već Aristotel (cf. *Rhet.* Γ 5.1407 b 15). Barnetov odgovor je da ἐών u jonskom znači 'true' when coupled with words like λόγος", navodeći primere ne samo iz jonskog (Herod. I 30), nego čak i iz Aristofanovih „Žaba" (1052): οὐκ ὄντα λόγον. B. o tome i A. E. Taylor: *Plato. The Man and His Work.* – Cleveland–New York, 1966, p. 85.

M. Marković se odlučuje za ovakvo strukturisanje početka fragmenta:

na sadašnjem stepenu izučavanja Heraklita možda još uvek bolje zadržati grčku reč, i zbog različitih semantičkih implikacija koje prevod može da ima u nekom drugom jeziku.[38]

τοῦ δὲ λόγου τοῦδ' ἐόντος
ἀιεὶ ἀξύνετοι γίνονται ἄνθρωποι

shvatajući prvi red kao *genetivi obiectivi* koji zavise od ἀξύνετοι. Usvajajući dalje Barnetovo tumačenje značenja reči ἐών+λόγος, on ovo prevodi sa:

Of this Truth, real as it is,
men always prove to be uncomprehending (*Heraclitus* 6).

Uostalom, konstrukciju ἐών+λόγος tako su objasnili, još pre Barneta, P. Natorp (1883, u časopisu Rheinisches Museum br. 38) i P. Taneri (1888, u knjizi *Pour l'histoire de la science Hellène*). Na taj način se odbija prevod DK: „Für der Lehre Sinn aber, wie er hier vorliegt, ... (I 150)", jer ἐών+λόγος znači: real, true; wirklich, wahr; tj. wirklich-wahr; cf. M. Marković RE 274, Heraclitus 9. O toj nijansi značenja B. Bošnjak očigledno nije vodio računa.

Ali, i M. Marković ne insistira samo na uopštenom značenju *istina*: „The Logos is an objecitve Truth (ἐών) or universal Law (γινομένων πάντων κατ' αὐτόν)", *Heraclitus* 1 i drugde. Za značenje 'stvaran', 'istinit' u Heraklitovoj upotrebi pokazano je u literaturi da svedoče kontekstualna značenja iz drugih helenskih pisaca. Međutim, nije mi ponato čime se jezički, a ne jedino iz Heraklitovih drugih filosofema, podupire semantička nijansa 'zakon', koja se kao prevod za Heraklitov λόγος i inače dosta spominje. Marković, doduše, odbacuje predistoriju ove reči za značenje koje ona može imati kod Heraklita. S ovim bi se bilo teško složiti iz dva razloga. Prvi razlog, opštije prirode: u nastanak, spor i tegoban, jednog kompleksnog i mnogoznačnog filosofskog simbola uključene su skoro po pravilu sve nijanse značenja sa raznih misaono-jezičkih polja; te nijanse zapravo i uslovljavaju eventualnu filosofsku apstrakciju i omogućavaju joj relativnu komunikabilnost. Drugi razlog, posebniji: iz Heraklitove praktične primene reči i inače se vidi u koliko je on pravaca hteo da protegne njihovo značenje: ponekad je to postalo kakav viši, saznajni cilj, a katkad se završavalo na običnoj igri reči. Na to ukazuje većina ispitivača; cf. M. M. *Heraclitus* 93: ξύν νόῳ : ξυνῷ; 111: ὁ λόγος : ὁμολογεῖν itd.). Možda bi povezivanje reči λόγος sa koradikalnim lat. *lex* dalo traženu i očekivanu semantičku nijansu 'zakon' kod Heraklita. Cf. J. Pokorny, Idg. Etym. Wb. (1959) s. v. *leĝ-*, gde spada i *rǎzanъ, razan* – „religiozni zakon" iz Aveste, čiji je jezik srodan sanskrtu.

[38] O tome, u vezi s našom reči istina, v. Bošnjak op. cit. 92. s.

To što λόγος kao *coincidentia oppositorum* znači, nije ni proces ni struktura. On se, zaprvo, realizuje na nekoliko nivoa i zato ga treba shvatiti kao potku svega što postoji. Već je Barnet rekao da je, po Heraklitu, mudrost opažanje „of the underlying unity of the warring opposites" (EGP 143). M. Marković ide još dalje i specifikuje četiri nivoa koja je Heraklit na neki način imao u vidu kad je govorio o logosu kao o „the underlying methaphysical unity" (Proceedings 303) koja se može saznati samo intenzivnim intelektualnim naporom.[39] Ta četiri nivoa logosa su logički, ontološki, gnoseološki i etički, a ovaj nije lišen ni socijalnih implikacija (*cf.* RE 296), koje na neki način čine vezu između učenja o logosu i učenja o vatri. Ima deset razloga kojima je Heraklit pokušavao da pokaže univerzalnu valjanost svog velikog otkrića – logosa ili koincidencije suprotnosti.[40]

---

[39] Cf. frg. 101: ἐδιζησάμεν ἐμεωυτόν, što neodoljivo podseća na čuvenu delfijsku parolu γνῶθι σαυτόν i, naravno, na osnovnu metodološku devizu Sokratove filosofije. To je uočio već Plutarh (*Adv. Colot.* 1118), a u podatku koji iz Aristonima Gnomologa saopštava Stobaj skoro je teško poverovati da je reč o Heraklitu, a ne o Sokratu: Ἡράκλειτος νέος ὢν πάντων γέγονε σοφώτερος, ὅτι ᾔδει ἑαυτὸν μηδὲν εἰδότα.. Marković ovaj podatak obeležava kao reminiscenciju na sadržaj citirane rečenice kod Plutarha i stavlja ga u grupu fragmenata koji se odnose na saznavanje logosa, a ne u etičke. Isti podatak saopštava i Diogen Laerćanin, koji ga kombinuje s izrazom vrlo sličnim u frg. 101 (*IX* 5). Ne razumem potpuno strukturu ovog saoštenja kako je predstavljeno kod M. Markovića niti mislim da je dovoljno ubedljivo objašnjeno u komentaru uz taj fragment (cf. i RE 278).

U svakom slučaju, odnos Heraklit : Sokrat / Platon nije još dovoljno osvetljen (cf. napr. P. Friedländer: *Plato*. An Introduction. Transl. from the German by Hans Meyerhoff. – New York–Evanston, 1964, p. 26–28).

[40] U mnogim novijim ispitivanjima radije se govori o jedinstvu ili koincidenciji suprotnosti i o sveopštoj, ravnomernoj promeni kao o osnovnoj Heraklitovoj misli nego o dijalektici zbog ograničenog značenja ove reči u pojedinim jezicima. Posebno je zanimljiv pokušaj K. Aksela koji je, tumačeći logos, pokušao da poveže antičko

UČENJE O VATRI

Dok je logos potka svega postojećeg u metafizičkom smislu i jedinstvo oprečnosti, na planu aktualizovanog, materijalnog postojanja Heraklit jedinstvenu potku stvari vidi u vatri. Tu se, međutim, odmah postavlja jedno krupno pitanje: koliko se sme i vatra shvatiti kao supstancija, a koliko kao princip? Pitanje je svakako još teže primenjeno na Heraklita zbog transformacione prirode njegovog vatrenog supstrata. U svakom slučaju u ovom delu svog učenja se Heraklit najviše oslanja na jonsku tradiciju filosofije prirode koja mu je prethodila i na još raniju mitsku kozmologiju. Mitograf i teogonist Ferekid sa Sira (sred. 6. v. stare ere) u svom izveštaju o pranačelima sveta, koja su potekla od boga, navodi i vatru; taj podatak je mala rekapitulacija skoro cele jonske filosofije prirode. Sačuvan nam je kod Damaskija (*De principiis* 124): Φερεκύδης δὲ ὁ Σύριος Ζάντα μὲν εἶναι ἀεὶ καὶ Χρόνον καὶ Χθονίαν τὰς τρεῖς πρώτας ἀρχάς... τὸν δὲ Χρόνον ποιῆσαι ἐκ τοῦ γόνου ἑαυτοῦ πῦρ καὶ πνεῦμα καὶ ὕδωρ.[41] *cf. Kirk-Raven* 55). Zavisnost od ovakvih tradicionalnih shvatanja možda predstavlja i svest o božanskom karakteru istih pranačela i kod jonskih filosofa. Čak je takav karakter pripisivan i Anaksimandrovom *apejronu*. Koliko je Heraklit dalje svojim učenjem o vatri uticao na Ajshila, i koliko je

---

značenje termina dijalektika sa njenim kasnijim hegelovskim i marksističkim upotrebama. On piše: „Le *logos* d'Heraclite – le discours du penseur qui pense le monde – ne peut être saisie que si nous entrons en dialogue avec lui. Le logos fonde le discours et le dialogue, et anime la *dialectique*. Ce que nous appelons – avec beaucoup d'ambiguïté – dialectique, est le rythme du logos héraclitéen, et nous devons suivre ce rythme pour pouvoir entrer en dialogue avec Héraclite. (K. Axelos: *Héraclite et la philosophie*. – Paris, 1962, p. 47).

[41] „Ferekid sa Sira (kaže) da su uvek postojali Zevs, i Hronos, i Htonija, kao tri prva pranačela... i da je Hronos od sopstvenog semena načinio vatru i dah (ili: vetar) i vodu".

ovaj bio inspirisan samo staroatičkim kultovima vatre, sasvim je poseban, i teško rešiv problem (cf. M. Marković RE 312).

U svakom slučaju Heraklitova vatra kao osnova njegove fizike manifestuje se u nekoliko sfera, obuhvatajući i svemir, čoveka i boga. M. Marković precizno deli ove oblasti na makrokozmos (kozmologija i meteorologija), mikrokozmos (fiziologija i psihologija) i ekstra-kozmos (teologija i eshatologija), cf. Proceedings 301, RE 294. Vatra je, kao i kod Ferekida, večita, ἀείζωον; pored toga ona je i božanskog karaktera. Ovo je, očigledno, najprotivrečniji deo Heraklitove doktrine: vatra je, s jedne strane, imanentna svim stvarima i inherentna svim svetskim procesima, a s druge strane ona je transcendentalna i božanska. Zato ona mora da se pokorava principu mere, koji je za Markovića čak „more operative and convincing than fire itself" (Proceedings 306). Ali „mera" nije istovetna s logosom. Ne bi se moglo prihvatiti tumačenje B. Bošnjaka koji u frg. 94 zamenjuje μέτρα sa λόγος („Ἥλιος γὰρ οὐχ ὑπερβήσεται μέτρα) i prevodi: „Sunce neće prekoračiti svoje logose". (op. cit. 73). Logos je u njemu, Heliju; on ne može da ga *prekorači*. Ovo nas ponovo vraća na pitanje Heraklitovog jezičkog izraza. Ὑπερβαίνω u prvom redu znači: preći neku granicu, svejedno prostornu ili vremensku. Plutarh, koji citira navedeni frg. 94 u *De exilio* 604 A, tako je i shvatio Heraklitovu misao, jer je na drugom mestu (*De Iside et Osiride 370 D*) objašnjava na ovaj način: ...Ἥλιον δὲ μὴ ὑπερβήσεσθαι τοὺς προσήκοντας ὅρους. Izgleda da je ovome blizak frg. 120, sačuvan kod Strabona, gde se govori o granicama između Jutra (=Istoka) i Večeri (=Zapada), cf. M. Marković *Heraclitus* 336 s. A to što Heraklit ovde spominje *boga* Helija a ne sunčanu σκάφη, pokazuju koliki je značaj pridavao meri kao osnovu ravnoteže u kozmosu kad i sam bog mora da je se pridržava. Prema tome, ὑπερβαίνω treba da shvatimo *sensu proprio*. To verovatno sledi i iz Heraklitovog shvatanja značenja reči. Za njega su reči φύσει, tj. nerazlučivo povezane s denotiranim predmetom, bez obzira na samu odredbu predmeta. Ovo je očigledno u nekim drugim fragmentima, kao npr. u čuvenom fragmentu 48: τῷ τόξῳ ὄνομα βίος, ἔργον δὲ θάνατος. Rečenica je neprevodiva na naš jezik, zato što nemamo minimalnog para kojim bismo istovremeno izrazili opoziciju život: lûk kako je to u grčkom s akcentskim parom βίος : βιός. Jezički izraz ili naziv (ὄνομα) i funkcija (ἔργον) predmeta nesumnjivo čine jedinstvo suprotnosti. Ali to nije funkcija *reči*, nego funkcija *predmeta*, i upravo u tome se vidi ona osnovna karakteristika arhajske logike koja nije razdvajala subjekt od objekta i kojoj reč nije bila samo elemenat ljudskog jezika kao sredstva za sporazumnjvanje, nego genuin put saznanja. Zato je opozicija βίος : βιός kod Heraklita više nego duhovitost (M. Marković: „pun", *Heraclitus* 192); to je njegov filosofski *stav*. Platon je osetio svu ozbiljnost toga i zato je onako uporno nastojao da se obračuna s heraklitovskim epigonima u „Kratilu" i drugde. Ovo, međutim, ne znači da Heraklit nije uticao na Platona; ali izgleda da se o pravom uticaju kod Platona može govoriti tek tamo gde on *ne* spominje Heraklita. Onde gde je Heraklitovo ime navedeno *explicite*, mnogo je više reč o sofističko-heraklitovskom epigonstvu, i iskrivljenju, nego o originalnom Heraklitovom filosofemu. Tipičan, i najkrupniji primer za takav postupak je Platonova interpretacija πάντα χορεῖ (Crat. 402a) i čuvena metafora da se u jednu reku ne može ući dvaput. Kod Aristotela to se čak prenosi i na vatru (*Meteor.* B 3, 357b 27 s.): τὸ τῶν ῥεόντων ὑδάτων καὶ τὸ τῆς φλογὸς ῥεῦμα (*Phys.* Γ 5, 204b 33); to ἐξ οὗ je za Heraklita vatra i teren za pogrešne interpretacije, počev s Teofrastom, tako je već stvoren. (Opširno o tome v. Kirk 307–324, 335–338 et passim i M. Marković, *Heraclitus* 262, 272 et passim, sa navedenom ranijom literaturom, contra Gigon op. cit.).

U ispitivanju Heraklitovog učenja o vatri M. Marković naglašava postojanje kvalitativne promene, i to *gradualne* kvalitativne promene, nasuprot većini ispitivača, koji Heraklitovu promenu shvataju ne kao proces, nego kao rezultat transformisanja (v. Kirk, 135–148 et 325–335; M. Marković, *Heraclitus* 278–290; promene koje se podrazumevaju pod rečju μεταπίπτειν Marković priključuje učenju o logosu, cf. op. cit. 216–219).

* * *

Ovim kratkim izlaganjem pokušala sam da dam kritički prikaz metoda i rezultata u novijim izučavanjima Heraklitove filosofije. Zato su obuhvaćeni samo pojedini problemi i nije iznet sistematski prikaz celokupne Heraklitove filosofije. Ne samo da to nije bio zadatak ovog rada, nego, s Kerkom, smatram da „the time for an inclusive assessment of Heraclitus has not yet come" op. cit. 401n.). Novija ispitivanja te filosofije još uvek predstavljaju pripremu za jednu takvu sintetičku obradu. Ali Heraklita nije moguće ispitivati potpuno odvojeno od ostalih helenskih filosofa, naročito ne odvojeno od dosokratovskih mislilaca. Zato su ovakva kritička izdanja Herkalita dobar primer šta treba da se učini i za ostale filosofe i to je posao koji još nije obavljen.[42] Naravno, da će tu uvek ostati mnogo nejasnog, ali je isto tako izvesno da svako kritičko preispitivanje otvara i nove vidike i omogućuje nova saznanja. Da navedemo jedan primer kod Heraklita. I filosofi i istoričari helenske filosofije su uglavnom bili nesigurni s obzirom na odnos Heraklita prema ostalim miletskim filosofima. Nije bilo jasno ni zašto bi ga tretirali zajedno s njima, niti zašto bi ga odvajali. Postojali su izvesni razlozi i za jedan i za drugi postupak, ali ni oni nisu jasno sagle-

---

[41] Na nekoliko primera iz Demokritove filosofije, ja sam, npr., pokušala da pokažem da je grupisanje fragmenata kao kod *DK* neodrživo, *cf.* moj članak „*Democritea*", Živa antika 16 (1966) 344.

dani. Ili se, apodiktično, konstatovalo da „iako Jonjanin, Heraklit nije pripadao naučnoj tradiciji Milećana" (B. Rasel, op. cit. 59). Ovo je ustvari Kornfordovo shvatanje koje ni on ni Rasel ne podržavaju nekim argumentom. Rasel kaže: „On je bio mističar, ali posebne vrste" (loc. cit.). Ovo jedva da kaže nešto više. Da je sva Heraklitova filosofska autentičnost zasnovana samo na uvođenju vatre kao ἀρχή, on ne bi otišao dalje od Taleta, Aniksimandra, i Anaksimena. Ali on je otišao dalje. To je veoma dobro uočio Filon kad Heraklitovu εὕρεcιc καινή nije uopšte povezao sa vatrom. Na osnovu svojih raznovrsnih izučavanja, Miroslav Marković je postavio vrlo smelu tezu, koja se razlikuje, koliko je meni poznato, od svih dosadašnjih tumačenja Heraklita. On je Heraklitovu filosofiju podelio na učenje o logosu i učenje o vatri, naglašavajući da su u velikoj meri nezavisna.[43] Treba ostaviti kao otvoreno pitanje da li učenje o logosu da nazovemo metafizičkim; to, uostalom, u dobroj meri zavisi od toga šta podrazumevamo pod metafizikom. Sve do skora je na engleskom govornom području to značilo isto što i filosofija.[44] U svakom slučaju izgleda da tom učenju kod Heraklita zaista pripada „lavovski deo", kako kaže Marković.

I najzad, u novijim ispitivanjima naglašena je težnja da se što više približimo autentičnom Hraklitovom tekstu, da na neki način čujemo njega samog, ili, da navedem nadahnute reči Koste Aksela: „Il s'agit presque de tenter impossible: lui donner la parole, le rendre parlant".

1968.

---

[43] „There seem to exist no essential links of unity between these two levels", Proceedings 301.
[44] Cf. G. Ryle, *Encycl. Brit.* s. v. *Metaphysics.*

OBLAST SNOVA I ANTIČKA ATOMISTIKA

Tvorac „najznačajnijeg filosofskog speva čovečanstva" (A. Savić Rebac), tragični, tmurni pesnik Lukretije o čijem životu jedva da nešto znamo, a i to nepouzdano, poduhvatio se retko teškog, do naivnosti optimističkog pesničkog zadatka, da ljude oslobodi straha od smrti, straha koji je valjda neminovan i večit koliko i sam životni kraj, ali koji ljudi obično ne umeju da prevladaju ni da prihvate ni u psihičko-emotivnom ni u racionalnom pogledu. Užasnut tom neminovnošću i najsrećniji pojedinac jedva da je u stanju da, smireno i kao iz kakve vasionske distance, kaže sa Džozefom Konradom: „Večito je živeo ko je jedanput živeo."

Ovoj jednostavnoj istini s orijentalnim prizvukom neprotivljenja prirodi moderni antropolozi nalaze pokoje potvrde u shvatanjima egzotičnih populacija, gde se život najsrećnije provodi ako je u skladu sa prirodom, ako je ljudi ničim ne remete i ako slede njen ritam rađanja, bujanja, zrenja i sušenja. Viđala sam, po Severnoj Americi, preistorijska staništa Indijanaca, uvojito, u spirali koja se spušta, izbušena u vidu hodnika u površinu padine kakvog ogromnog prirodnog levka, nalik na krater, hodnika koji su jedva narušavali konfiguraciju terena. Ideal je bio što manje ostaviti traga na zemlji o svome fizičkom prisustvu. Samo priča o hrabrosti može da ostane u plemenu, a čak ni trag kroz mladu travu ne valja da se posle nečijeg dolaska primeti.

U svome, kako kažu nezadrživom, usponu i napretku, civilizovani čovek je, kao po pravilu, gubio tu sigurnost merila prema životu, pa i prema njegovom kraju. Strah od nestanka prerastao je u užas i smišljane su čudesne, pa i čudovišne, devize i procedure da se čin smrti nekako pobedi. Ni danas tehnički sasvim objašnjene egipatske piramide, ni hiljade glinenih vojnika u prirodnoj veličini kao posmrtne pratnje kineskih careva, ni svi mauzoleji, ni slične nadgrobne zgradurine, nisu bile dovoljna zaštita od tako naizgled jednostavne pojave: smrti. Smrti i straha. Nemamo podataka da procenjujemo u kojoj je srazmeri taj strah rastao sa sve uočljivijim obeležavanjem boravišta pokojnika na zemlji, za razliku od dostojanstva neprimetnosti negovane kod pomenutih severnoameričkih indijanskih plemena. Sve se zaklonilo ritualom, običajem, formulom. Lični doživljaj se ponekad saopštava u ponekoj potresnoj pesmi, ali je i poezija u ta davna, davna vremena takođe veoma formalizovana, i sama deo rituala. Indusi su smatrali u jedno vreme da su mađijske formule dovoljne da se čoveku obezbedi očekivana budućnost posle smrti. Valjda se trebalo bojati samo ako se ne znaju te mađijske formule, i ako čovek nema sina da ih on iskaže kad ustreba.

Čak i takav, čovek se bojao. Nije onda čudno što je otac bihejviorizma, teorije koja je sve pokušala, i smatrala da je uspela, da objasni magičnom formulom *stimulus – odgovor*, što je taj Votson ostao bespomoćan, kao i njegovi poslednici, pred pojavom straha. Strah, uz bol i ljubav, bihejvioristi su jedino ostavili van svog univerzalno važećeg sistema.

To u dvadesetom veku. Upravo ta je osećanja dvadeset pet vekova ranije hteo ljudima da razjasni jedan balkanski mislilac, da im pokaže materijalnu, kako bismo mi rekli, organsku, osnovu ovih duševnih zbivanja uz naivnu veru starih grčkih moralista da je dovoljno saznati stvari da bismo ih se oslobodili ili njima zavladali. (Veru od koje u novije vreme nije bio dalek ni Tomas Man).

Taj mudrac je bio Demokrit, koji je sve što postoji van čoveka i u njemu objašnjavao atomima i njihovim kretanjem. Fragmentarno sačuvana, ta njegova filosofija oslobađanja ljudi od straha od smrti – jer je i filosofija, kao i poezija u Grka, imala jaku didaktičku notu – poznatija je iz Epikurovih radova i, posebno, iz „izuzetnog dela" Lukretija, pesnika koji je mislio da je „vera pod noge bačena i satrvena, a pobeda nas čini nebu ravnim".

Polazeći od atomističke maksime da „iz ničeg nije ništa nastalo božanskom voljom nikad", Lukretije strah objašnjava na sledeći način:

„Tol'ki strah
sve smrtne drži stog što gledaju
na zemlji dela mnoga, na nebu,
a ne mogu im uzrok sagledat
te misle da ih vrši moć božanska".

„Svetlost jasna" ove helenske nauke dovoljna mu je da objasni sve pojave, ne samo strah od smrti. Posebno ga zanima otkuda ljudima ideja o bogovima:

„Užas u ljudi otkud toliki
da dižu širom kruga zemljina
i sad bogova nove hramove,
i pune ih u dane praznične?
Objasnit rečju ovo nije teško.
Jer ljudi su već tad u duhu budnu
bogova divna gledali obličja,
čudesni rast – u snovima još češće.
I osećaj pridavali su njima,
jer činilo se da se slike kreću,
i reči gorde govore, u skladu
sa divnim likom, snagom preobilnom.
Pridavahu im život večiti,
jer njihov lik obnavlj'o se i stas
bez prestanka, i ostajao isti.

A više svega mišljahu da snagu
nadvladati takvu lako ne može
nikakva druga sila, i da bića
natkriljuju blaženstvom sva kad strah
od smrti nikog od njih ne muči,
gledani u snu kad bez napora
tolika dela čine čudesna."

S obzirom da promene u prirodi, kao godišnja doba, smena dana i noći, pomračenje sunca i meseca, i tako dalje, dolaze iz svemira, znači od bogova, ljudi su „bogova stan i dvor" postavili na nebo. Ova kombinovana racionalizacija javlja se znatno pre Lukretija, u drevnoj popularnoj predstavi koja, već kod Homera, a mora biti i dosta ranije, povezuje san, bogove i zbivanja u prirodi. Pišući o pobožnosti, Filodem, poligraf iz Gadare, nekako u vreme blisko Lukretiju, beleži: „Ljeto i zima, proljeće i jesen i sve takvo na zemlji dolazi odozgo, s neba. Zato i ljudi počeše božanski častiti moć, koja sve to uzrokuje, čim su je upoznali". Četvrt milenija kasnije to je ponovio i lekar i filosof Sekst Empiričar pišući: „Ima mislilaca, koji naslućuju, da smo mi ljudi došli do predodžbe o bogovima po čudesnim događajima u svemiru. Toga je, čini se, mišljenja i Demokrit, kad kaže: „Kad su ljudi u pradavno doba posmatrali pojave (*pathemata*) u visinama, kao grmljavinu, munje i gromove, zatim susrete zvezda i pomrčine sunca i meseca, plašili su se misleći da su bogovi uzročnici toga".

Međutim, ovakvo kulturno-istorijsko objašnjenje nastanka predstave o bogovima i religije nema gnoseološku komponentu koja je u atomističkoj doktrini jedinstvena: *panta ta aistheta hapta* – svem opažaju i saznanju u osnovi je dodir (*haphe*). Ovaj taktilni momenat sjedinjuje kod Demokrita njegove poglede na bogove i na snove. To je detalj koji izdvaja atomističku interpretaciju iz sve množine, inače vrlo složene, antičkih pogleda na san. Sni su se, tako reći, tumačili oduvek i pravo je čudo da se čekalo sve do Frojda na renesansu medicinskog pristupa. Platonov niži deo bića samo je druga formulacija za Frojdovo podsvesno. San se dovodio u vezu sa predviđanjem, i to je još jedna spona sa božanskim, kao što je i u shvatanjima entuzijazma (grčko *enthousiasmos* u vezi je sa *theos* „bog"). San je, takođe kod Homera, prenosilac božanske zapovesti, i to mu obezbeđuje i supranaturalnu, mađijsku prirodu. San se dovodi kod Grka u vezu sa ludilom, sa bezumnim željama, s ispunjenjem želja uopšte, pa sa erotskim,[1] s nizom bolesti (sa „svetom bolešću", sa histerijom, kao kod Frojda), već u hipokratskom korpusu, pa kod Aristotela sa simptomima bolesti i duševnih smetnji, kao u modernoj medicini.

Naravno, ne na poslednjem mestu, kao potomci noći, snovi i spavanje se dovode u vezu sa smrću, na primer u Hesiodovim stihovima iz *Teogonije*, sa samog početka helenske književnosti:

„Noć pak porodi kletu Sudbinu i crnu Keru
i Smrt, a i San i Sanja čitavo mnoštvo.
Boginja crna Noć njih rodi, al' ne leže ni sa kim."

Nije slučajno grčki izraz za usnuti *hypnoo*, po svome poreklu srodan s našom reči *san* kao i sa latinskim *somnus, sopor*, imao značenje i: umreti. Tako i savremeni grčki termin za groblje *kimitiri*[2] ima to značenje već kod svetog Jovana Zlatoustog, crkvenog oca iz Antiohije u 4. veku nove ere. Ova oznaka za 'mesto gde se sneva' vezuje se za drevnu predstavu o snu smrti. Stoga se može očekivati da je snovima mesto u podzemnom svetu, u Hadu, kako i nalazimo u *Odiseji*: Hermes duše pobijenih prosaca vodi u Had,

---

[1] Glagol *oneirosso* znači i „sanjati" i „izbacivati seme u snu".
[2] Od antičkog *koimeterion*, u vezi sa glagolom *koimao, koimizo* „uspavati; umiriti". Latinski hrišćanski izraz *coemeterium* „mesto gde se spava, spavaonica", istoznačan s latinskim izrazom *dormitorium*, prešao je u francuski i engleski jezik takođe u značenju „groblje": *cimetière, cemetery*.

„Pored okeanskih voda...
i pored Sunčevih vrata i pored oblasti Snova."

Ovu oblast snova, *demos oneiron* kako kaže Homer, nalazimo, u sasvim sličnom poetskom kontekstu, kod savremenog grčkog pesnika Jorga Seferija:

„Mrtvi razumeju jezik cveća
i zato ćute
tuguju i ćute, trpe i ćute
pored oblasti snova, pored oblasti snova."

Ova prelepa poređenja mogla bi se i dalje upotpunjavati istorijom reči koje u pojedinim jezicima konstituiše onomasiologija sna, na primer germansko *schlafen* i *sleep* (u vezi sa pridevom *schlaff* „labav, mlitav") ili isto tako germansko *Traum* i *dream* (u vezi sa glagolom *trügen* „varati, obmanuti", *Trugbild* „utvara") ili francusko *rêver* „lutati". I tako dalje. I istorija naziva za *san* i *sanjanje* bila bi čudesna slika produbljenih misli i lepe poezije.

Atomistička koncepcija, međutim, zadržavajući brojne primese mnogih od navedenih popularnih shvatanja sna, morala je pronaći načina da se san inkorporira u strogo materijalističku teoriju saznanja. Profesor Dods u svojoj čuvenoj knjizi o iracionalnom kod Grka smatra da ta Demokritova doktrina u stvari nije ništa više od „obične mehanističke osnove" za objašnjenje onoga što već postoji kod Homera kao „objektivni san" po Rozovoj terminologiji koju koristi i Dods.

U čemu se zapravo sastoji ta Demokritova doktrina? Po oskudnim, pa i protivrečnim saopštenjima, može se zaključiti da je Demokrit smatrao da snovi nastaju recepcijom emanacija koje se odvajaju od svega što postoji i prodiru kroz pore za vreme spavanja, izazivajući tako raznovrsne utiske. Pišući skoro pet stotina godina posle Demokrita, Plutarh je, pozivajući se na nekog Favorina, zabeležio da Demokrit „zastupa verovanje da prikaze (*eidola*) duboko prodiru kroz pore u tjelesa, a kad se vraćaju gore, prouzrokuju sne. One dolaze sa svih strana odvajajući se od pokućstva, odijela i biljaka, a osobito od živih bića – zbog jakog gibanja zraka i topline – i ne samo da izrazito nalikuju oblikom na čovječje tijelo... nego i primaju odraze (*emphaseis*) duševnih gibanja i odluka, te običaja i strasti u svakom čovjeku i vuku ih sa sobom te, prodirući s njima u tijelo, govore kao živa bića i javljaju primaocima svojim mnijenja, misli i želje onih koji ih šalju, kad god nam se one (*eidola*) približe čuvajući one slike i prilike člankovitima i nepomućenima". Još pet vekova kasnije, lekar Aetije iz Mesopotamije kratko je zapisao da po Demokritu „sni dolaze zbog nazočnosti utvara (*eidola*)". To se poklapa s Kikeronovom beleškom da Demokrit misli kako duše usnulih dira „spoljašnja i slučajna prikaza" (*externa et adventitia visio*). Na drugom mestu, govoreći o bogovima, Kikeron kaže da priroda ispušta utvare (*imagines*) po mišljenju Demokrita, koji se u pogledu shvatanja bogova koleba. Kikeron upotrebljava još i izraz *idola* u istom smislu.

Očigledno interpretacija svih ovih mesta zapravo počiva na shvatanju i prevodu ključnih termina: *eidola, visio, imago, idola*, još i *spectra* u prevodu rimskih epikurovaca. Da li su ova *idola* pomoću kojih i vidimo i mislimo ista kao i ona koja uzrokuju snove? Problem se veoma komplikuje našim predstavama o nepostojećim fantastičnim i suprafenomenalnim bićima, kao i o odsutnim ili umrlim osobama. Da li njihove emanacije lete u vazduhu i kreću se večito, ponekad se kombinujući u čudovišne oblike, dok u prirodi čudovišta ne postoje? Da li je čak Demokrit govorio o velikim *Eidola* da bi tako objasnio bogove? Imamo li mi prava da zameramo Demokritu za tu „objektivizaciju mišljenja" samo zato što njegovi poslednici nisu razumeli njegovo učenje i što mi danas nemamo podataka o svim njegovim delima, što ni jedno jedino nemamo u celosti?

Od shvatanja ovih ključnih termina zavisi ne samo interpretacija snova kod Demokrita, već entusijazma kao psihologije pesničkog stvaranja. Dok A. Savić Rebac entusijazam kod Demokrita tumači kao „iracionalni stvaralački trenutak", ruski autor V. F. Asmus, na primer, smatra da poput snova, „nadahnuće i bezumlje ne sadrže u sebi ništa mistično, religiozno u tradicionalnom smislu." Izvor učenja Demokritova o „božanskom nadahnuću" pripada istoj prirodnoj „mađiji" na koju se svodi Demokritovo shvatanje o bogovima, o demonima, o letećim bićima koja svojim fluidima deluju na čoveka. Sile nadahnuća koje se spolja usađuju u pesnika stvaraju u njemu nešto što izvodi pesnika iz običnih granica uma. Ali u tim silama nema ničeg natprirodnog, mističnog. Njihov izvor su svi ti likovi koji se stvaraju sjedinjavanjem atoma.

I tako smo se, u stvari, vratili na početak, gde izgleda da je još, i posle toliko vremena, nauka i filosofija u pogledu ispitivanja snova i poezije. Posle sve biologije, fiziologije i hemije, koje su nasledile antičku atomistiku, najbliže istini kao da je još uvek poetsko shvatanje „oblasti snova, oblasti snova". Nejasno. I lepo.

Beleška:

Stihovi Lukretijevi navode se u prevodu A. Savić Rebac, Homerovi – M. N. Đurića, Hesiodovi – B. Glavičića, Seferijevi – K. Maricki Gađanski i I. Gađanski.

O nekim Demokritovim terminima i shvatanjima relevantnim za ovu temu v. u mojim radovima *Democritea* – Živa antika *XVI* (1966) i *Nam certe ex vivo Centauri non fit imago* – Živa antika *XXI/2* (1971), v. u ovoj knjizi rad: *Kako nastaje slika Kentaura*.

Asmusova knjiga izašla je u Moskvi pod naslovom *Demokrit* 1960. godine.

1981.

II

IZA LEĐA LEGENDE: SOKRAT

„Sokrat je bio prvi filosof koji je osuđen na smrt i nad kojim je ta kazna izvršena." To je u Sokratovoj biografiji zapisao Diogen Laerćanin, koji je u trećem veku nove ere sastavio dosta opsežan priručnik o životima i učenjima helenskih filosofa. Iako o tom autoru Diogenu mi danas ne znamo baš mnogo, ni preciznije vreme života pa čak ni ime, njegovo delo je dragocen izvor podataka za ličnosti i škole helenske filosofske tradicije. Diogen navodi nekih trideset imena kao svoje izvore prema kojima je sastavljao Sokratovu biografiju. Ali od Sokratove smrti Diogena je delilo više od 600 godina, možda čak i 650. To je kao kad bi danas trebalo precizno navesti podatke o životu nekog našeg davnog sunarodnika, koju deceniju pre Maričke bitke, na primer. Mi danas često, kad se govori o starim Grcima, nemamo utisak da je to bila vrlo duga tradicija, da su se menjale i istorijske i političke i društvene prilike, da se čak i značenje reči menjalo, a kamoli pogledi i shvatanja ljudi. Međutim, oskudnost sačuvanog materijala primorava nas da proučimo svaki podatak, ma koliko bio porazan i posredan.

Navedena Diogenova formulacija o Sokratu kao prvom filosofu koji je bio sudski egzekutiran, i to od svojih sugrađana, pokazuje da je za Diogena Sokrat već bio legenda.

Sam Diogen se trudio da ustanovi podatke o Sokratovu životu koji bi mogli biti autentični, ali je to i za njega, možda ne više nego za nas danas, bio pravi Sizifov posao. Nisu retki naučnici ni danas koji bi Sokrata da posmatraju kao legendu. U svojoj knjizi o ličnostima koje su ljudima udarile norme za budućnost, čiji nemački naslov *Die Maßgebenden Menschen* kod nas nije mogao biti ni preveden, Karl Jaspers Sokratovu legendu tretira uz Budu, Konfučija ili Kung Fu Cea (kako se on valjda zvao) i Isusa Hrista.

A šta bismo našli ako bismo hteli da zađemo „iza leđa legende" kako je to u jednoj pesmi lepo rekao istaknuti savremeni srpski pesnik Dobroslav Smiljanić?

Suočili bismo se sa nizom problema filološke, filosofske, književno-istorijske prirode, koji su dosada već toliko puta pretresani da se na osnovu njihovog proučavanja više ne može reći nešto novo i bitno drukčije. A stanjem dosadašnjih proučavanja ipak ne možemo biti zadovoljni.

Sokrat sam nikad ništa nije napisao. O njegovom učenju, znači, možemo saznati iz druge ruke, ako je neko nešto od toga zapisao. Ali Sokrat zapravo nikakvo svoje učenje nije ni izlagao sistematski. Nijedan njegov savremenik, njegov vršnjak, nije ostavio o Sokratu ništa napismeno, ni o njemu ni o njegovom učenju, što bi ozbiljno i nepristrasno reprodukovalo Sokratove misli.

Međutim, mi imamo priličan broj tekstova, književnih, filosofskih i memoarskih, kojima je Sokrat glavna tema. To je: komedija Aristofanova *Oblaci*, Platonovi dijalozi i spis *Odbrana Sokratova* i Ksenofontove *Uspomene o Sokratu*, Platonova *Gozba* i *Odbrana* takođe. Sem Aristofanove komedije, drugi su tekstovi pisani posle Sokratove smrti, a Platon i Ksenofont bili su četrdesetak godina mlađi od Sokrata, pa su ga mogli poznavati relativno kratko, i to samo poslednjih godina pred njegovu smrt.

Obično se uzima da je Sokratu bilo oko 70 godina kad je umro, i to na osnovu Platonovog navoda u spisu *Odbrana Sokratova* (Ἀπολογία Σοκράτους) gde sam Sokrat na sudu izjavljuje sledeće: „Ovo danas je prvi put kako izlazim pred sud kad mi je već sedamdeset godina".

Kako je to bilo 399. godine, značilo bi da je Sokrat rođen 469. godine, dakle desetak godina posle slavne pobede Grka nad Persijancima kod Salamine. Međutim, Diogen Laerćanin mora da doda „da neki kažu da mu je bilo šezdeset godina kada je umro". Iako nemamo saglasnosti čak ni u ovom veoma važnom detalju, pre bi se reklo da se ipak može poverovati Platonu.

Sokrat je, prema tome, odrastao i sazreo u najlepše doba atinske istorije, koje počinje sa helenskom pobedom nad Persijancima, a završava se nailaskom novog strašnog rata, tzv. Peloponeskog rata 431. godine. To je takozvana Pentekontaetija, pedesetogodišnji period u koji spada i Periklovo doba, nazvano zlatni vek, i najviši procvat atinske demokratije. Nama je to vreme ostavilo najviše remek dela grčke umetnosti, književnosti, arhitekture, skulpture. Nama se danas čini da je ovo vreme najvišeg uspona atinske demokratije, moći i kulture moralo biti neko idilično vreme opšte sloge i spokoja, jer kako bi nam ono inače ostavilo u nasleđe svu onu lepotu. Da pomenemo samo svima znane hramove Partenon i Erehtejon na atinskom Akropolju, zbog koga se sve do nedavno u mnogoljudnoj Atini nisu gradile kuće više od pet spratova da ni sa koje strane grada ne bi zaklonile vidik na Akropolj. Ali to vreme nije bilo ni spokojno ni mirno, već ispunjeno i stranačkim, socijalno-klasnim borbama u samoj Atini i njenim nastojanjem da održi svoju prevlast u tzv. atinskoj pomorskoj državi nastaloj iz ratnog saveza, državi koju neki smatraju i carstvom. Što se tiče demokratije u Atini toga vremena, za nas je jasno da je to bila robovlasnička demokratija, a i mnogi su savremenici već bili prema njoj kritični, na primer istoričar Tukidid, koji je pisao nešto kasnije da je to bila „demokratija samo po imenu, a da je ustvari predstavljala vlast jednog čoveka" (Perikla).

Kada je zapravo Sokrat postao takođe veoma kritičan prema demokratiji, mi danas ne znamo. Ksenofont, veliki pristalica Sparte, i kasnije Diogen Laerćanin, tvrde da je „Sokrat bio odan demokratiji". Ali evo kako sam Ksenofont piše da se Sokrat izražavao o tim demokratskim institucijama, na primer o narodnoj skupštini. Obraćajući se jednom sposobnom mladiću bez samopouzdanja, on mu kaže da ne treba da se boji narodne skupštine: „Jer, kojih između njih treba da se stidiš? D ali valjara, ili kožara, ili tesara, ili kovača, ili težaka, ili trgovaca ili onih što na trgu prodaju i smišljaju šta će jeftinije kupiti pa skuplje prodati? Jer, od svih tih sastoji se skupština. U čemu misliš da je to čime se ti baviš drukčije nego biti bolji od takmičara pa se bojati neizvežbanih?" Neki čak tumače da je Sokrat atinski demos smatrao gomilom neznalica. „Stado ovaca, a bez pastira", kako bi rekao Niče.

Ali to je samo jedna strana problema, taj Sokratov odnos prema demokratiji.

Veoma je složena i njegova uloga u duhovnim kretanjima Grčke i Atine toga vremena. Razvoj filosofije prirode došao je u izvestan ćorsokak, nastalo je vreme prosvetitelja sofista i to je najavilo revoluciju u obrazovanju i preispitivanju i prevrednovanju tradicionalnih vrednosti. Sofisti danas zaslužuju mnogo povoljniju ocenu od one koju su od savremenika često dobijali kao omraženi putujući učitelji mudrosti koji poučavaju za novac. Moderni stručnjaci za fiziku, matematiku, čak i logiku jedva da pominju Sokrata, Platona, pa i Aristotela, a neki ih i optužuju što su u metafizičke vode skrenuli helensku misao koja se u to vreme okrenula ka egzaktnim naukama i eksperimentu.

Ali su savremenici Sokrata često povezivali sa sofistima. Tome je dosta doprinela i slika koju je mladi komediograf Aristofan naslikao u komediji *Oblaci*. U njoj je Sokrat predstavnik sofistike, ateizma i novog obrazovanja, koji lebdi u nekakvoj mislionici (φροντιστήριον) i uči omladinu da od „slabijeg argumenta načini jači" i da čini pravim ono što je krivo, pa da na kraju tu svoju novostečenu veštinu manipulisanja okrene i protiv svojih roditelja.

Hor u ovoj komediji čine oblaci koji treba da simbolišu maglovitost novih misli. Na kraju komada ojađeni roditelj ovakvog taze izučenog omladinca spaljuje Sokratovu mislionicu. Tako je 423. godine, kad je komedija izvedena, Sokrat prvi put simbolično nastradao u Atini. Aristofanu je tada bilo 26–27 godina i bio je razočaran što je ovim komadom osvojio samo treću nagradu, što bi značilo da nije baš naišao na preveliko dopadanje kod publike. Njegova slika Sokrata nije bila svesno zlonamerna. To je bila osobina stare atičke komedije, kojoj je najvećim delom pripadao Aristofan, da u vidu burleske sa fantastičnom temom i karikaturom svakodnevnog života punom opscenih izraza i ličnih invektiva napada savremene političare i druge uglednih ljude.

Ali je Aristofanova komična i ironična obrada Sokratove ličnosti ipak ostavila traga, a događaji koji su sledili samo su otežavali Sokratovu situaciju u njegovom rodnom gradu.

Kakve je to veze imalo sa Sokratom? Sam je Sokrat tvrdio da on ne može biti odgovoran za ono što počine ljudi koji su se mogli viđati u njegovom društvu. To je izričito naveo i Platon i Ksenofont, ali su Atinjani izgleda mislili drukčije.

Ostavivši atinsku flotu bez Alkibijada, glavnog inicijatora pohoda, zbog optužbe za skrnavljenje svetinje, da li su Atinjani postupali nerazumno i nepromišljeno, ili je zaista bila u pitanju istovremeno i bigotnost i praznoverje?

Na to nije lako odgovoriti, kao ni inače kad su u pitanju neracionalni i emotivni postupci, od kojih, kako najnovija istorija pokazuje, nisu lišeni ni naši dani?

Svakako da je bilo i borbe za vlast i drugih igri i u vezi s Alkibijadom, međutim, neki vrlo istaknuti stručnjaci, kao profesor Nilson, na primer, veruju da su Atinjani, čak i obrazovani, bili tada sve sujeverniji, i da je iza političkog procesa protiv Alkibijada bio i vrlo određen strah od gneva bogova.

Alkibijad se kasnije vratio u Atinu, kada je pala kratkotrajna oligarhija koja je 411. godine zavedena u Atini. Posle nekoliko pobeda, Atina 404. godine ipak gubi rat i ponovo se zavodi oligarhija, poznata pod nazivom Vlada Tridesetorice tirana. Zavodi se strašan teror, a na Sokratovu nesreću, jedan od tirana, i to glavni, bio je Kritija, Alkibijadov politički istomišljenik. Kritija, inače blizak Platonov rođak, ujak, iz stare i veoma ugledne atinske aristokratske porodice, inače i filosof i pesnik, bio je izgleda ona kap u dugom toku opterećenja koje se slagalo na Sokratova pleća. Po drugi put su Atinjani poverovali da Sokrat vaspitava izdajnike.

Kad je 403. ponovo u Atini uspostavljena demokratija, doneta je sveopšta amnestija da se nikome ne može suditi za ranije zločine i greške. Njen pokretač bio je istaknuti demokrata, kasnije jedan od Sokratovih tužilaca, Anit.

Pored njega pojavio se i tužilac, Likon, a formalno je tužbu podneo neki Melet.

Mi danas ne znamo tačno kako je tekst optužbe glasio. U 2. v. nove ere se, prema autoru Favorinu koga citira Diogen Laerćanin, još uvek mogla u državnom arhivu u Atini naći ta optužnica. U njoj se kazuje da Melet tuži Sokrata Sofroniskovog sina iz deme Alopeke zbog asebije i samo objašnjava da je „Sokrat kriv što ne *poštuje* (νομίζει) bogove koje poštuje država, uvodeći nova božanstva (καινὰ δαιμόνια) i poučavajući tome omladinu (διδάσκων). U ovoj formulaciji nemamo izraz da Sokrat kvari omladinu (διαφθείρων), kako stoji kod Platona. Moguće je, međutim, da se Sokrat zaista branio od optužbe da kvari omladinu, jer mu se to očigledno već dugo i često zameralo.

Ta optužba nije prvi put podignuta tek u Sokratovom slučaju, bili su koju deceniju pre njega optuživani ljudi iz Periklovog kruga, a 323. g. je za asebiju optužen i Aristotel koji je pobegao iz Atine s rečima da neće da dopusti Atinjanima da se dvaput ogreše o filosofiju. Bar tako beleži tradicija.

Šta je značila optužba protiv Sokrata? Očigledno je glavno težište bilo na nepoštovanju državne religije i tako je tužba ulazila u delokrug rada arhonta zvanog βαcιλεύc, arhonta kralja koji je među visokim državnim činovnicima biranim svake godine bio nadležan za religiju. On je iznosio tužbu pred sudije i predsedavao suđenju, ali se nije neposredno mešao u tok izlaganja. Sudilo je veće od 500 sudija, žrebom izabranih porotnika, koji su na kraju glasali o krivici i o kazni. Suđenje je znači bilo javno, tako da se u tekstu Platonove odbrane Sokrat uopšte i ne obraća sudijama, već direktno atinskim građanima.

Sokrat uspeva da se od prve tačke optužbe Meletove, koji je izgleda doista bio religiozni fanatik i koji je hteo Sokrata da proglasi potpunim ateistom, dosta uspešno odbrani. S obzirom da je tužba glasila da „Sokrat uvodi nova božanstva", odnosno demonska bića, Sokrat mu dokazuje da samim tim veruje i u bogove, jer su demoni vrsta bogova.

Poznato je, iz Platona i Ksenofonta, da se Sokrat u svojim razgovorima često pozivao na neki unutrašnji demonski glas koji ga sprečava da postupi kako ne treba. Da li je tom svom demonu Sokrat zaista iskreno nalazio opravdanje za svoju misiju, kako je sam tvrdio i kako veruju i mnogi ispitivači danas, nije lako odgovoriti. Istoričari religije smatraju da je već u Homera takav δαιμόνιον embrion racionalnog monoteizma. Sokrat je u svakom slučaju vršio obrede koje je državna religija zahtevala i na toj osnovi nije mogao biti osuđen.

Mi o suđenju zapravo jedino možemo da govorimo na osnovu Platona i Ksenofonta. Uglavnom se uzima da je proces tekao kako ga slika Platon, jer je bilo živih svedoka suđenja u vreme kad je apologija napisana, pa bi se lako dokazalo ako nešto nije tačno. Platon, međutim, kao glavniju optužbu stavlja onu o kvarenju omladine.

Kako je Sokrat pokušao da se brani? Svestan da prava optužba, zbog zakona o amnestiji, nije mogla biti izneta u vezi s Alkibijadom, sa Kritijom i s oligarsima, on sam kaže da će se najpre braniti od starih kleveta „koje ste vi u toku dugoga vremena usvojili". On priznaje da „oni mladići koji me drage volje prate i koji imaju najviše slobodnog vremena, jesu sve sinovi najbogatijih građana". Ali oni se nalaze uz njega ne plaćajući ništa u njegovom svakodnevnom obilaženju grada i građana, pri čemu s njima jedino vodi razgovore.

Sokrat je tvrdio da to čini, jer na taj način pokazuje da poštuje volju božju. Bog u Delfima, naime, Apolon je preko svoje proročice Pitije saopštio da od Sokrata niko nije mudriji. Sokrat objašnjava:

„A ne zaboravite zašto ja to govorim! Hoću da vas obavestim odakle je potekla kleveta protiv mene. Jer, kad sam ja ono čuo, ovako sam umovao: šta to upravo misli bog i kakvu to zagonetku kazuje? Ta ništa nisam nalazio u sebi po čemu bih znao da sam mudar. Šta on, dakle, upravo misli kad izjavljuje da sam ja najmudriji? Valjda ne laže. To protivreči njegovu biću. I dugo vremena nisam znao što je upravo smisao njegove izjave i, najzad, posle teškog razmišljanja, latio sam se da ga ovako otprilike ispitam. Uputih se jednome od onih koji uživaju glas da su mudri da bih tu, ako već igde, pobio proročanstvo i pokazao proročanstvu: evo, ovaj je od mene mudriji, a ti si izjavilo da sam ja. Dok sam izbliže posmatrao ovoga čoveka – imena mu ne treba da napominjem, a beše to jedan od državnika koga sam ispitivao i takvo nešto, građani atinski, doživeo – i dok sam se s njime razgovarao, dobio sam utisak da taj čovek, doduše, izgleda mudar mnogim drugim ljudima, a najviše samom sebi, ali da to ustvari nije.

Ja sam, potom, pokušavao da mu dokazujem kako on, doduše, misli da je mudar, ali da nije. Tako sam omrzao i njemu i mnogima koji su bili prisutni. Na povratku razmišljao sam u sebi da sam ja, ipak, mudriji od toga čoveka, jer, kao što se čini, nijedan od nas dvojice ne zna ništa valjano i dobro, ali on misli da zna nešto, a ustvari ne zna, dok ja, kao što ne znam, i ne mislim da znam. Od ovoga odoh do drugoga, i to do jednoga od onih koji su važili kao mudriji nego onaj, pa sam dobio isti utisak. I tako sam i njemu i mnogima drugima omrzao".

Tako je Sokrat, posle državnika, razgovarao s pesnicima, pa sa zanatlijama i svuda je rezultat bio manje više isti. On sam kaže: „Taj način ispitivanja, građani atinski, bio je za mene izvor mnogih neprijateljstava, i to veoma teških i mučnih, jer su se iz njih razvile mnoge klevete protiv mene... Posvetivši se takvom delanju, nisam imao vremena da uradim nešto što bi vredno bilo spomena ni za grad ni za svoju kuću, nego živim u beskrajnoj sirotinji radi toga služenja bogu".

Pravdajući se da mu je tako bog „naredio da svoj život posveti filosofiji i ispitivanju sebe i ostalih", Sokrat tu svoju poslušnost bogu izjednačava sa poslušnošću koju je iskazivao vojnim zapovednicima u pohodima u kojima je sudelovao. Tu on pominje borbe kod Potideje oko 430. g., kod Amfipolja, valjda 422. g., oba grada na severu, i kod Delija u Beotiji 424. godine. To su ujedno verovatno i jedini pouzdani hronološki podaci u Sokratovu životu, a o tim borbama gde se vrlo hrabro, srčano i mudro držao, pa je čak i Alkibijadu spasao život kod Potideje, govori se i u drugim Platonovim dijalozima, na primer u *Gozbi*, *Harmidu*, *Lahetu*, kod Diogena Laerćanina.

U *Apologiji* Sokrat, naravno, ne pominje Alkibijada i taj slučaj kad mu je spasao život. Ali navodi još dva primera iz svog javnog delovanja, kada se držao pravde i zakona, čak i po cenu sopstvenog života.

Pri kraju za Atinu tako nesrećnog Peloponeskog rata, 406. godine, atinska flota je kod Arginuskih ostrva, kraj Male Azije i Lezba, postigla značajnu pobedu, ali su u nevremenu stratezi izgubili mnogo vojnika, preko četiri hiljade, zbog čega su izvedeni pred sud i posle pogubljeni, među njima i Periklov sin. Sokrat o tome (kod Platona) govori sledeće:

„Za ove tvrdnje navešću vam jake dokaze, ne reči nego dela, a vi to cenite. Saslušajte, dakle, što se meni dogodilo da se uverite da se ja ne bih ni u jednom slučaju povukao mimo pravdu iz straha pred smrću, nego da bih i glavu dao, a ne bih uzmicao. Što vam budem govorio, biće, doduše, nametljivo i opširno, ali sve istinito. Ja, građani atinski, nikada nikakvu drugu službu nisam vršio u gradu, osim što sam bio savetnik. Naša fila, Antiohova, baš je bila u službi kad ste vi onih deset vojvoda, koji nisu pokupili stradalnike u pomorskoj bitki, hteli sve zajedno osuditi, a protiv zakona, kao što ste se svi docnije uverili. Tada sam se ja jedini od pritanâ usprotivio vama da se ništa ne radi protiv zakona, i glasao sam protivno; i mada su besednici bili spremni da me prijave i odvedu u tamnicu, a i vi to zahtevali i vikali, ipak sam smatrao da se ja radije, u savezu sa zakonom i pravdom, moram izvrći opasnosti negoli, u strahu pred okovima ili smrću, složiti se s vama koji ste donosili nepravedno rešenje. I to beše u ono vreme dok je država još imala demokratski ustav."

Drugi primer koji Sokrat navodi još je ubedljiviji:

„Ali, kad je došla oligarhija, opet su mene, sa četvoricom drugih, ona Tridesetorica pozvali u tolos i naredili nam da sa Salamine dovedemo Leonta Salaminjanina da ga oni pogube; a takva mnoga naređenja izdavali su oni i mnogima drugima jer su hteli da ih što više opterete krivicama. Ali tada sam ja ne rečju nego delom ponovo dokazao da meni – ako to nije suviše grubo reći – nimalo nije stalo do smrti, a da mi je uopšte stalo samo do toga da ne radim ništa ni nepravedno ni bezbožno. Mada je bila onako svirepa, ta vlada nije me uplašila da učinim kakvu nepravdu, nego kad smo iz nadleštva izišli, ona četvorica otploviše na Salaminu i dovedoše Leonta, a ja odande odmah odoh kući. I možda bih za to glavom platio da ona vlada nije ubrzo pala. I to će vam mnogi svedoci posvedočiti."

Iako je bio običaj u atinskom sudu da optuženi moli, čak kuka i plače, dovodeći i decu, Sokrat se dostojanstveno od toga uzdržava, iako se „nalazi u krajnjoj opasnosti", ma time i izazvao gnev sudije. On kaže: „Pa imam i ja svojih rođaka, štaviše i tri sina, jedan je već momak, a dva su još deca. Pa ipak, nisam ni jednog od njih ovamo doveo da ih pokazujem i da vas molim da me oslobodite".

U atinskim sudovima vreme predviđeno i za tužioca i za tuženog bilo je ograničeno po zakonu i mereno je klepsidrom.

Kad se završe oba izlaganja, pristupa se glasanju, bez prethodnog međusobnog konsultovanja sudija. Glasalo se pomoću kamenčića koji su se zvali ἡ ψῆφος, od kojih su neki bili probušeni. Probušeni kamenčići su značili da je optuženi kriv. Glasanje je bilo tajno, a svaki sudija je dobijao po jedan probušen i jedan ceo psefos. Postojale su dve posude – u jednu su spuštani kamenčići s odlukom sudije, to je καδίσκος κύριος a u drugu καδίσκος ἄκυρος oni koji tog puta ne važe. Na kraju se prebroje svi kamenčići iz prve posude i na osnovu toga se izriče presuda. U Sokratovom slučaju je glasanje sudija pokazalo da je 220 bilo za oslobođenje, a 280 je mislilo da je Sokrat kriv.

Sledeći potez po atinskom pravnom postupku je određivanje kazne. Postoje su dve vrste parnice: kad je kazna, koja se zvala τίμημα, već u zakonu određena ili kad se određuje novim glasanjem sudija. U ovom slučaju proces se zvao ἀγών τιμητός i tužilac i tuženi predlažu sami kaznu, tužilac obično već u tužbi. Kod Sokratovog suđenja je Melet već u tužbi zahtevao smrt i, posle odluke sudija da je kriv, trebalo je da Sokrat sam predloži kaznu. Sokrat je znao da, ako okrivljeni ponudi suviše blagu kaznu, može izazvati gnev sudija koji se tada odlučuju za težu kaznu koju predlaže tužilac.

Po Ksenofontu, Sokrat nije ponudio blažu kaznu, novčanu, jer bi time priznao da je kriv. Platon u *Apologiji* navodi da je Sokrat predložio da mu se „po zasluzi za državu, dodeli hrana u Pritaneju", to znači najviše priznanje i hrana na državni trošak koja se daje zaslužnim građanima i njihovim potomcima. Bojeći se da i to ne razgnevi sudije, on im objašnjava da on novca za novčanu globu nema i nastavlja: „Nego da predložim izgnanstvo? Možda biste taj predlog prihvatili? Morala bi me velika ljubav za život vezivati kad bih tako nerazuman bio..." „Lepa li mi života kad bih ja otišao iz otadžbine u ovim godinama" kaže Platon da je Sokrat izjavio.

„A možda bih mogao da platim jednu minu srebra". Toliko, dakle, ja predlažem".

Tome su njegovi prijatelji dodali, po nekim izveštajima, još, tako da je bila predložena globa od 30 mina.

Na to je usledilo uobičajeno novo glasanje i „osudiše ga na smrt, dodavši još novih osamdeset glasova". Kazna je bila konačna.

Diogen Laerćanin izveštava: „Uskoro zatim Atinjani se pokajaše, te zatvoriše sva vežbališta i gimnazije. Ostale tužioce proteraše u izgnanstvo, a Meleta osudiše na smrt. A Anita, koji je bio u poseti Herakleji, još istoga dana građani toga grada isteraše".

Sokrat je u zatvoru popio otrov od kukute. Po zakonu, smrtna presuda je trebalo da se izvrši u roku od 24 časa. Sokrat je, međutim, čekao ceo mesec da se kazna izvrši, jer se nije smela izvršiti dok se ne vrati sveta lađa sa poslanstvom na ostrvo Delos, što je bila drevna ceremonija svake godine. To je, možda, i najbolji indirektan dokaz da Atinjani nisu isprva smerali da ga osude na smrt, jer se ne bi suđenje tada ni održalo kad se smrtna kazna ne može izvršiti. Po tome se vidi da su hteli da ga uklone iz svoje sredine, a ne da ga načine mučenikom koji strada zbog sopstvenih uverenja.

Atinjanima nisu smetali eventualni Sokratovi bogovi, Atinjanima je smetao Sokrat. Nisu se ipak nadali da će se on tako odlučiti za smrt. „Sokrat je pokazao tvrdoglavost i upornost epskog junaka. On je novi Ahilej" nedavno (1972) napisao je jedan naučnik.

U svetlosti ovako dramatičnog kraja, ostaje nedovoljno rečeno o Sokratovoj filosofiji.

O njoj, međutim, nije ništa lakše govoriti nego o Sokratovom životu. Jer, mi nemamo nijednu jedinu Sokratovu filosofsku rečenicu. Za one ispitivače helenske filosofije, koji insistiraju da upoznaju antičke filosofeme u njihovoj originalnoj formulaciji, kojima i ja za nepriliku pripadam, Sokratova misao ostaje nedokučiva. Više je nego primamljivo tumačiti Sokrata kroz Platonove dijaloge. Ali, koliko je to opravdano, možda nikada nećemo saznati. Aristotel je Sokratu pripisao dve stvari u filosofiji: „induktivno zaključivanje" i „univerzalnu definiciju". Jedno je, takođe, sigurno, i to je bila njegova najveća teorijska novost: on više nije ispitivao prirodu, već čoveka, i nije ispitivao stvarnost, već naše iskaze (λόγοι) o tome. Najviše ga je zanimalo šta je ἀρετή vrlina i najviše dobro, i ceo svoj život i mudrost je podredio tome. Da li se dobro uči, kako se uči, ko tome može čoveka da uči? Da li je znanje identično sa vrlinom? U tome se služio svojom poznatom ironijom i babičkom veštinom ispitivanja, navodno naučenom od majke babice. Mudrost je za Sokrata izgleda bila etika ljudskog ponašanja. Već je rimski filosof i državnik Kikeron napisao da je Sokrat skinuo filosofiju s neba, među ljude.

Danas istorija filosofije deli grčku filosofiju na dva dela, pre i posle Sokrata, možda malo preterano, jer u presokratovce računa i njegovog savremenika Demokrita.

Pažljivijim analiziranjem onoga što se smatra prvo Sokratovom, posle i Platonovom metodom razgovora ili dijalektičkom veštinom, mogu se uočiti tipovi iskaza kojima su se bavili i sofisti i odakle vuku koren nekolike, danas veoma moderne, discipline – logika, semantika, gramatika pa i lingvistika. Ali to bi moglo biti predmet posebnih izlaganja. Kao i pregled onih teorijskih razmatranja 5. veka, u koja ulazi i Sokratova filosofija, o poreklu nekih pojava, kao što su jezik, pravo, umetnost i druge, o kojima se strasno raspravljalo da li su νόμῳ, tj. θέcει ili su φύcει, da li su stvar ljudskog dogovora i arbitrarne, ili su od prirode i po prirodi date.

Jedno se za Sokrata ipak može pouzdano reći. Kod njega ne postoji onaj docniji rascep na privatnu i javnu ličnost, njegovo shvatanje morala ne poznaje različite aršine. Stoga on nije anarhoidni liberalni mislilac, već građanin svoga vremena koji duboko poštuje zakone i podvrgava im se. On je želeo svojim sugrađanima da koristi i svojim postupcima koliko i rečima i rečju i delom, kako bismo mi rekli danas.

Sokrat nije bio kritičar svega postojećeg. On samo preispituje to sve. Nevolja je što to ljudi na vlasti ne vole. A privatno ne voli ni većina ljudi. Ljudi vole da se uljuljkuju u sopstvene poglede i procene, naročito o samom sebi, a ako danas moraju da čuju baš neku neprijatnost o sebi – idu kod specijaliste lekara – psihijatra. I sve ostaje za druge tajna. Kod Sokrata slabosti pojedinaca i društva nisu mogle ostati tajna, jer se o njima razgovaralo na agori – na trgu, pred svima, ko bi se tu našao. Otud i toliki antagonizam prema Sokratu, koji je veoma ljutio ljude oko sebe, zapravo ih iritirao. Pogotovo svoje vršnjake i sebi bliže generacije. A omladinu je opčinjavao upravo tim svojim preispitivanjima svih tradicionalnih vrednosti. Stoga nije čudno što samo kod znatno mlađih Sokratovih savremenika imamo o njemu povoljnih izveštaja, stariji su bili teško ozlojeđeni njegovim razotkrivanjima, kako pojedinaca tako i kompletnog uređenja. To je psihološka strana cele stvari. naravno, postoje i druge strane, politička i ideološka, socijalno-istorijska, teorijsko-pedagoška i, ne na kraju, pravna.

A ako sebi iskreno priznamo, teško da bi i većina pojedinaca od nas, pa i većina društava, trpela i blagonaklono se izlagala takvom ispitivanju. Ta mi, na primer, ne volimo ni da nas kritikuju u drugoj republici, a kamoli da se dovodi u pitanje sve što radimo. Čak ni kad to „dovođenje u pitanje" ne znači, kako se opet olako tumači – negiranje i odbacivanje, već prosto – temeljno preispitivanje.

Sokrat se nikako nije mirio s olakim zaključcima, s brzim i neargumentovanim, jednostranim, generalizacijama, s popularnim zabludama trenutka koje imaju na javnost uticaj nesaglasan s njihovom istinitošću.

Sokratu je bila mrska svaka manipulacija, da kažemo to modernim rečnikom. Sokrat je terao ljude da misle, kaže jedan moderni autor.

Uza sve moguće komplimente našim racionalnim sposobnostima kao vrste *Homo sapiens*, mora se ipak priznati da se razmišljanje smatra teretom i da ga mnogi izbegavaju. (Primer sa Levi Brilom i Eskimom: „Ulov je bio odličan, šta imam da mislim!") Sokrat je stalno terao Atinjane da misle. Naravno, uz ograničenja onog vremena, on nije to koncipirao kao vid antropološke i društvene nadgradnje, ali to nije postignuto sve do novijeg doba, koje bi da teorijski objedini materijalnu proizvodnju i ljudske sposobnosti, potrebe i specifičnosti.

Verujem da se može reći kako je mnogi od nas, ako ne baš svako, iskusio kako se lako stekne lični neprijatelj samo kad kažete da neko nešto ne zna. A ako to još i pokažete, dokažete, da i drugi vide i da se osvedoče, pomenuta osoba, umesto da sedne i da nauči to što ne zna, progoniće vas dok ste živi što ste to pokazali. Nije slučajno Erazmo Roterdamski pisao da bi u slučaju da neko razdvoji glave od tela i da pusti glave da se kotrljaju niz padinu, da bi svako od nas baš za svojom glavom pojurio. Tolika je ljudska samozaljubljenost i zadovoljstvo samim sobom.

A Sokrat je upravo to hteo da raskrinka i da promeni. Zato se poslužio starom delfijskom parolom Γνῶθι σαυτόν

– Upoznaj samog sebe. Psihijatri to danas tumače kao „koren razumevanja, kao polaznu tačku u procesu lečenja", dakle, kao psihoterapijsku metodu koju su Frojd i moderna psihijatrija pravilno shvatili i primenili.

Da stvar bude još gora, Sokrat je stalno isticao da je on sam velika neznalica, ali budući da je neznanje zlo, on sam se od tog zla spasava svešću o svome neznanju. „Njegova se mudrost sastoji u tome što zna šta ne zna", kaže jedan stručnjak.

Poznaj samog sebe bila je odavno poznata deviza u Grčkoj. Ali nju je ranije ljudima saopštavao bog. Sad je to bio čovek, njihov sugrađanin, bez nekog posebnog rodoslova i slavnih predaka, bez bogatstva i želje da ga stiče, bez veće vlasti u državi, a još uz to tvrdoglav i na svoju ruku kad ga demokratski žreb ipak uključi u atinske institucije vlasti. Uza sve to, ružan, nezgodan, zajedljiv, podsmešljiv, a nada sve mudar, srećan i slobodan i sa sve više uticaja na mlađe koji ionako nisu krili svoje nezadovoljstvo. Ksenofont tvrdi da Sokrat neće ništa revolucionarno, da on savetuje ugledanje na stare vrline. Da je to istina, jedan današnji autor ne bi mogao tvrditi da je Sokrat možda bio najoriginalnija, najuticajnija i najkontroverznija figura u istoriji grčke misli.

U svakom slučaju, on je bio prvi filosof iz Atine.

1997.

PLATON I DEMOKRIT

> Za spomen na Sašu Krona, za njegovu prijateljsku i pronicljivu podršku.
> (2001. g.)

I

U *Istoriji zapadne filosofije* B. Rasel prihvata mišljenje Džona Barneta o eventualnim vezama između Platonova i Demokritova učenja. Barnet kaže: „Nije jasno da je Platon išta znao o Demokritu... Aristotel, s druge strane, poznaje ga dobro, jer je i on bio Jonac sa Severa."[1] Na prvi pogled ovo objašnjenje je sasvim logično i dovoljno verovatno, naročito za onoga kome je poznata distinkcija između materijalizma i idealizma kao Demokritove i Platonove filosofske linije. Ako se ova formulacija predstavi grafički, moguće su dve interpretacije. Shvatanje o njihovom paralelnom razvojnom putu bilo bi površnije, a bliži bi istini bio shematski izgled dve prave koje se seku i onda dalje razilaze. Odmah se nameće pitanje koju tačku da odredimo kao mesto preseka ili tačnije ishodište za oba ova pravca. Najlakše je uzeti Pitagorovce i tražiti njihove uticaje u onim delovima Platonova i Demokritova učenja koji na izgled imaju izvesne podudarnosti. Tako, na primer, postupa Barnet. Neki ispitivači, naprotiv, hoće da dokažu da postoje i međusobni uticaji Platona i Demokrita.

Ovakva pretpostavka nije nova. Ako ostavimo na stranu nedovoljno sačuvana antička svedočanstva, slično shvatanje o vezama između ova dva filosofa nećemo naći sve

---

[1] Burnet *Early Greek Philosophy, Part I, Thales to Plato*, London 1920, p. 139.

do druge polovine devetnaestog veka. Prvi je 1888. godine engleski prevodilac Platona Arčer Hajnd u svom komentaru *Timaju* natuknuo o eventualnoj vezi između Platona i Demokrita, i to baš u odnosu na ovaj dijalog. Stručna literatura o ovom problemu otada se povećava, ali mišljenja su i dalje podeljena.

Direktnih dokaza u delima ovih filosofa skoro da nema. Ogromna većina, ili tačnije svi Demokritovi spisi su izgubljeni. Pogdekoji fragment blesne samo da još jasnije ukaže na vrednost izgubljenog. S te strane nema mnogo pomoći. Što se tiče Platona, on Demokrita naravno i ne pominje. To je naročito dovelo do shvatanja da Platon za njega i njegovo učenje nije ni znao.

U Raselovu tvrđenju da je „jedan deo Demokritove filosofije bio ustvari odgovor njegovom zemljaku Protagori, najvećem sofisti", čini se da nije rečeno ništa apsurdno i neistinito. Međutim, ako se uloge malo izmene, i ako se konstatuje da je i jedan deo Platonove filosofije bio ustvari odgovor njegovom starijem savremeniku Demokritu, najvećem materijalisti, čini se da je izrečena potpuna besmislica po shvatanju nekih ispitivača. Na primer, Barnetov sunarodnik A. E. Tejlor u opsežnom komentaru Platonovu dijalogu *Timaj* uporno nastoji da opovrgne „sve teorije toga tipa", kojima je stalo da pronađu neke tragove „poznanstva" Platonova i Demokritova. „Možda je najverovatnije da Platon nikad nije ni čitao njegova dela" – zaključuje Tejlor.[2] S druge strane, mnogi ispitivači klasične grčke filosofije ne samo da u ovom slučaju nisu tako žučni kao Tejlor, nego smatraju da je sasvim neispravno osporavati postojanje bilo kakvih veza između ova dva velika helenska mislioca. Oto Apelt ne može da poveruje da je Platon „o jednoj književnoj veličini kakav je bio Demokrit saznao tako odjednom i to tako kasno" (u poslednjoj deceniji života) i ističe da je Platon sa „svojom živom

---

[2] A. E. Taylor, *Timaeus*, Oxford 1928, p. 298.

pažnjom za sve pojave duhovne vrste svakako poznavao i Demokritova dela bez obzira na to što ih izričito ne spominje ni u jednom svom dijalogu".[3] Slično je među prvima mislila Ingeborg Hamer-Jensen, zatim Eva Saks, Ulrih fon Vilamovic–Melendorf, Herman Dils, R. Filipson, J. Štencel, Teodor Gomperc;[4] u stručno znanje ovih ispitivača ne može se sumnjati. Sovjetski naučnici su čak s izvesnim preterivanjem prihvatili ovu pretpostavku. Veze koje poneki ispitivači otkrivaju možda su samo slična mišljenja obojice filosofa i možda zaista ništa ne dokazuju. S druge strane, ima u Platonovim delima dužih delova u kojima je očigledan izvestan odnos prema Demokritu, bilo da se pokazuje njegov uticaj na Platona bilo Platonova kritika Demokritovih shvatanja. Najjasnije je to u dva dijaloga, *Kratilu* i *Timaju*, koji raspravljaju o pitanjima jezika i kozmologije, iako tragova ima i u nekim drugim Platonovim delima.

II

Platonovu proučavanju jezika prethodila je duga i bogata tradicija. Dve osnovne struje u raspravljanju o nastanku jezika, koje je bilo veoma omiljeno u Grka počev od Homera, predstavljale su φύσις-teorija i νόμος, συνθήκη ili θέσις-teorija. Prva objašnjava jezik kao fenomen „prirodnog" nastanka, nasuprot drugoj, teoriji konvencije, koja

---

[3] *Platons Dialoge Timaios und Kritias* übersezt und erläurtet von Otto Apelt, Leipzig 1919.

[4] Teodor Gomperc nije dočekao svu kasniju diskusiju o ovom problemu. Iako se sa I. Hamer-Jensen ne slaže u pojedinostima, on naglašava da je Platonov odnos prema atomistima sasvim specifičan. Za Gomperca je van svake sumnje da je Platon poznavao njihove teorije i da je ovde-onde pozajmljivao od njih poneku hipotezu. On već ističe Platonovo odbijanje da prihvati atomističko shvatanje sveta, na čemu toliko insistiraju kasniji ispitivači (Th. Gomperz, *Griechische Denker³*, p. 490).

dogovoru i svesnom učestvovanju ljudi u stvaranju sredstava za sporazumevanje daje prvo mesto. Demokrita su kasnije obično držali za pristalicu i čak začetnika dogovornog principa. Suviše oskudno sačuvani Demokritovi fragmenti otežavaju pravilno suđenje o njegovim stavovima. U Platona su teškoće sasvim druge prirode. Iako je dijalog *Kratil*, u kome se raspravljaju jezička pitanja, potpuno sačuvan, on je napisan na takav način da interpretatori Platonove filosofije za poslednja dvadeset i tri veka nikako ne mogu da se slože šta je autor hteo zapravo da kaže. Otud je neispravno Platona pribrojati bilo pristalicama „prirodnog", bilo dogovornog principa, iako neki to čine. Mnogi uzimaju da je normalna doza ironije iz drugih dijaloga ovde prekoračena u tolikoj meri da se teško može govoriti o ikakvim ozbiljnijim Platonovim namerama, a drugi ceo dijalog shvataju kao „jednu zaista veselu i zabavnu knjigu". Napominjući da ovakva tumačenja nisu dovoljno verovatna, zadržaćemo se samo na nekim delovima dijaloga. Tu je na prvom mestu ono što sovjetski naučnici zovu Platonovom „atomističkom teorijom jezika", a drugo je mimetičko objašnjenje nastanka jezičkog izraza. Sokrat u dijalogu izražava Platonove misli o dvojakom karakteru reči. Jedne su korenske ili prvobitne, dok su ostale izvedenice, sekundarne. Kako Platona jezik više zanima ontološki, nego genetički, što je uostalom u njega i inače slučaj, on ispituje *odnos* reči prema stvarnosti, adekvatnost izraza i značenja. Na ovom stupnju se kombinuju i „atomistička" i mimetička teorija. Raščlanjujući jezički materijal na sekundarne i elementarne reči i dalje na slogove i slova sasvim specifičnim metodom atomista, Platon je primoran da svakom slovu, odnosno glasu, odredi poseban karakter koji je i onomatopejske prirode s jedne strane, a s druge omogućava sporazumevanje među ljudima slaganjem u dalje oblike, koji svoje puno značenje dobijaju tek u govornoj upotrebi, zahvaljujući ljudskoj praksi i navici. Tu se opet krug zatvara i Platon na taj način spaja suprotne teorije o „prirodnom" i dogovornom jezičkom principu.

U takvom shvatanju, koje je ovde naravno simplifikovano, ima dosta Demokritovog. U tradicionalni spor između φύcιc i θέcιc teorije on je bio taj, a ne Platon, koji je uneo nove misli o posebnoj boji i značenju glasova u jednoj i za nas sasvim modernoj svetlosti, kao što je činio Po, Verlen, Rembo, a i neki lingvisti. Duboko poštujući pesničku inspiraciju, Demokrit je pošteno izučavao i puteve kojima se rezultat te inspiracije prenosi na drugog. Tako je došao do teorije o vrednosti glasova, čije tragove nalazimo u Platona.[5] Glas *a* u njega označava nešto veliko, *e* dugačko, *o* okruglo, *n* unutrašnje, *l* glatko. Fonetske osobine dentalnih okluziva *d* i *t* povezuju se sa njihovim značenjem u rečima. Isti je slučaj sa likvidom *r*, pri čijem izgovoru „jezik najviše vibrira", zatim s aspiratom *f*, spirantom *s* i tako dalje. Po značenju ovih glasova vidi se da nije reč o prostom podražavanju, kako se mimesa obično shvata. Tu se pre radi o predstavi koju u našoj svesti izaziva zvučni efekat nekoga glasa, čime ovo tumačenje dobija izvesnu subjektivnu nijansu. Tako dolazimo do saznanja vrednosti jezika, koja je Platonu veoma važna; ali to je već posebno pitanje. Što se tiče mimese u Demokrita, nju je dosta prosto odrediti. U filosofiji kulturne istorije on zaista govori o velikom značaju koji je za ljude imalo ugledanje na uzore iz okolne prirode, čime se bogatila njihova svakodnevna životna praksa. Ali postoji jedan sporni fragment u kom Demokrit kaže da su imena bogova ἀγάλματα φωνήεντα, u čemu interpretatori vide dovoljan znak da Demokritu pripišu shvatanje o mimetičkoj prirodi jezika. Taj grčki izraz bi trebalo da znači „zvučne statue", kako prevode Rusi, ili po Nemcima, *„redende Bilder"*. Ali tako se onda dolazi u kontradikciju, jer se

---

[5] Što je Platon ovo prihvatio, a neke pesnike isterao iz svoje države, nimalo nije čudno: on je sve i inače obrađivao proizvoljno i po svojoj volji.

Demokrit tretira inače kao pristalica dogovornog principa, koji isključuje značenja i glasovne vrednosti same po sebi. Mislim da bi to trebalo prevesti kao „glasovna slika" ili „simbol" i shvatiti u smislu koji se sreće u Platona.

III

Platonov dijalog *Timaj* ispituje nastanak makrokozma i mikrokozma. Rasel smatra da je on „kao filosofija beznačajan" (*o. c. p.* 156). Možda se može i tako reći. Ali nas ovde ne zanima njegova teorijska vrednost, nego jedan sasvim specifičan problem. Reč je o elementima Demokritova učenja, ili još bolje učenja materijalističkih filosofa, čije tragove nalazimo u ovom poznom Platonovu spisu. Alber Rivo u predgovoru svom kritičkom izdanju *Timaja*[6] s pravom, čini mi se, smatra ovaj dijalog nekom vrstom enciklopedije ljudskih znanja toga doba, s jedne strane, i platonovske misli, s druge strane (o. c. p. 4, 6). Na istom mestu ovaj autor naglašava da je *Timaj*, bez obzira na mitsko ruho, naučni spis, čija je tema vrlo ozbiljna. Ako ovako shvatimo karakter i namenu dijaloga, jasno je da u njemu ne samo da *smemo*, nego i da *moramo* tražiti bar najelementarnije postavke Demokritove filosofije.

To zaista i nalazimo. Posle uvodnih glava, koje nemaju neposredne veze sa kozmogonijom, pitagorovac Timaj počinje svoj dugi monolog. Karakteristični stavovi ranije Platonove filosofije primaju se gotovo bez pogovora kao utvrđeni i poznati. Zatim se ispituju uzroci nastanka sveta kao posledice delovanja νοῦς-a. Ali odjednom u ovu kombinaciju uzroka ulazi još jedna sila, ἀνάγκη „nužnost" (47e). Počinje preispitivanje već započetih problema (48b), a njima se pridodaju i drugi. Zanimljivo je što se

---
[6] Platon, *Oeuvres complètes,* tome X, Timée – *Critias,* Paris 1956.

odmah posle uvođenja nužnosti govori o prostoru i elementarnim česticama iz kojih treba da je sve sastavljeno.

Za ceo taj odeljak dijaloga I. Hamer-Jensen smatra da je dopisan kao suplement ili digresija koja remeti prvobitni Platonov plan *Timaja*[7]. Platon je počeo pisati svoj dijalog ne poznajući još učenje atomista, ali je onda upoznao „nove, plodonosne ideje", koje su mu pokazale kako je „njegov sopstveni sistem suviše jednostran i nepotpun" (*o. c. p.* 228). To se ne može prihvatiti, iako bi jedna takva interpolacija, po rečima profesora Budimira, najlakše objasnila sve protivrečnosti. U Platonovim ranijim dijalozima zaista nema reči o atomističkoj *fizici*, što Hamer-Jensen navodi kao razlog; poznato je, međutim, da „atomističko učenje" ne obuhvata samo fiziku. Videli smo da u *Kratilu* ima Demokritovih misli, a on je napisan dosta ranije, verovatno oko 384. godine. Takvih mesta ima i u drugim dijalozima. Stoga se docniji interpretatori uglavnom nisu složili sa teorijom suplementa; u prilog tome navodim na primer Vilamovic-Melendorfa (*Platon I p.* 581) i O. Apelta (u komentaru svome prevodu *Timaja* i *Kritije*). To znači da je Platon i pre *Timaja* znao za Demokrita i atomističko učenje. Što se tiče nenadanog obrta u radnji dijaloga *Timaj*, takav postupak spada u omiljen Platonov način komponovanja. Pažljivom analizom teksta mogu se naći izvesni nagoveštaji koji ukazuju na ovakvo rešenje. Na primer, baš na tom presudnom mestu (48*d*) on naglašava da će „do kraja držati u vidu ono što je rečeno u početku", a nešto ranije (47e) pokazuje da se sve osim „nekoliko kratkih nagoveštaja" odnosilo na delovanje inteligentnih uzroka, kako to prevodi Rasel.[8]

---
[7] Ingeborg Hammer–Jensen: *Demokrit und Platon*, Archiv für Geschichte der Philosophie, Bd. 23, 1910.

[8] Kad smo već kod Raselovih prevoda Platonovih filosofskih termina, nije jasno zašto je grčko ζῷον prevedeno sa „životinja", kako stoji u srpskom prevodu *Istorije zapadne filosofije*. A Rivo i L. Roben prevode to sa „le Vivant", Apelt sa „das Lebewesen", latinski

I. Hamer-Jensen pretpostavlja da je Platon ovde hteo da „popravi Demokritovo učenje" (o. c. p. 213). S tim se slaže unekoliko i Vilamovic, jer ističe da je to sasvim jedna *nova* atomistika koju nalazimo u *Timaju* i da je Platon o ovim problemima sigurno godinama razmišljao (o. c. p. 582). Tako mnogi ispitivači insistiraju da je Platonovo učenje o najsitnijim delovima stvari u suštini *drukčije* od Demokritova.[9] Čini mi se da niko ustvari i ne pomišlja da tvrdi suprotno. I najpovršnija analiza odmah ukazuje na razlike, ali isto tako pokazuje da su Platonova tumačenja u prvom redu odgovor na Demokritovo shvatanje o nužnosti, o korpuskularnom sastavu materije, o čulnom saznanju i tako dalje. To pomaže da se ispravnije utvrdi istorijska istina, iako je samom Platonu bilo naročito stalo da se on ne dovodi ni u kakvu vezu sa Demokritom.[10] S toga on njegovo ime i ne pominje nigde explicite. Na primer u *Timaju* (48d) Platon ističe da u njegovim zaključcima neće biti manje verovatnoće nego u „nekog drugog" i da će ga čak i prevazići, bilo da je reč o posebnom ili o opštem. Njegova zlovolja prema Demokritu još je vidljivija u 48b gde saopštava da treba ispitati kakva je bila priroda vatre, vode, vazduha i zemlje pre nastanka neba. Zatim izjavljuje da „na postanak ovih elemenata dosad niko još nije ukazao". A samo nešto malo dalje on izlaže korpuskularnu teoriju.

Takvih mesta ima još; dovoljno je navesti ova dva. Analiza Platonovih polijedara koji su ustvari najsitniji sastavni delovi svakog od četiri elementa i njihovo upoređivanje sa Demokritovim atomima bilo bi suviše obi-

---

prevod Ficinusa iz petnaestog veka ima „viventia". Na našem jeziku najbolje bi odgovaralo „živo". Tako bi, na primer, svet i zvezde bile u Platona „ono što je živo", a ne životinje (cf. *Tim.* 30b, 92c et passim). A „živo" je zato što je stvoreno i što može umreti.

[9] Cf. na primer A. Rivo, o. c. p. 26.

[10] Cf. M. Budimir, Predgovor prevodu Aristotelove *Metafisike*, Beograd 1960, p. VI.

mno za ovu priliku. Tu sličnost istakao je već Aristotel, a polijedre je iscrpno proučila Eva Saks u radu o telima u Platona.[11]

IV

Ispitivači koji ne priznaju uticaj Demokritova učenja na Platona najčešće insistiraju na jednom Demokritovu fragmentu, sačuvanom u Aetija. Tu se kaže: „Došao sam u Atinu i niko me nije poznao" (frg. 116). to isto navodi i Kikeron u *Tuskulanskim razgovorima* (V 36). U autentičnost ovog fragmenta ne mora se sumnjati; međutim, kontekst u kome se ta rečenica nalazila nama nije poznat i ne zna se u kom smislu treba shvatiti ovu izjavu, da li metaforično ili *sensu proprio*. Zato mislim da je bolje ne pridavati joj suviše važnosti. Shvatanje da je Demokrit bio nepoznat u Atini naročito žestoko brani A. E. Tejlor. On podvlači, pored toga, da je, vrlo „dubiozno da bi Platon nešto naučio od Demokrita da ga je čak i pročitao". Tejlor to objašnjava ovako: „Uprkos svoj svojoj eminentnosti stiliste i čoveka od pera, Demokrit je pripadao najreakcionarnijoj od svih kozmoloških škola. Ako je Platon, koji je veze imao poglavito s italskim pitagorovcima i elejcima, ikad i čuo o njemu, čuo je verovatno kao o zastareloj osobi koja je još uvek verovala da je zemlja ravna" (o. c. p. 298 s.). (Ovakvog shvatanja o zemlji, uostalom, ima još i u Aristotelovu korpusu). Ne razumem zašto bi od svih vidova Demokritova učenja Platon saznao jedino baš za ovaj „najreakcionarniji". To Tejlor ne objašnjava. Pored toga, ne uzima u obzir da je Demokrit bio *prvi* helenski mislilac koji je napisao, i za njegovo i za naše vreme, ogroman broj knjiga.

---

[11] Eva Sachs: *Die fünf platonischen Körper* (Zur Geschichte der Mathematik und der Elementenlehre Platons und der Pythagoreer), Philologische Untersuchungen, XXIV, 1917.

Podaci iz antike su oskudni i ne omogućavaju potvrđivanje nekih smelijih pretpostavki. Jedna od njih bi, na primer, bila da je ne samo Platon nego i Sokrat znao za Demokrita. Možda bi se moglo sumnjati i zašto Sokrat nije ništa napisao. Bez obzira na objašnjenje koje daje Platon, Sokrat je svesno mogao svoje *usmeno* filosofiranje suprotstaviti svom velikom savremeniku. On nije bio ni blizu onolika „naivčina" kolikim hoće da ga, skoro redovno, predstavi Platon; Sokrat je i te koliko posećivao predavanja sofista, čitao knjige i bio upućen u filosofsku problematiku i svojih prethodnika i savremenika. Treba pročitati samo nekoliko uvodnih stranica *Fajdra* da bi se videlo kolike je naučne radoznalosti bilo u Sokrata. Da su nam nekim srećnim slučajem sačuvani Demokritovi spisi, nije nemoguće da bismo u njima našli podataka da je Demokritu bio poznat Sokrat i Platon.[12] Hronološki je ovo ispravno. Neki beznačajni tragovi o poznavanju Platonove misli u sačuvanim Demokritovim fragmentima isuviše su nesigurni da bi se o tome, bar zasada, smelo govoriti. Pored toga je, na žalost, izgubljen i Aristotelov spis *O Demokritu*, sem nekoliko rečenica.

Ali ima još jedan trag koji nas navodi na pomisao da je sigurno Sokrat, a možda i Platon, „čuo" za Demokrita. U Abderi, Demokritovu rodnom gradu, bio je rođen i stariji Demokritov savremenik sofista Protagora, koji je Platonu dobro poznat i čije je ime dao jednom svom dijalogu. Osim toga se Protagora u Platona spominje u još osam dijaloga. Demokritu je bilo oko četrdeset godina kad je Protagora umro, tako da je ovaj, mnogo putujući, mogao upoznati filosofiju svog zemljaka i doneti je u Atinu još pre Sokratove smrti.

Međutim, ova nagađanja o ličnim vezama vrlo su nesigurna. Mnogo su pouzdaniji tekstualni podaci. Iako je u

---

[12] Šteta je što ne znamo kada to Demokrit kaže da je posetio Atinu: ako je dolazio nekoliko puta, onda je skoro nemoguće da nije čuo za Sokrata ili Platona.

starini vrlo retko bio običaj da se navodi autor čije se reči citiraju, jer se to obično uzimalo kao poznato, uporednom analizom leksičkog materijala može da se dođe do prilično osnovanih zaključaka. Ako takvu analizu koristimo u proučavanju međusobnih veza Platona i Demokrita, dobijamo dosta veliki broj stručnih termina koji su svojstveni njima dvojici, a ne i svima ostalima. Nabrajanje takvih pojmova odvelo bi nas daleko; pominjem samo na primer izraze i tumačenja o bojama, mesu, nekim biljkama, o prirodi svetlosti, o pesničkoj inspiraciji i tako dalje.[13] E. Frank smatra da se u Platona „mnoga osnovna shvatanja od reči do reči poklapaju s Demokritovim". I Frank i drugi naročito naglašavaju da se Platon služi metodom atomista kada određuje značenje reči i njihov nastanak. Frank dodaje da je takav metod bio u svim filosofskim oblastima kojima se Demokrit bavio, u fizici, logici, muzici i tako dalje.[14] Atomistička analiza reči ima začetak u Demokrita. Po rečima Leona Robena, „grčki izraz koji prevodimo kao *elemenat* zapravo znači *slovo azbuke*. Demokrit je atome koji sačinjavaju stvari upoređivao sa slovima od kojih su komponovane reči".[15]

Sve su ovo sitnice; ali one govore u prilog tezi da u izvesnim vidovima Platonove filosofije nalazimo tragove Demokritove misli ili kritiku nekih njegovih shvatanja. Rasel kaže da je „Leukipa, a možda i Demokrita, doveo do atomizma pokušaj da uspostavi vezu između monizma i pluralizma, onako kako su oni bili predstavljeni kod Parmenida i Empedokla" (o. c. p. 83).[16] Ovde se vremenska i prostorna udaljenost ovih filosofa i mesta njihovih pre-

---

[13] Cf. A. Rivo, o. c. passim.
[14] Erich Frank, *Plato und die sogenannten Pythagoreer*, Hale 1923, p. 129, 160.
[15] Leon Robin, *Platon, Oeuvres complètes*, tome II, Paris 1950. Bel. 139 uz prevod *Timaja*; cf. et Arist. *Metaphys.* 985b.
[16] Slično i M. Đurić o. c. p. 179.

bivališta ne ističe kao prepreka, iako su Akragant i Elea mnogo dalje od Abdere nego Atina.

Elemenata i Empedoklova i Anaksagorina učenja ima dosta u Platona; ali Platonova tumačenja prelaze granice njihovih znanja i pokazuju uticaje Demokrita. Erih Frank čak smatra da je ustvari „sve Platonovo razmišljanje u izvesnoj meri jedan veliki dijalog sa materijalizmom" (o. c. p. 129).

1963.

POLITEIA TROPHE ANTHROPON
ILI
ISTORIJA ATINE U PLATONA

Misao navedena kao naslov uzeta je iz Platonovog dijaloga *Meneksen* i kazuje da zapravo organizacija države i društva izgrađuje ljude, da ih odgaja kao ličnosti. Ta Platonova formulacija manje je danas poznata od mnogo češće navođene definicije čoveka koju nam je ostavio njegov učenik Aristotel. Čuvena Aristotelova misao glasi: *Anthropos physei politikon zoon – Čovek je po prirodi društveno biće*. Iako ove dve definicije ne smeraju na isto, očigledno su povezane i srodne, kao neki kameni-temeljci najstarije helenske sociologije, koji kazuju da se jedino u organizovanoj društvnoj zajednici ispoljava i formira prava suština čoveka. Za Aristotela je široko poznato da se veoma mnogo bavio izučavanjem organizacije i ustrojstva države i političkog zakonodavstva. Iz te delatnosti njegove i njegovih učenika proisteklo je više od sto pedeset skoro naučno-istorijskih studija o politejama (ustavima) helenskih i nehelenskih gradova-država. Iako je, nažalost, sačuvan samo jedan takav rukopis – *Ustav atinski*, iskopan tek u poslednjoj deceniji 19. veka u Egiptu – važnost ovakvog, konkretnog, bavljenja peripatetičara istorijom i zakonima zaista je ogromna.

S druge strane, za Platona se obično uzima da je on, doduše, takođe mnogo pažnje posvećivao sličnim pitanjima, ali samo s jednoga razloga: da bi što bolje utvrdio uslove i principe organizacije neke idealne države i njenih institucija. Pri tom se navodi da je on zastupnik „zatvorenog" tipa društva autoritarne države sa strogo definisanim razlikama među staležima i njihovim funkcijama itd. Drugim rečima, kod njega u svemu tome nema prave istorijske podloge, već je sve nekakva logičko-politička konstrukcija drevnog filosofa-idealiste i aristokrate.

I sa tog razloga se, pored još nekih ostalih, dugo i često poricala autentičnost jednom omanjem spisu koji je sačuvan pod Platonovim imenom i u kome se, ni manje ni više, opisuje atinska istorija skoro onako kako je danas poznajemo iz istorijskih udžbenika. Reč je o dijalogu *Meneksen*, koji kod nas do sada nije prevođen i jedva je poznat, osim najužem krugu helenista. Taj dijalog zamišljen je kao razgovor između Sokrata i mladića Meneksena, kome Sokrat saopštava nadgrobnu besedu koju je čuo iz usta Aspasije, čuvene miletske lepotice, druge žene Periklove. Mnogi noviji interpretatori uzimaju ovaj dijalog šaljivo-ironično; jer *„kako bi to za Aspasiju moglo ikad da se shvati ozbiljno!"*, kako kaže čak i ugledni francuski helenista Leon Roben. Strankinja, hetera, žena koju je samo Periklov autoritet, i to jedva, spasao osude i klevete, kako bi ona mogla održati takvo jedno svečano slovo i pohvalu Atinjanima, pa da se uzme ozbiljno! Ali Platon, na jednom mestu u ovom dijalogu, kaže kroz Sokratova usta da je lako u jednom narodu hvaliti taj isti narod, a da je tek za pohvalu pred strancima potreban valjan i ubedljiv govornik. Nijedan Atinjanin koga bi za ovu priliku nadgrobne svečanosti izabrali u Većnici ne bi imao mogućnosti da bude nepristrasan. Aspasija je, međutim, strankinja, i ima tu neophodnu distancu koja obezbeđuje njenim rečima objektivnost i verodostojnost, koja je Platonu očigledno potrebna. Sokrat se u prenošenju njenih reči čak toliko poistoveti s ponuđenom interpretacijom da zaboravi da upotrebi ženski rod prideva i zamenice – kako bi u govoru rekla Aspasija – već govori u muškom rodu (npr. 246b,c; 248e, 249e).

Postavlja se pitanje zašto je Platonu bilo potrebno da ova pohvala Atini deluje uverljivo. I zašto je njemu uopšte bilo potrebno da sastavi ovakav dijalog? Kad se dijalog pažljivo pročita, u njemu se mogu naći zrnca i neke filosofske misli, čak i zameci nekih njegovih kasnijih teorijskih razrada, ali – u celini – ovo je čisto književni tekst, i da je samo to napisao, njegov autor se nikada ne bi proslavio kao filosof. Najjednostavnije je, naravno, kako se ponekad i činilo, reći da to Platon nije ni napisao. Rešenje koje bi bilo malo teže, ali po svoj prilici adekvatnije, uvažilo bi neke druge razloge.

Naučnici koji ne poriču autentičnost ovom dijalogu smatraju, na osnovu nekih analiza, da je *Meneksen* napisan oko 386. godine pre nove ere. Platonu, koji je verovatno rođen oko 427. godine, tada je očigledno bilo već preko četrdeset godina, što su antički Grci uzimali kao vreme kreativnog optimuma, već se bio vratio sa prvog od svojih putovanja na Siciliju i osnovao u Atini svoju Akademiju, jednu od najdugotrajnijih škola u celoj ljudskoj istoriji. Postojala je sve do 529. godine nove ere – kada ju je, posle više od devet vekova postojanja, zatvorio Justinijan, što se, formalno, računa kao kraj postojanja antike i starog veka. Naravno, Platon nije mogao znati za buduću slavu i veličinu svoje novoosnovane škole, ali tih prvih godina njenog postojanja ne bi svakako ni učinio ništa da joj naškodi. Pa ako je upravo u to vreme napisao dijalog *Meneksen,* valjda je bar držao do teme koju obrađuje. Pored tih ličnih razloga, svakako je od značaja i ono što se događalo u grčkom svetu upravo u to vreme, kada je Platon smatrao da treba podsetiti na slavu i zasluge Atine i podvige Atinjana pre više od jednog stoleća. To su upravo godine tzv. Antalkidinog mira, koji je prethodio osnivanju novog atinskog saveza, novih konfrontacija sa Spartom, ponovnih veza s Persijancima. Kao rodoljub atinski, iako aristokrata, iako simpatizer spartanskog reda i discipline, Platon je napisao ovaj dijalog u pohvalu svoje otadžbine, i od tog stava nije odustao ni pred sam kraj života, kada je u *Kritiji* slavio Atlantidu. Kako je tumačio profesor Budimir, i Atlantida je za Platona bila samo slika Atine. Pored toga što je hteo da „atinskoj omladini obrati pažnju na opasnosti koje donosi pomenuti mir", kako kaže profesor Miloš N. Đurić, Platon je hteo da tu omladinu najpre privuče u svoju filosofsku zajednicu. *Meneksen* je trebalo da posluži i tom cilju.

Možda se treba upitati šta je Platon znao iz istorije svog rodnog grada. Na to bi bilo malo složenije da se odgovori i bila bi potrebna detaljnija analiza ne samo ovog dijaloga već i drugih njegovih spisa, kao i poznavanje istorijskih izvora koji su njemu i njegovom vremenu stajali na raspolaganju. Međutim, zanimljivo je da se vidi šta je Platon smatrao da je iz te atinske prošlosti važno i dostojno da se pomene tadašnjoj omladini, a na šta da se podsete stariji.

To su sledeći momenti: Platon, najpre, spominje nekoliko detalja iz legendarne prošlosti Atine, kao što je „zavada bogova koji su se o Atiku otimali", podrazumevajući pri tom poznati sukob između Posejdona i Atine, u kome je boginja darovala onom tlu maslinu i pobedila Posejdona. Tu maslinu i danas pokazuju turistima na Akropolju, u blizini Erehtejona, hrama Erehteja, kultskog htonskog zaštitnika grada Atine. Ovo stablo je, sada, naravno, novijeg datuma, ali *si non è vero, è ben trovato*.

Ostali legendarni momenti u Platonovoj, odnosno Sokratovoj, odnosno Aspasijinoj besedi jesu događaji u vezi sa Posejdonovim sinom Eumolpom koji je iz Eleusine zavojštio na Erehteja i bio poražen, zatim odbrana Atinjana od Amazonki „koje su nasrnule na zemlju, a i od drugih napadača pre ovih" (239). Ovo jasno pokazuje jedan od lajtomotiva u Platonovom shvatanju atinske istorije: odbrana od stalnih napada i neprijateljstava. Drugi lajtmotiv je pomaganje drugima i briga za ugrožene: tako su odbranili Argivce od Kadmejaca, prastanovnika kasnije Tebe, a od Argivaca – Heraklide. Oba ova motiva se ujedinjuju u opštu liniju atinskih osobina i nastojanja, kako na zajedničkom planu tako i kod svakog atinskog građanina ponaosob. Međutim, slobodoljubivost ovih ljudi ne pokazuje se samo kao njihova karakteristika, budući da su „valjanog soja" i „odgojeni u potpunoj slobodi". To je nešto više na skali pozitivnih osobina, jer se objašnjava kao njihovo „uverenje o dužnosti da se bore za slobodu", i to za slobodu nekih Helena – s ostalim Helenima, a kad je u pitanju sloboda svih Helena – onda s barbarima, to jest sa svim napadačima koji poreklom nisu Grci.

Već ovako definisana osnovna karakteristika i angažovanost atinskog polisa određuje i dalji razvoj pohvale u opisivanju istorije Atine, izbor u spomenutim događajima, kao i u onim prećutanim, a naročito pristrasnosti koje su već na prvi pogled očigledne.

Na prvom mestu tu su, naravno, tzv. Grčko-persijski ratovi, od čijeg se toka ističu u vezi s Atinom bitke na Maratonu (490. g.), kod Artemisiona i Salamine (480. g.) i, najzad, kod Eurimedonta, reke na samom jugu Male Azije, i Kipra (469. g.), a spominje se i mir (242), pri čemu se verovatno misli na Kalijin mir iz 449. godine. (Međutim, nije isključeno da ovde treba shvatiti mir u širem smislu, a ne određeni mirovni ugovor.) Tada je atinska država „kovana u zvezde", ali ju je upravo zbog toga snašlo ono „što se od ljudi obično doživi posle svakog uspeha: najpre zavist, a posle zavisti mržnja". Ovakvo objašnjenje je opšte mesto antičke psihologizacije socijalnih i političkih agensa, i mada je napisano nekoliko decenija posle kapitalne Tukididove monografije o peloponeskom ratu, u kojoj se razlikuju uzrok i posledica istorijskog zbivanja, ono Platonovim savremenicima nije izgledalo zastarelo i pristrasno. Takav pristup u istorijskim i biografskim delima proteže se tako reći kroz celu grčku istoriju, da se u istoriografiji helenističkog doba (perioda koji je nastao u 4. veku pre nove ere posle stvaranja Aleksandrove svetske imperije i njenog raspada pod dijadosima, njegovim naslednicima) još više prožme narativnim elementima i tehnikom romaneskne eksplikacije.

I Platon, tako, nabraja *događaje*, bitke i sukobe, tako reći ne spominjući konkretne istorijske okvire u koje se oni smeštaju. U Aspasijinom nabrajanju atinskih podviga i ne vidi se postojanje moćne atinske pomorske države u 5. veku pre nove ere, niti njen glavni tvorac, rukovodilac i strateg – Perikle. Ali, s druge strane, nasuprot kasnijoj biografiji i grčkom isticanju uloge pojedinca u krupnim zbivanjima uopšte, Platon ne veliča ničije pojedinačne zasluge. Ničije ime posebno ne spominje. Ako je neki uspeh Atinjana vredan da se ispriča, vredan je upravo stoga što je atinski. Pa čak ne samo i uspeh. Postoje u nekih naroda porazi koji mobilišu najbolje snage narodne i težnje i stoga su i oni zaslužili da se s ponosom svrstaju u njegovu istoriju. Možda se tako može objasniti zašto Platon među atinske podvige računa i neka zbivanja za koja se zna da su u njima Atinjani bili vojnički poraženi, kao na primer „oni koji su otplovili u Egipat" (241). Njih na ovom mestu Aspasija spominje potpuno ravnopravno s pobednicima iz bitki na Eurimedontu i kod Kipra. Ali ovo je *nadgrobna beseda* izginulim junacima, a Platon kao da kaže: ko može reći ko junačnije gine, onaj koji pobeđuje ili koji gubi? Zato mislim da treba više nastojanja da se pronikne u Platonovu koncepciju ove besede, a ne da se u ovakvim „propustima" olako traži njegova neobaveštenost, neznanje ili prikrivanje pravog stanja stvari. Pa kako bi on to i uspeo, čak i da je hteo, kad je ceo grad znao za ishod svih važnijih događaja? On, doduše, pokušava da ublaži situaciju u nekim prilikama, kao što je slučaj sa bitkom kod Tanagre (457. g.), za koju kaže da je „okončana bez pobednika", a za koju se zna u istoriji da je atinska strana bila poražena.

Dalje se spominju događaji koji se zbivaju u vreme Platonovog rođenja i detinjstva i koje je on već mogao drukčije upoznati u svojoj porodici i među vršnjacima. Tu se, najpre, navodi izbijanje Peloponeskog rata, „opšteg rata" kako ga on naziva, simplifikujući situaciju da su „svi Heleni zavojštili" na Atinu. Spominje se pustošenje Atike, ali ne i strahovita epidemija kuge koja je tako potresno opisana kod Tukidida. Od celog prvog dela peloponeskog rata, koji je poznat kao Arhidamov rat, spominju se pomorske pobede Atinjana i zarobljavanje spartanskih vođa na ostrvcetu Sfakteriji nedaleko od grada Pila, na zapadnoj obali Peloponesa. Posle toga je usledilo sklapanje Nikijinog mira 421. godine, koji Platon spominje, ali sa tendencijom da Atinjane prikaže u što boljem svetlu, kao i u svemu dotle, u stilu Ajshilove ponosite izjave o Atinjanima (u *Persijancima*) da Atinjani „nikome nisu roblje i da njima niko nije gospodar". Stoga čak dirljivo deluje njegovo toliko pristrasno objašnjenje pohoda na Siciliju (415. g.), koji je bio „nenadan i strašan rat u kome je poginulo mnogo valjanih boraca... a mnogo ih je nastradalo na obalama Sicilije". Tu katastrofu, od koje se Atina nikad nije oporavila u vojnom i finansijskom pogledu, Platon pokušava da ublaži škrtim priznanjem da je „država dospela u neprilike", „zbog dužine plovidbe nije bila u mogućnosti" da pomogne svojoj vojsci u zapadnim vodama Mediterana. Događaje u samoj Atini i oko Alkibijada i ne spominje, iako je, samo kratko pre nego što je sastavio ovaj dijalog, sam boravio u Sirakuzi u čijim su kamenolomima tada još radili neki nesrećnici koji su, kao mladići, bili u atinskoj vojsci poraženoj na Siciliji. U svom *Drugom pismu* Platon spominje takve ljude.

Veran stilu nadgrobne besede, kako se to praktikovalo u Grčkoj, Platon, zajedno s izginulima u ovoj katastrofi, spominje i junake pale u ostalim zbivanjima ovog rata, u pomorskim bitkama na Helespontu, kod Kinosemate i Abida 411. godine i kod Kizika 412. godine. Surevnjivošću ostalih helenskih polisa na atinsku državu (o kojoj, uostalom, govori i Tukidid) Platon objašnjava stvaranje njihovih saveza sa Persijancima, što je Platonu strašnije i nenadanije i od samog rata! Stoga i naročito slavi pobedu atinskih lađa kod Arginuskih ostrva, u julu 406. godine, jer je izvojevana kad su „oni već mislili da su savladali" Atinu, te je „upravo tada postala očevidna snaga i vrednost naše države". Floti koja je bila odsečena kod Mitilene na ostrvu Lezbu priteklo je upomoć, prema Platonovom kazivanju, šezdeset lađa. O ovome se mnogo raspravljalo, jer je dobro poznato da je tih lađa bilo dvostruko više, tačnije – sto deset na broju. Na njima su se, međutim, nalazili i meteci, a ne samo punopravni atinski građani, te je moguće da Platon računa samo lađe s onim prvim posadama. Na njih se nesumnjivo odnosi i žalopojka da su ti borci „dopali sudbine koju nisu zaslužili: svoje izginule nisu uspeli da izvuku iz mora, te oni sada ne počivaju ovde". Poznata je kazna koju je atinska skupština odmerila pobedničkim stratezima iz ove bitke, među kojima je bio i Periklov sin, što nisu pokupili izginule: njih je za to čekala smrt, koju su trojica, od njih deset, izbegla. Podsećanje na Sofoklovu Antigonu nama danas može donekle da olakša razumevanje ovako drastične presude nad generalima koji su u bitki bili pobednici, a ne poraženi.

Dalje razrešenje situacije Platon nastoji da prikaže simplifikovanom, ali patetičnom slikom o nepobedivosti Atine, koju ne može nikad niko da pobedi sasvim, „pa ni celo čovečanstvo", Atine koja i kad pretrpi neki poraz, „savladana je sopstvenom neslogom", a ne spoljnim neprijateljem. To bi se odnosilo na onu vrstu istorijskog zbivanja koje je marksizam zvao „klasna borba" i za koju je sasvim jasno da ne možemo očekivati da je tako vidi i Platon. Stoga je i razumljiv njegov sasvim ovlašan, pa i netačan, prikaz događaja iz 404. g. pre nove ere i vlasti Tridesetorice, i njegova želja, izražena u nadgrobnoj besedi, da se i „onima koji su u tome ratu pali na obe strane sačuva spomen i da se izmire... molitvama i žrtvama".

U mnogo kasnije pisanom *Sedmom pismu*[1] Platon je, kada govori o nedaćama kojima je bio izložen Sokrat,

---

[1] V. Prevod *Pisama* na srpski I. Gađanski i K. Maricki Gađanski, Treći program Radio Beograda, 1971, Rad 1978, 2001, Sremski Karlovci 1998.

mnogo manje pomirljiv prema ovom vremenu i nekim ljudima angažovanim u njemu. Da li je to rezultat kasnijih iskustava ili je opšti ton nadgrobne besede zahtevao pomirljivost? Ili će biti pre da su Platonove ocene i osećaji tog vremena zapravo bili takvi da im je odgovarao ovakav ton besede?

Sledi kratak opis događaja i odnosa između Atine, Sparte i Persije koji su doveli do Korintskog rata (394. g.) i Antalkidinog mira 387/6. godine. Svakome ko je i malo upoznat sa helenskom istorijom toga vremena poznato je kako su zapravo „neprijatelji žudeli da se izbave iz ovog rata": Antalkidin mir doslovno je predstavljao diktat persijskog kralja i Spartanaca, po kome su jonski gradovi potpali pod persijsku vlast, a Atinjani od svojih „kolonija" zadržali samo ostrva Lemno, Imbro i Skir. Sačuvali su i svoju flotu i nedavno obnovljene gradske zidine, koje su u toku proteklog stoleća više puta dizane i rušene, već prema okolnostima. Da li su zaista Atinjani tog vremena, zajedno s Platonom, mogli smatrati da su ovog puta bolje prošli i da su „rat okončali uz božju pomoć"? To nije jednostavno razumeti. Veliki poznavalac antičkog sveta, profesor M. I. Rostovcev, napisao je da ni četvrt veka ranije, na kraju Peloponeskog rata, ni sami Atinjani nisu smatrali da je njihov poraz konačan, verujući da se „snovi o ponovnom uspostavljanju velike atinske države još uvek mogu ostvariti". A tada je, posle katastrofalnog nestanka flote i vojske u sicilijanskom pohodu, Atina morala da sruši svoja utvrđenja i zidine i da uništi ostatak brodovlja, osim dvanaest lađa. Sasvim je moguće da je Platon iskreno doživeo neke prednosti koje je Atina sačuvala Antalkidinim mirom u poređenju sa ranijim strahotama.

Tu se prekida istorijski sled događaja koje nabraja Platonova Aspasija. Dolazi uteha i ohrabrenje upućeno roditeljima, deci, ženama i srodnicima izginulih u raznim ratovima, prema svim pravilima i zahtevima retorike nadgrobne besede. Ističu se, takođe, i osobine atinske države i odlike njenog čovekoljublja i slobodoljubivosti, i to u vidu poruke samih pokojnika, koju Aspasija jedino prenosi. Tako, sa retorske strane, imamo složenu strukturu besede, koja zahvata nekoliko paralelnih nivoa. Složenost povećava činjenica da ličnosti dijaloga, i Sokrat i Aspasija, kazuju u *Meneksenu* događaje koji su se zbivali *posle* njihove smrti, i to podosta godina kasnije, ako pretpostavimo da je Aspasija čak zakratko i nadživela Sokrata. Naravno da ovakva konstrukcija deluje na prvi pogled sasvim neverovatno i da onima koji su gotovo pobožno tumačili Platona *ad verbum* onemogućava svako prihvatljivo razumevanje dijaloga. Jedan od izdavača grčkog teksta i prevodilac *Meneksena* na francuski, pariski profesor Luj Meridije, kaže da je, uprkos njegovoj kratkoći, zbog ovog dijaloga proliveno najviše kritičarskog mastila i da je zbog njega nastala cela jedna „eksegetska" literatura. Uz neizbežno pitanje koje se postavlja povodom mnogih Platonovih dijaloga: da li to uopšte treba uzeti ozbiljno? Da li je sve to fantazija, ili parodija, ili satira? Da li Platon hoće retorima svoga vremena da pokaže kakva treba da bude nadgrobna beseda ili kakva – ne treba da bude? Da li je ironija, ako je tu uopšte ima, uperena protiv retorike savremene Platonu, ili protiv atinskog javnog mnjenja? Da li se tu ozbiljno i šaljivo ipak ne prepliću? Svim ovim pitanjima koje nabraja, profesor Meridije, na kraju, dodaje još jedno, koje je, zapravo, primarno: pitanje autentičnosti, na koje se, prema njegovom shvatanju, može odgovoriti tek u skladu s odgovorima na prethodna pitanja. On smatra da je ovaj poslednji odgovor potvrdan, ali da dijalog ne treba shvatiti ozbiljno, već u parodičnom i satiričnom smislu. Neki antički retori i pisci su ga shvatali najozbiljnije. Možda je istina na sredokraći, kao i obično. Ne vidi se kako bi se porekla „ozbiljnost" Platonu u poznavanju brojnih istorijskih podataka koje navodi i s kojima smo se upravo upoznali. S druge strane, to nije jedini dijalog u kojem on naročito nastoji da podvuče svoju ličnu distancu od mnogo čega, i za to koristi razna sredstva, među njima i ironično-humorni ton, satiričke i druge elemente. Ali kao celina ovo je veoma živo i zanimljivo književno štivo, cizelirana i bogata izraza, kojim je očigledno bilo potrebno ostaviti dubok utisak na slušaoce: skoro četiri stotine godina kasnije, rimski državnik i govornik Kikeron piše da je ovaj dijalog kazivan u Atini. U krajnjoj liniji, današnjem čitaocu ostaje odluka po sopstvenom nahođenju i proceni, ali tek kad ga prethodno pročita i doživi. Budući da do sada nije bio prevođen na srpski jezik, to je osnovni razlog što se sada objavljuje.[2] Bilo kako bilo, čak i u slučaju da nije Platonov (a ja ipak mislim da jeste), ovaj antički spis je, preživevši dvadeset i četiri veka, već sa tog razloga zavredeo da se upozna.

1976.

---

[2] V. prevod *Meneksena* K. Maricki Gađanski u Letopisu Matice srpske 417 (1976), u Bigzovoj Velikoj filozofskoj biblioteci 1983. i u Radovoj ediciji Reč i misao, 2001.

DEMOSTENOV GOVOR *O VENCU*

Πρῶτον μὲν, ὦ ἄνδρες Ἀθηναῖοι, τοῖς θεοῖς εὔχομαι πᾶ-
σι καὶ πάσαις, ὅσην εὔνοιαν ἔχων ἐγὼ διατελῶ τῇ τε
πόλει καὶ πᾶσιν ὑμῖν...

„Atinjani! Pre svega molim se svima bogovima i boginjama, da me u ovoj parnici s onoliko ljubavi od vaše strane predusretnete, koliko ja bez prestanka ukazujem državi našoj i vama svima; zatim, da vam bogovi to u srce usade, što najvećma priliči vama, vašoj savesti i časti vašoj: da o načinu, na koji ćete me slušati, ne uzmete protivnika moga za savetnika (jer bi to bilo užasno), već zakone i zakletvu vašu, u kojoj je uza sve ostale pravedne propise i to naznačeno, da se obadve stranke jednako saslušaju. A to znači ne samo, da se ništa unapred ne odluči i da se obadvema strankama jednaka pažnja pokloni, nego i to, da se svakom parničaru ostavi na volju, da se posluži onakim redom i onakom odbranom, kakvom hoće i kakvu je sebi izabrao."[1]

Tako je svoj odbrambeni govor u parnici o vencu započeo u sudu 330. godine pre nove ere atinski govornik i političar Demosten. U to vreme njemu je bilo 54 godine i već je pune dve decenije bio među vodećim i najuticajnijim ličnostima svoga rodnog grada Atine. Ali bez obzira na mnoge zasluge i veliki ugled, on se našao u situaciji da mora pred sudijama i pred narodom, javno, da brani i opravdava ceo svoj dotadašnji život i delovanje. Obraćajući se sudijama, Demosten to jasno kaže:

---
[1] Prevod Jovana Turomana.

„Kako sam danas evo nauman, da, kao što priliči, račun dadem o celom svom privatnom životu i o svome delanju državničkom, to hoću još jedanput da prizovem bogove, i da ih pred vama zamolim prvo i prvo, da me u ovoj parnici s onoliko ljubavi s vaše strane predusretnete, koliko ja bez prestanka pokazujem prema državi i prema vama svima; zatim, neka bi vam bogovi u srce ulili, da o ovoj tužbi to odlučite, što će odgovarati i časti države i savesti svakog pojedinog."

Očigledno se moralo raditi o jako krupnoj stvari i opasnoj optužbi kada je govornik odlučio da javno podnese račun o celom svom životu i da se poziva i na čast države i savest svakog pojedinca. Zaista je tako i bilo, jer je podnosilac tužbe, atinski govornik i takođe političar, ali iz suprotnog tabora, Ajshin, mislio da će iskoristiti situaciju nepovoljnu po makedonske protivnike u Heladi i da će postići da narod osudi celokupno Demostenovo angažovanje.

Ali da bi se ovo bolje razumelo, treba ukratko nešto reći o istorijskim prilikama u Grčkoj i Makedoniji koje su tome prethodile. Punih sto godina je do ovog trenutka prošlo od smrti velikog državnika i proslavljenog besednika Perikla, a više od 150 godina delilo je Demostenove savremenike od slavne pobede atinske vojske na Maratonu nad persijskim agresorom koji se drznuo da dođe na sam prag helenskih ognjišta. U novom naletu ovog azijskog neprijatelja spaljen je Akropolj i zauzeta Atina, ali je njena mornarica kod ostrva Salamine porazila Azijate i persijskog cara naterala u bekstvo. Ove davne pobede nad tradicionalnim neprijateljem stalno su lebdele pred duhovnim očima novih naraštaja, iako su slavni dani atinske veličine i kulturnog procvata iz sredine petog veka uveliko bili pomračeni tragičnim i žestokim ratnim sukobima između Sparte i Atine i njihovih saveznika u takozvanom Peloponeskom ratu poslednje tri decenije petog veka, ratu koji se porazno završio za Atinu. Sparta je dobila hegemoniju, nekada moćni Atinski pomorski savez je raspušten, a u Atini ne samo što su srušeni Dugi zidovi, već je i u tom polisu, uzoru klasične grčke demokratije, zavedena vlada oligarhije, kao i u mnogim drugim gradovima Grčke.

Iako je u Atini ubrzo ponovo zavladala demokratija, nesigurnost novih prilika bila je izražena i suđenjem Sokratu, koji je sedam decenija pre Demostenove parnice o vencu kažnjen smrtnom kaznom, na čuđenje i nevericu do dana današnjeg, uz večito pitanje „Kako se to moglo dogoditi?"

Sokrat je ispio otrov od kukute (κώνειον), kako se u to vreme izvršavala smrtna kazna, 399. godine pre nove ere, ali novi vek, koji je nastajao, nije doneo manje nemira i nespokojstva. Naprotiv. Nastavljaju se ratovi među grčkim državama, u koje je stalno umešana Persija, i to čas na jednoj čas na drugoj strani. Spartanskoj premoći u grčkom svetu, koju podržava Persija, sedamdesetih godina 4. veka, kraj donosi Teba, čija kratkotrajna hegemonija u Grčkoj za neko vreme ujedinjuje večite rivale Spartu i Atinu (369. g.). Atina, koja je uspela da stvori Drugi pomorski savez 377. godine, sredinom veka ostaje bez nekih saveznika, što dovodi do tzv. Savezničkog rata (357–355) posle koga se Savez sasvim raspada. U ovo vreme se u ove komplikovane grčke prilike, stalna međusobna trvenja i sukobe među polisima, koji uveliko preživljavaju duboku krizu, uplišće jedna nova sila, dotle po strani i na periferiji i prostora i zbivanja. To je Makedonija.

Antički naziv ove oblasti, na severu od Grčke, glasio je Μακεδονία i prvi put je zapisan kod istoričara Herodota u 5. veku pre nove ere. Tadašnju kraljevsku dinastiju koja je vladala u Makedoniji priznali su u Grčkoj kao helensku, tako da je kralj Aleksandar I Filhelen dobio pristup na Olimpijske igre, kuda Grci nisu puštali strance. Sam narod u Makedoniji sebe nije smatrao Grcima, iako je očigledno vrlo rano usvojio grčki jezik i kulturu. Danas lingvisti nastoje da na osnovu krajnje oskudnog onomastičkog materijala koji je sačuvan iz antike prouče sâmo jezgro antičkih Makedonaca, indoevropskog porekla. Makedonski kraljevi u petom veku nastoje da prošire, ojačaju i unaprede svoju zemlju: u tadašnjoj prestonici Peli borave grčki umetnici, na primer dramatičar Euripid i slikar Zeuksid. Grčki inženjeri grade puteve, utvrđenja i gradove u Makedoniji. Sačuvano je i jedno Platonovo pismo makedonskom kralju Perdiki III, prethodniku Filipa II na makedonskom prestolu. U njemu Platon izražava svoju nadu da će njegov prijatelj Eufraj pomoći mladom kralju da „nađe prave reči monarhije". Platon to dalje ovako objašnjava:

„Sva državna uređenja, naime, imaju sopstveni govor, kao da je svako od njih živo biće: jedan je govor demokratije, drugi oligarhije, a drugačiji, opet, monarhije: mnogi bi zaista tvrdili da te govore znaju, ali većinom – osim nekolicine – daleko su od toga da ih razumeju. A ono državno uređenje, dakle, koje govori svojim sopstvenim jezikom, podjednako bogovima i ljudima, i shodno tome jeziku upravlja svoje praktično delovanje, uvek je berićetno i stabilno, ali propada ako pokuša da imitira neko drugo uređenje".[2]

Platon, očigledno, nije mislio da će Makedonija postići ono oko čega se on mukotrpno i dugo zalagao – da neki filosofski obrazovan i pravičan vladar bude na čelu ujedinjene Grčke. Nekoliko decenija posle ovoga, Aleksandar je sa svog trijumfalnog vojnog pohoda u Aziju pisao Aristotelu – tekst pisma je sačuvan: „Ja bih više voleo da se odlikujem najuzvišenijim znanjem nego svojom vlašću." Bez obzira što se popularno misli da je kao idealistički filosof lebdeo u oblacima, Platon je bio pravi atinski rodoljub, dobro je poznavao istoriju svoje zemlje, kao što se vidi naročito iz dijaloga *Meneksen* i praktično je nastojao da doprinese ostvarenju onoga što je smatrao da su

---

[2] Prevod I. Gađanski i K. Maricki Gađanski.

„glavne potrebe Grčke njegovog vremena – sloboda prosvećenog helenstva i panhelensko jedinstvo" (I. Gađanski). On je za taj cilj – kao što je poznato, bezuspešno – hteo da upotrebi sirakuškog tirana Dionisija i njegove naslednike na Siciliji, „jer u svojoj užoj otadžbini Atini, kao ni u svoj ostaloj kopnenoj Grčkoj, oslabljenoj, razjedinjenoj i umornoj, jednostavno nije video drugu snagu sposobnu da sve to i ostvari."

Samo deset godina posle Platonove smrti 347. godine došlo je do ujedinjenja Grka, ali drukčije nego što je stari aristokratski filosof i mogao sanjati, a ne želeti. Kada je 359. godine došao na vlast u Makedoniji, mladi kralj Filip II postigao je da se Makedonija ujedini i učvrsti, pobedivši Ilire sve do Ohridskog jezera. Njegov glavni cilj u spoljnoj politici postaje izlazak njegove moćne države na more. Severno egejsko primorje i Halkidičko poluostrvo, na koje je Filip aspirirao, bilo je za Atinu od životnog značaja. Tu su Atinjani odavno imali ceo niz bogatih kolonija, a uz to je trebalo sačuvati slobodan prolaz do Crnog mora, zbog uvoza žita otuda i trgovine. Značajan strategijski grad Amfipolj, nekadašnju atinsku koloniju, Filip je zauzeo već 357. godine, ali to je bila samo polazna tačka za dalja osvajanja odlično organizovane i izvežbane makedonske vojske pod zapovedništvom retko sposobnog komandanta, kralja za koga je, kasnije, grčki istoričar Teopomp napisao da „Evropa još nikad nije poznavala čoveka kakav je bio Filip". Zauzeta u već pomenutom Savezničkom ratu koji se završio raspadom njenog pomorskog saveza, Atina nije mogla da spreči Filipovo jačanje na severu.

U samoj Atini sad se formiralo nekoliko stranaka, od kojih su za nas važne dve: promakedonska stranka kojoj je glavni inspirator govornik _shin i stranka ljutih Filipovih protivnika, a kao najljući među njima pokazao se govornik i političar Demosten. Retko je potonja slava nekog velikog vladara i vojskovođe toliko zavisila od slike koju je načinio i ostavio o njemu njegov neprijatelj, koliko je to bilo slučaj sa Filipom. Stekavši u starom svetu glas najistaknutijeg govornika kod Grka, Demosten je umnogome bio zaslužan za mišljenje koje je umanjivalo sposobnosti i uspehe ovog makedonskog kralja. I sam Filip je toga bio svestan, što se vidi iz više podataka zapisanih u Demostenovoj biografiji. Možda je najkarakterističniji onaj o Filipovom ponašanju posle bitke kod Heroneje 338. godine, koja je značila faktički kraj grčke slobode i samostalnosti. Pobedivši najzad ujedinjene Atinjane i Tebance, Makedonci su počeli diktirati uslove njihovih daljih odnosa. Pišući 450 godina posle ovog događaja, Plutarh, koji se, čudnom igrom slučaja, rodio upravo u Heroneji, ali već u vreme rimskog svetskog gospodstva, zabeležio je sledeći izveštaj:

„U prvi mah posle izvojevane pobede Filip se od radosti posilio i sa svečanom povorkom došao do palih junaka, gde je pijan stao pevati početak Demostenova predloga, ritmički prekidajući reči i dajući takt nogom: „Demosten, sin Demostenov, iz Peanije predlaže ovo." Ali kad se otreznio i uzeo razmišljati o veličini boja usred koga je stajao, stane mu srce trnuti od strašne snage toga besednika, koji ga je za kratko vreme jednog jedinog dana primorao da svoju hegemoniju i svoj život stavi na kocku".[3]

Ko je bio taj strašni besednik za koga je i pola milenijuma kasnije zapisano da ga se moćni makedonski kralj toliko bojao? Bio je godinu ili dve stariji od njega, sin dobrostojećeg atinskog vlasnika dve zanatske radionice – za izradu oružja i nameštaja. Pominje se da je imao i skitske krvi u svom rodoslovlju, čime se pokušava ponekad objasniti „tamna strastvenost" njegovih govora u zrelom dobu. To ne mora biti sasvim pouzdano, jer se njegov ded po majci jeste oženio na današnjem Krimu, posle svog

---

[3] Prevod M. N. Đurića.

progonstva iz Atine, ali tamo je već bilo grčkih naseobina, te je i ta Demostenova baba mogla biti Grkinja. Uostalom, ta vrsta objašnjenja psihičkih osobina etničkim poreklom zapravo ništa ne objašnjava, zasnivajući se na popularnim predrasudama o razlikama među narodima.

Bilo kako bilo, Demosten je ostao siroče bez oca, u sedmoj godini, a uskoro i bez imovine, zbog nečasnog ponašanja svojih tutora. Upravo ovo je razlog što se on uopšte počeo baviti sudskim govorništvom, jer je, napunivši osamnaest godina, pokušao sudskim putem da povrati makar deo imovine. Tadašnja pravila vođenja sličnih parnica u Atini zahtevala su da sam parničar istupa na sudu, bilo da je svoj govor sam sastavio bilo da je za to angažovao logografa – advokata koji bi mu za novac napisao govor. Demosten je postao odličan logograf. U dugoj parnici protiv staralaca „naposletku spor dobije, ali nije mogao da spase ni najneznatniji deo očinske imovine" beleži Plutar i nastavlja: „Ali zato je vođenjem spora stekao smelost i dovoljnu umešnost u besedenju i okusio slast ugleda i uticajne snage u sudskim raspravama, pa je pregao da i pred narod izlazi i da se bavi državnim poslovima."

U retorici Demosten je bio Isajev đak, iako je u Atini u to vreme veći ugled uživala škola govornika Isokrata, koja je možda za dečake njegovog tadašnjeg položaja bila preskupa. Navodi se da je slušao i Platona, o čemu sam ne govori, iako ga je morao poznavati, kao i svoga vršnjaka Aristotela, koji je u Atinu došao da uči u Platonovoj Akademiji iste godine kad je Demosten pokrenuo borbu za nasledstvo. Platonove dijaloge je, vrlo verovatno, Demosten čitao. Takođe se navodi da je vrlo rano osetio potrebu da dobro upozna istoriju svoje zemlje, čak se priča da je Tukididovu monografiju o Peloponeskom ratu (uostalom, jednu od najmudrijih istorijskih knjiga do danas napisanih) osam puta svojeručno prepisivao dok je nije naučio napamet. Čak i ako nije potpuno verodostojna, ova anegdota ne pokazuje samo njegovo divljenje prema velikom istoričaru, već i poslovičnu Demostenovu upornost. Uzimajući sebi za ugled Perikla kako ga je opisao Tukidid, Demosten je dugo i priljžno vežbao da „u načinu izražavanja i u spoljašnjem držanju bude kao i on". (Plut. *Dem.* 9). Vekovima se posle prepričavalo kao je Demosten svoje telesne mane uklanjao upornim vežbanjem:

„Pričajući o tome, Demetrije Faleranin kaže da je od samog Demostena, koji je bio već u dubokoj starosti, čuo kako je svoju nerazgovetnost u govoru i zamuckivanje savlađivao i u izgovoru slog do sloga jasno rastavljao time što je u usta uzimao kamenčiće i u isti mah govorio oduže rečenice, pa kako je jačinu svoga glasa vežbao u brzom trčanju time što se peo uz brdo i razgovarao se s drugima ili na predušak izgovarao neke besede i stihove, i kako je, naposletku, imao kod kuće veliko ogledalo i, stojeći pred njim i ogledajući se u njemu, vršio svoje vežbe."[4]

Dugo su mu savremenici zamerali što se tako priljžno priprema, da odbija da govori bez pripreme i da improvizuje. Čak su mu se neprijatelji podsmevali da mu govori mirišu na ulje u svetiljci (kraj koje ih je, navodno, danonoćno učio).

Pod Demostenovim imenom nama je sačuvano više od šezdeset naslova, od čega polovina pripada zapravo njemu. Tu ima raznih vrsta govora, neki koji su govoreni u privatnim i ličnim parnicama, drugi pisani za tuđe parnice, a posebno su značajni oni koje je držao u narodnoj skupštini, i to najviše u petoj deceniji četvrtog veka kada je već imao kapitalnu ulogu u politici svoje zemlje. Njegova tri govora protiv Filipa (čuvene „Filipike") kao i tri Olintska govora pokazuju ga kao strasnog zagovornika helenskog shvatanja slobode (izražene kroz atinsku demokratiju, za koju je danas jasno da je bila ograničena, jer su iz nje bili isključeni ne samo robovi, već i žene i stranci). Međutim, u po-

---
[4] Prevod M. N. Đurića.

ređenju ne samo s azijatskim autokratskim društvima, već i grčkim oligarhijskim državnim uređenjima, to je stvarno bilo najprivlačnije uređenje koje je dotle bilo poznato. Međutim, tip polisne državne organizacije, prikladan za ranije uslove života i privređivanja, u četvrtom veku pre nove ere bio je uveliko prevaziđen i stoga je bio u dubokoj krizi, čije uzroke ne možemo ovde analizirati. Jedan moderni helenista (Kito) je to pojednostavljeno i duhovito formulisao: „Antički Grk nikada nije umeo da stvari ostavi na miru. On je uvek morao da istražuje, da ispituje, da poboljšava i unapređuje; a napredak je uništio polis". Polisa je bilo više stotina, i oni su se povremeno udruživali u različite saveze. Jedan od vidova tog udruživanja bile su amfiktionije – savezi plemena i polisa oko nekog većeg svetilišta u cilju njegove zaštite. Najpoznatije u istoriji bile su Delfijska i Delska amfiktionija, a za odnose u Grčkoj u četvrtom veku bili su presudni upravo događaji u vezi sa prvim savezom. Ti događaji su poznati kao Sveti rat vođen od 355-346. godine protiv Fokiđana, u koji se umešao i Filip, doduše na izričit poziv jedne zaraćene strane. Rezultat je bio da je Filip dobio dva glasa u uticajnom Amfiktionskom veću, a već 352. g. on se učvrstio u Tesaliji.

Cela je Helada bila podeljena na dva tabora. U tim okolnostima teško je bilo dalekovido predvideti budući ishod. U svome govoru pred sudom *Protiv Aristokrata* iz 352/1. godine, koji tretira spoljnopolitičku problematiku, Demosten pokazuje koliko je važan trački prostor, ali Filip nam iz njegovog izlaganja još nije vidljiv kao neposredna opasnost za Atinu. To se uočava tek u *Prvoj Filipici*, držanoj dve godine kasnije, i u *Trećem Olintskom govoru*, pisanom 348. g., koji jasno pokazuju da je Demosten shvatio pravu opasnost: otuda je sve kod njega, s krajnjom strašću, usmereno na jedan front i upereno protiv jednog čoveka: na Makedoniju i Filipa.

Ovakvo njegovo strasno angažovanje protiv Makedonije veoma je smetalo promakedonskoj stranci u Atini i stvorilo mu je mnogo i ličnih neprijatelja. „Očevidno je da je cela politika Demostenova težila tome da... nijedno delo i nijedan postupak makedonskoga kralja na ostavi bez prigovora, nego da kod svakog njegovog postupka Atinjane razdražuje i protiv njega podjaruje", kaže Plutarh i zaključuje: „Zato je na Filipovu dvoru i najviše o njemu bilo reči". To se posebno odnosi na atinsko poslanstvo iz 346. g., u kome je sudelovao i Demosten, radi pregovora o miru. Filip se naročito trudio oko svojih pristalica Ajshina i Filokrata, pod čijim je imenom u istoriji taj mir i poznat. Plutarh beleži da su oni Filipa hvalili da je on najumešniji govornik, najlepši čovek, pa i najbolji popidrug, što je Demosten duhovito i hrabro prokomentarisao: „Prvo je pohvala za sofistu, drugo za ženu, a treće za sunđer, ali nikako pohvala za kralja".

Te, 346. godine, i sam se Demosten, u svom govoru *O miru*, zalagao za sklapanje mira sa Filipom, realno procenivši situaciju. Govornik Isokrat je čak u govoru pod naslovom *Filip* pozivao Filipa da vodi Grčku protiv Persije.

Sve to vreme Demosten je bio u sukobu s Ajshinom i pokušao je da ga optuži za kršenje poslaničke dužnosti (govor Περὶ τῆς παραπρεσβείας), a napao ga je oštro i na kraju svoje *Druge Filipike*, držane 344. godine. Budući da je optužbu protiv Ajshina podneo u ime nekog Timarha, Ajshin se odbranio kontranapadom na ličnost tužitelja Timarha. Godinu dana kasnije i Ajshin je, s neznatnom većinom od 30 glasova, oslobođen tužbe u vezi sa tim poslanstvom. Optužba je u stvari bila da je bio potkupljen od Filipa. (Filokrat je, međutim, po Hiperidovoj tužbi osuđen i prognan, ili je sam pobegao). Dok Demosten nastavlja sa svojom antimakedonskom aktivnošću još žešće no ranije, obilazeći i grčke zemlje u tu svrhu, Aristotel, čiji je otac bio lični lekar na dvoru makedonskog kralja, postaje učitelj mladom princu Aleksandru.

Posle toga se događaji gomilaju i sve se brže bliže raspletu. Demosten prikuplja saveznike za borbu protiv Filipa, pod vođstvom Atine. Ovo vreme je vrhunac njegovog političkog uspeha. Za njegove velike zasluge, narod koji je, sada spreman na svaku žrtvu, prihvatio Demostena kao svog političkog vođu, ovenčao ga je zlatnim vencem 340. g. i sledeće, još jednom. Tada izbija rat između Makedonije i Atine, a posle Ajshinovog govora u Delfima izbija takozvani Drugi sveti rat, protiv Lokriđana iz Amfise. Amfiktionsko veće je vrhovnu komandu nad helenskim saveznicima ponudilo Filipu. Nije bila ugrožena samo Amfisa, već i Teba i Atina i svi oni koji nisu bili uz odluku amfiktionskog veća.

Ali bilo je kasno. Filip je nezadrživo išao na jug. Zauzimanje grada Elateje bio je pozni signal da se Grci ujedine protiv Filipa. Na lično Demostenovo zalaganje stvoren je savez sa Tebom, kome su oružane snage u pomoć poslali neki manji polisi: Magara, Korint, ostrva Eubeja i Kerkira. Ali je po strani ostala Sparta i većina najjačih peloponeskih država.

Do odlučujuće bitke između makedonske i savezničke helenske vojske došlo je u avgustu 338. g. pre nove ere kod mesta Heroneje. U bici su učestvovali i Demosten i Filipov sin Aleksandar, kome je tek osamnaest godina. Demostenu je već 46, ali se on „tvrdo uzdao u helensko oružje i veoma se, po Plutarhovim rečima, oduševljavao i snagom i spremnošću tolikih ljudi koji su neprijatelje izazivali u borbu". „Do tada se Demosten pokazivao kao hrabar čovek, nastavlja Plutarh. Ali u samoj bitki nije se poneo junački ni pokazivao delo koje bi odgovaralo njegovim rečima. On napusti svoj položaj, baci oružje i sramotno pobegne". To je nekada bila velika sramota za grčkog ratnika, ali Demosten i nije bio ratnik. Ustvari, jedna od nevolja njegovih savremenika bilo je i to što su sami izbegavali vojnu službu, oslanjajući se na plaćene usluge najamnih vojnika. Šta je i mogao da učini Demosten u bitki u kojoj je izginuo cvet helenske vojske, tebanska Sveta četa od trista vojnika, u kojoj je poginuo i tebanski vojskovođa, a ostala se vojska dala u bekstvo. Ne treba ni zaboraviti da je Filipovim odredima protiv Tebanaca komandovao Aleksandar. Govorilo se da je on prvi provalio u boju u Svetu četu Tebanaca, a još u Plutarhovo doba znalo se kod kog je hrasta stajao Aleksandrov šator.

Njegov otac je posle ove bitke postao gospodar Grčke. Kaznio je Tebu, a Atina se spremala za dalju borbu. Opet su počeli da utvrđuju svoje bedeme i da mobilišu vojsku. Ali, svestan da je u stanju on da diktira dalji tok događaja, Filip im je ponudio povoljan mir, kojim je Atini priznao nezavisnost. On sam, koji se, kako kažu izvori, više ponosio svojom državničkom i diplomatskom veštinom nego junaštvom, imao je pred očima druge krupne ciljeve: organizovati Grčku i Makedoniju tako da se može uhvatiti u koštac s Persijom s kojom se rat neizbežno nametao. Ostavljajući grčkim polisima njihovo uređenje pod određenim uslovima, Filip je sklopio sa njima Opšti mir – Κοινὴ Εἰρήνη na Korintskom kongresu kome nije prisustvovala samo Sparta. Prihvaćen je Filipov predlog da se povede rat sa Persijom – osvetnički za Grke, osvajački za Makedonce, i Filip je izabran za vrhovnog komandanta. Poznato je da ovo nije ostvareno, jer je sledeće godine Filip ubijen u atentatu na svadbi svoje kćeri Kleopatre. Na vlast je došao dvadesetogodišnji Aleksandar.

Iste godine, pre toga, u Atini je neki Ktesifont predložio da se Demostenu, po treći put, u znak priznanja da zlatni venac, jer je, kao τειχοποιός, dao veliki prilog za obnavljanje atinskog utvrđenja. Osvedočeni prijatelj Makedonaca, Ajshin, na to je podneo tužbu zbog povreda zakonitosti, tzv. γραφὴ παρανόμων protiv Ktesifonta. Ceo postupak je zaustavljen i do suđenja je došlo tek posle šest godina, 330. godine.

U međuvremenu je Grčka mislila da se može osloboditi Makedonaca, ali je Aleksandar tebansku pobunu ugušio i grad razorio, poštedevši samo Pindarovu kuću. Kažu da je Aleksandar, prolazeći kroz Termopile, rekao: „Demostenu, koji je mene ranije nazvao dečakom, pa mladićem, sada ću pod zidovima Atine pokazati da sam čovek".

Kao hegemon helenskog saveza Aleksandar je pošao na osvajanje persijskog carstva, a njegov učitelj Aristotel vratio se u Atinu i tu osnovao svoju filosofsku školu – Λύκειον, Likej. Dok je Aleksandar pobedonosno vojevao na Istoku, Spartanci su se pobunili 330. godine, a pobunu je ugušio Antipatar.

Ajshin je sada poverovao da je najzad nastupio pravi trenutak da izvede Demostena na sud koji bi osudio celo njegovo političko antimakedonsko delovanje. Ajshin je bio istaknut državnik i govornik, nekoliko godina stariji od Demostena, koji ga je stalno optuživao da je podmićen od Filipa kad se za Makedoniju toliko zalaže.

Na osnovu čega je Ajshin dokazivao da je Ktesifontov predlog bi nezakonit? Prvo, kaže on, predloženo je da se Demostenu da venac dok je još bio na odgovornoj dužnosti (ἄρχων ὑπεύθυνος) i dok nije državi položio račun, a to je protiv zakona. Zatim je protiv zakona da se on ovenča u pozorištu na svečanosti Velikih Dionisija i, najzad, što su tvrdnje o Demostenovoj vrlini i ljubavi prema narodu lažne, a zakon zabranjuje da se lažni spisi stavljaju u arhivu. Ktesifontov predlog Veću iz 336. godine, gde je bio prihvaćen kao προβούλευμα, glasio je, prema Demostenovoj formulaciji u govoru *O vencu*, ovako:

„Atinjani! Svi ćete se, mislim, u tome sa mnom složiti, da se ova parnica tiče i mene i Ktesifona, i da s moje strane zaslužuje isto toliku ozbiljnost, koliku i s njegove. Jer boli i teško je ma što izgubiti, osobito kad se to kome dogodi sa neprijatelja; a još najvećma boli izgubiti vaše poverenje i vašu ljubav, jer šta više vredi nego tako što zadobiti? A pošto je o tome ova parnica, to vas sve podjednako pozivam i molim, da bespristrasno saslušate odbranu moju protiv okrivljenja, kao što to propisuju zakoni, kojima je tvorac njihov Solon, onaj pravi narodni čovek i prijatelj, ne samo time našao za potrebno važnost da pribavi, što ih je napisao, već i time, što je naredio, da vi kao sudije zakletvu polažete; a to je on, kao što se meni čini, učinio ne iz nepoverenja prema vama, već što je uviđao, da od okrivljenja i potvora, kojima tužilac utiče usled toga, što najpre govori, nije moguće optuženome oprati se, ako svaki od vas, koji sudite, ne imadne na umu svoju odgovornost pred bogovima, te ne dočeka sa ljubavlju pravdanje i onog, koji posle govori, i ako se prema obojici ne pokaže jednakim i bespristrasnim saslušačem, da bi po tome presudio o svemu."[5]

Ajshinov govor protiv Ktesifonta, koji je sačuvan, ali verovatno prepravljen za objavljivanje, a ne onako tačno kako je govoren, sastavljen je po najboljim obrascima helenske retorike. On je podeljen u nekoliko delova – uvod (προοίμιον – exordium), izlaganje (διήγηϲιϲ narratio); dokazivanje i pobijanje (πίϲτειϲ, λύϲιϲ probatio, refutatio) i, najzad, zaključak (ἐπίλογοϲ, peroratio). Najveći deo govora, od § 49–167, posvećen je analizi Demostenova privatnog i javnog života, gde se detaljno razmatraju istorijske pojedinosti kao Filokratov mir, period do novog rata i sam rat, sve do bitke kod Heroneje, kao i razdoblje od 338–330. godine, kad je suđenje održano.

Drugi veliki deo govora posvećen je razmatranju raznih trenutaka iz Demostenova života i njegov karakter, što je sve optužbu činilo vrlo ozbiljnom.

Posle Ajshina je govorio Demosten, čiji je govor još duži. Kako su u atinskom sudu stranke imale ograničeno vreme za svoj pledoaje, što se merilo klepsidrom, i Demostenov govor je očigledno sačuvan u kasnije prerađenoj varijanti. Posle uvoda koji je naveden na početku, Demosten ne prelazi direktno na odbranu Ktesifonta od optužbi, već to ostavlja za sredinu govora, kad već stekne izvesno odobravanje u auditorijumu. Stoga njegov govor

---
[5] Prevod M. N. Đurića.

o vencu ne pokazuje klasičnu strukturu retorskih pravila, iako se poznata retorska sredstva u tehničkom smislu obimno koriste, ne isključujući ni pogrde i uvrede na račun protivnika.

U samom početku Demosten želi da dobije simpatije suda rečima:

„Pogledom na mnogo štošta stojim ja u ovoj parnici gore od Ajshina, a naročito pogledom na dve i to važne okolnosti, Atinjani! Prvo i prvo ja se s njime ne borim za stvar jednaku; jer kad bih ja izgubio vaše poverenje, to sada ne bi za mene bilo to isto, što bi za njega, kad bi sa svojom tužbom propao; već za mene – no neću ništa nemilo da rečem u početku govora: a od njegove je strane samo obest, što je protiv mene tužbu podigao. Drugo, svima je ljudima od prirode urođeno, da rado slušaju grdnje i okrivljivanja, a da se ljute na one, koji se samo hvale. Pa što je od toga dvoga svakome drago, palo je u deo njemu, a što je tako reći svakome nesnosno, ostalo je meni. Ako, dakle, obzirući se na to ne navedem, šta sam učinio, onda će izgledati, da nisam kadar zbrisati okrivljenja, ni dokazati, sašta hoću da se odlikujem; a pređem li na to, šta sam radio kao građanin, biću prinuđen, da često govorim o sebi. Ja ću, dakle, pokušati da to što skromnije činim; ali za ono, na što prisili sama stvar, valja da je odgovoran onaj, koji je takvu parnicu zapodeo."

Govor o vencu se može podeliti na sedam većih celina: posle uvoda sledi odgovor na ono što Demosten zove optužba a koje ne spadaju striktno u optužnicu (ἔξω τῆς γαφῆς), osvrćući se na političke prilike i Filokratov mir. U trećem delu govora (počev od paragrafa 53–125), brani se od optužbe izveštajem o svojim političkim zaduženjima i uspesima, kao i opovrgavanjem legalnosti tužbe u dve osnovne tačke: o odgovornosti službenika (§ 110–119) i mesta dodeljivanja venca (§ 120–121). Četvrti deo je posvećen Ajshinovu životu i karakteru, njegovoj promakedonskoj politici i ulozi u Svetom ratu, kao i sopstvenim pogledima i postupcima. Demosten koristi ovu priliku da brani celokupnu politiku Atine pod njegovim vođstvom protiv Filipa i Makedonije (§ 189–210). Dovde, do § 226, završena je odbrana Ktesifonta po svim tačkama optužnice. Demosten smatra da se odbranio od svih prigovora o ilegalnosti, ali u govoru dalje razmatra ostale argumente iz Ajshinova izlaganja. Završava jednom jedinom rečenicom (§ 324) – upućenom bogovima. Kako je atinski zakon dozvoljavao, Demosten se u toku govora često poziva na razna dokumenta, odluke, predloge, pisma, zakone i izjave svedoka, čiji je tekst do polovine govora inkorporiran i sačuvan, iako se u njihovu autentičnost danas ne sme pouzdati. Demosten se ponekad obraća prisutnima, tražeći njihovu podršku i odobravanje. Posebno je karakteristično mesto, kada on, pridobivši po svojoj proceni naklonost slušalaca, Ajshina naziva makedonskim plaćenikom, uz bučno navijanje prisutnih: (§ 51) „Ni Filipovim pobratimom ni Aleksandrovim prijateljem ne mogu ja tebe nazivati, tako lud nisam, već ako treba i žeteoce i druge nadničare nazivati prijateljima i pobratimima onih koji si ih najmili. (§ 52). No to nije tako. A i otkud? Daleko je od toga. Već najamnikom pre Filipovim, a sad Aleksandrovim, zovem tebe ja, zovu te *svi ovi* ovde. A ako ne veruješ, pitaj! Ili još bolje ću to ja umesto tebe učiniti. Držite li vi, Atinjani, Eshina za najamnika ili za pobratima Aleksandrova? Čuješ li šta kažu?" Očigledno su svi prisutni (οὗτοι πάντες), uključujući i sud i publiku, odgovorili „najamnik", μισθωτός. Čak je zabeležena anegdota da je Demosten namerno upotrebio pogrešan akcenat, μίσθωτος, kako beleži većina rukopisa, ne bi li provocirao publiku da ga ispravi vičući: μισθωτός. Premda je verovatno izmišljena, anegdota dobro pokazuje do koje su mere Demostenovi govori bili prostudirani i elaborirani.

Ajshinovim i Demostenovim izlaganjem su se prisutni upoznali s njihovim verzijama političkih prilika i istorijskih zbivanja čiji su sami bili učesnici i svedoci, a koje smo i mi ovde maločas skicirali. Ovom suđenju u helijeji, atinskom porotnom sudu koji je četvrt milenija pre toga ustanovio zakonodavac Solon, prisustvovao je silan svet koji se okupio iz svih grčkih krajeva.

Parnicu je Demosten dobio s ogromnom većinom glasova – Ajshin nije dobio ni 1/5 i osuđen je na globu i na gubitak građanskog prava da ubuduće pokreće slične sporove ἀτιμία. On je otišao iz Atine i završio je život 314. godine kao učitelj retorike na ostrvu Rodu. Atinski sud helijeju sačinjavali su punopravni građani iznad trideset godina, od kojih je žrebom birano 500–1500 članova, već prema važnosti parnice, i to na sam dan suđenja kako bi se obezbedila nepristrasnost sudija. Sudije se o presudi nisu konsultovale, već su glasale samo u prilog ili protiv optuženog. Glasalo se odmah posle izlaganja stranaka, pomoću glasačkih „kuglica", malih diskova, αἱ ψῆφοι, koji se ubacuju u dve amfore: jedna je bronzana – ispravna, a druga drvena – što bismo mi rekli „ćorava kutija". Glasački diskovi su bili probušeni ili puni, i svaki sudija je dobijao oba – probušen je bio određen za prvog, puni – za drugog govornika.

Na proceduru glasanja se strogo pazilo, amfore su stajale odeljene u sudnici, a imale su uzak prorez na poklopcu da se ne bi mogle istovremeno ubaciti dve glasačke kuglice. Kad sve sudije glasaju, odmah se sadržaj amfora izruči na specijalne ploče i pred svima prebroji. „Kome više zapadne, taj dobije parnicu" objašnjava Aristotel u svom poznatom spisu Ἀθηναίων πολιτεία – *O atinskom ustavu*. Kazna se određivala novim glasanjem. Demosten je tako, sa više od 4/5 glasova, dobio parnicu, za koju je još Plutarh napisao, dobro ocenivši njenu pravu suštinu i smisao, da je izašla na glas kao nijedna druga politička parnica, i to kako zbog slave onih što su pred sudom besedili, tako i zbog savesnosti sudija, jer ovi Demostena nisu osudili kako su želeli njegovi progonioci, koji su u ono doba bili svemoćne makedonske pristalice, nego su ga sjajno oslobodili" (Plut. *Dem*. 24)

Bilo bi zaista najlepše kad bismo ovde mogli završiti. Za razliku od užasnih procesa i groznih presuda s kojima nas je upoznalo novije doba, naš je optuženik dobio punu satisfakciju, zakonsku, moralnu i političku već na samom sudu, što bi zaista govorilo u prilog popularnom shvatanju o jednostavnoj pravičnosti u staro doba. Ovaj proces se zaista tako i završio. Ali Demostenu su još ostala teška iskušenja i tragičan kraj. Ne shvatajući očigledno da su se vremena i prilike za Grke i u tadašnjem celom svetu nepovratno i zauvek izmenile, Demosten se upleo u poznatu Harpalovu aferu. U vreme kad je Aleksandar već osvojio Vavilon, Demosten se izgleda lakoverno ponadao da je neki otpor još uvek moguć, i to ovog puta pomoću blaga Aleksandrova rizničara i starog prijatelja Harpala, koji je, posle pronevere, pobegao u Atinu. Sve je, naravno, otkriveno, i Demosten je optužen i osuđen zbog primanja mita, 324. godine. On je ranije češće primao persijski novac, koji je, prema opštem uverenju, u celosti koristio na pripremanje otpora Makedoncima. Da bi u svojoj šezdesetoj godini stavio na kocku pred istorijom, do koje mu je bilo veoma stalo, sve što je dotle postigao javnom delatnošću primajući mito samo radi bogaćenja, teško je poverovati. Ipak, političke prilike su bile takve da je osuđen. Pobegao je iz zatvora, ali se uskoro vratio, na poziv Atinjana, jer je već u leto 323. godine, sa tridesettri godine i posle trinaestogodišnje vladavine, iznenada umro Aleksandar, prirodnom smrću ili otrovan, do danas nije razjašnjeno.

Heleni se dignu na ustanak, a još aktivnije nego ranije tome je pomagao Demosten. Sve uzalud. „Helenske prilike uskoro se sasvim slomiše" beleži Plutarh.

Makedonci su već ulazili u Atinu kad su Demosten i njegove pristalice krišom napustile Atinu, ovoga puta za uvek. Ko je osudio Demostena na smrt? Ne treba mnogo tražiti, iako se navodi da je to bio isti onaj narod, koji ga je šest godina ranije oslobodio. Nikad nećemo znati kako je ovo doživeo Demosten, šta je osećao dok se skrivao i bežao. A vrlo brzo je pronađen, na ostrvcetu Kalauriji, u Posejdonovom hramu. Da ga ne bi odvukli Makedoncima, izvršio je samoubistvo ispivši otrov. Kako su razne civilizacije imale drukčiji stav prema samoubistvu, Demostenu je to bilo dopušteno, i od strane njegove savesti i javnosti. U antici samoubistvo nije bilo nečasno, ni ozloglašeno kao kasnije u hrišćanstvu. Tako je Demosten imao jednu slobodu više nego Jovanka Orleanka, na primer, ili Žan Kalas, koji su umrli na groznim mukama.

To je bilo 322. godine. Demostenu je bilo šezdesetdve godine. Iste godine je i Aristotel, optužen zbog bezbožništva, ἀσεβεία, kao nekad Sokrat, pobegao iz Atine i umro na obližnjem ostrvu Eubeji.

Četrdeset godina kasnije Atinjani su Demostenu podigli spomenik od bronze „odajući mu, po Plutarhovim rečima, zasluženu poštu". Na podnožju spomenika je pisalo:

„Da ti je snaga tolika, Demostene, bila k'o pamet,
ne bi makedonska vlast helenski pritisla rod."

Demostenova govornička veština je u antici bila različito ocenjivana, ne uvek be veze s njegovom političkom pripadnošću. Kikeron je preveo na latinski i njegov i Ajshinov govor o Ktesifontovom predlogu. Kasnije je kardinal Besarion na latinskom izdao njegov *Prvi olintski govor* da podjari na borbu protiv Turaka 1470. godine, u vreme Napoleona prevodio ga je Fridrih Jakob, a iz „žara njegovog oduševljenja izvlačeći varnice novog plamena". Žorž Klemanso je, posle Prvog svetskog rata (1926), objavio svoje poznato delo „Demosten" u ediciji „Plemeniti životi – velika dela".

U 19. veku Drojzen je formulisao „helenizam" kao novu epohu koja je, Aleksandrovim osvajanjima, spojila tri dotle nepomirljive posebnosti: istok, helensku i makedonsku komponentu, u novu celinu od svetsko-istorijskog značaja. Slika o Demostenovoj ulozi iz tog aspekta dosta se izmenila, postala je, tako reći „beznačajna epizoda". Dugo zanemaren, i u nauci, danas ceo ovaj problem stoji pred preispitivanjem, koje po rečima jednog stručnjaka, klatno, koje se kretalo između ekstrema, treba da dovede u pravi položaj.

Ovo nije prilika za izlaganje o umetničkoj strani Demostenove retorike. To bi zahtevalo posebno izlaganje. U tom pogledu nije tačno ni kako na početku ovog rada piše grčki tekst. Jer Demosten je svoje govore držao naglašavajući u prvom redu ne akcente reči, već u skladu s određenem pravilima ritma i ritmičke proze, pravilima koja nije danas lako ni reprodukovati ni pokazati. Strasni, patriotski zanos koji je nama poznat samo iz njegovih napisanih govora, njegovim savremenicima slušaocima morao je zvučati još plastičnije i temperamentnije:

„Najpre se, o Atinjani,
ja bogovima molim
svima i boginjama..."

Πρῶτον μὲν, ὦ ἄνδρες Ἀθηναῖοι,
τοῖς θεοῖς εὔχομαι
πᾶσι καὶ πάσαις...[6]

* * *

Iako se sve ovo, o čemu smo ovde govorili, stvarno dogodilo, mi ova zbivanja danas možemo videti i drukčije, na primer, kao jednu veliku metaforu o istoriji i njenim poražavajućim posledicama. Istorija na Balkanu, da ne ide-

---

6 - ˘ ˘ - - -
    - ˘ - - ˘ -
    - ˘ - - -

mo dalje, pružala je u više navrata slične situacije, s istim ishodom. Često je ponavljana drevna maksima da je *Historia magistra vitae*, ali ljudi se u mnogim vremenima pokazuju kao loši učenici ove učiteljice. Možda iz svega ostaje pouka o ljudskoj pravičnosti, koja je, eto, u parnici o vencu tako blistavo još jednom potvrđena. Aristotel je nekad pisao da je pravičnost urođena težnja u čoveku, što je u naše vreme potvrdio i istaknuti prirodnjak Bronovski.

Treba se nadati da su oni, uza sve suprotne primere iz istorije, ipak u pravu.

1998.

ARISTOTEL – NAJZNAČAJNIJI MISLILAC ANTIKE

Aristotel je živeo šezdeset dve godine, samo godinu dana duže nego Hegel, a tri godine kraće nego Marks, dva milenijuma posle njega. Sva trojica su, tokom svoga relativno kratkog života, uspela da napišu „cele biblioteke", zapravo više nego što većina ljudi stigne i da pročita. A svako od dela koja su napisali (sami, ili su po njihovim predavanjima zabeležili drugi, najčešće njihovi učenici) odredilo je razvojne linije u filosofiji i nauci mnogim budućim generacijama i civilizacijama, do dana današnjeg.

Aristotelov život ne samo što nije bio naročito dug, nego nije bio ni lak, i protekao je u vreme veoma burnih sukoba kako između grčkih polisa međusobno tako i sa Makedoncima. Aristotel je poticao iz lekarske porodice, veoma ugledne – otac mu je bio lekar i prijatelj makedonskog kralja Aminte II, te se verovatno toj okolnosti duguje, nedovoljno potvrđen, podatak da je deo svog detinjstva Aristotel proveo na kraljevskom dvoru u Peli. Rođen 384. godine u gradiću Stagiri, na severozapadnoj obali Halkidičkog poluostrva, Aristotel je rano ostao bez roditelja. Dotle je očigledno već u njega bio razvijen interes za biologiju i fizičke nauke, koje su tradicionalno negovane u helenskim porodicama lekara.

Nije još imao osamnaest godina kada je 306. godine došao u Atinu da nastavi svoje školovanje u Platonovoj filosofskoj školi, poznatoj pod imenom Akademije. Devetnaest godina kasnije umro je Platon, i sve to vreme Aristotel je ostao u njegovoj Akademiji, najpre kao učenik, zatim izgleda i kao „samostalni istraživač" (pretežno u prirodnim naukama) i kao predavač retorike, po svoj prilici.

Jedan od glavnih modernih autoriteta za Aristotela, engleski profesor Ros, smatra da se Aristotel nije priključio Platonovoj Akademiji privučen željom da posveti život filosofiji, već verovatno stoga što se tu moglo steći najbolje obrazovanje u celoj Heladi tog vremena.

Nisu sasvim jasni svi razlozi zašto je Aristotel posle Platonove smrti napustio ne samo Akademiju, već i Atinu i preselio se najpre u grad As u Maloj Aziji, zatim u grad Mitilenu na Lezbu, gde se bavio botanikom i zoologijom. Nekoliko godina kasnije (342. g.), makedonski kralj Filip II pozvao ga je da bude učitelj trinaestogodišnjem princu Aleksandru. Verovatno imajući na umu Platonov ideal da upravljači države budu i filosofi, Aristotel je prihvatio poziv da obrazuje jednog budućeg vladara. Nije poznato čemu ga je sve učio, ali se pretpostavlja (npr. Ros) da su osnovni predmeti bili Homer i dramski pisci, zatim i neke političke teme. Nije isključeno da ovim svojim trogodišnjim razmišljanjima – koliko je trajalo školovanje mladog princa kod Aristotela – Aristotel duguje neke svoje kasnije projekte i obrade, na primer, zamašnu zbirku od 168 ustava helenskih polisa (svi sem jednog – atinskog – nama danas nepoznati) kao i detaljno poznavanje istorije helenske drame i književnosti, posebno ispoljeno u *Poetici*.

Kad mu je bilo blizu pedeset godina Aristotel je, sada već posle Filipove smrti, ponovo došao u Atinu, ali ne u Akademiju, već da bi osnovao sopstvenu filosofsku školu. Smestio se u iznajmljenim zgradama van grada u gaju posvećenom Apolonu Likeju i Muzama. Tu se bavio ne samo filosofijom, već, zahvaljujući darežljivom mladom kralju, svom nekadašnjem đaku, i organizovanjem svojevrsne biblioteke i biološke kolekcije i muzeja za očiglednu nastavu. Iako se ne zna detaljno, izgleda da je upravo za vreme ovih trinaest godina rukovođenja i rada u Likeju, Aristotel uradio najviše kako u filosofiji, tako i u području brojnih posebnih nauka čiju je klasifikaciju upravo tada koncipirao.

Iznenadna smrt Aleksandrova, 323. godine, posle munjevitog osvajanja Azije na čelu Makedonaca i Helena, izazvala je u Atini, još jedanput, snažan otpor makedonskoj prevlasti nad Heladom, otpor čiji je glavni zagovornik već dugo bio ljuti Filipov neprijatelj besednik Demosten, inače Aristotelov vršnjak, koji je, začudo, i umro iste, sledeće godine. Već sto godina važeći zakon protiv bezbožništva, po kome su bili osuđivani Anaksagora, Protagora, Aspasija (ona je bila oslobođena) i Sokrat, potegnut je i protiv Aristotela. Optužen za asebiju – očigledno kao prijatelj makedonskog dvora – a na osnovu nekih svojih stihova. Aristotel je otišao iz Atine da ne bi dozvolio Atinjanima da se „dvaput ogreše o filosofiju", kako beleži antička tradicija, u čemu je više nego jasna aluzija na Sokrata. Nastanio se u Halkidi, na ostrvu Eubeji, odakle mu je rodom bila majka, gde je umro samo godinu dana kasnije, od hronične bolesti, iako je kod Diogena Laerćanina, više od pola milenija posle Aristotela, zabeležena i druga varijanta o njegovoj smrti – da je navodno u Halkidi ispio otrov od kukute.

Aristotelovo delo i učenje

„Ukupno, njegovi spisi obuhvataju 445.270 redova", u svom kratkom izveštaju o Aristotelu zabeležio je u trećem veku nove ere, već pominjani biograf Diogen Laerćanin, kome mi danas dugujemo mnoga dragocena obaveštenja o celom nizu značajnih mislilaca antike. Njihova su mnoga originalna dela tokom milenija izgubljena, a podaci o životu sačuvani sasvim nepotpuno i često netačno.

Međutim, već i u doba Diogena Laerćanina nisu sva Aristotelova dela bila sačuvana i autentična. Spisak naslova Aristotelovih spisa, koje nam Diogen daje, najstariji je koji mi danas imamo, a i on je nastao toliko vekova posle Aristotela. Druga dva popisa Aristotelovih dela, vremenski još bliža nama, zajedno sa fragmentima inače izgubljenih Aristotelovih dela, omogućuju da se upotpuni naše znanje o raznim vidovima naučnog rada i istraživanja ovog univerzalnog uma drevnih Helena.

Deo njegovih spisa pisan je u obliku dijaloga – nesumnjivo po ugledu na Platona, kome je to bio prevashodni način pismenog izražavanja filosofije. Stoga se pretpostavlja da je ove knjige Aristotel pisao dok je još bio u Akademiji, da su to bila dela više popularna, a manje istraživačka i da je u njima Aristotel više vodio računa o lepoti književnog izražavanja nego što je to činio kasnije – ako je suditi po drugim nama poznatim delima.

I antički i moderni autori dosta se bave uticajem Platona na Aristotela, kako u pogledu sadržaja filosofiranja, tako i u pogledu načina pisanja. Uticaj najimpozantnije figure atinske misli i kulture četvrtog veka pre nove ere na mladog došljaka sa tadašnjeg zaostalijeg, helenskog severa, nesumnjivo je morao biti ogroman. Međutim, za dvadeset godina zajedničkog boravka i čestih kontakata, čak i uz Platonova odsustvovanja iz Atine, nikako nije isključen i obrnuti uticaj, kao što je vidljiv kasnije i kod Aristotela uticaj njegovog učenika i prijatelja Teofrasta. Aristotel se zanimao za ceo niz duhovnih disciplina kojima Platon nije posvećivao pažnju. Ali jeste jedan drugi značajni mislilac, zavičajem i svestranošću bliži Aristotelu nego Platonu. To je bio Demokrit iz grada Abdere u Trakiji, po kome je Lenjin nazvao celu materijalističku liniju u filosofiji, za razliku od idealističke – Platonove. Po svojoj univerzalnosti, samo su Demokrit i filozof i astronom Eudoks bili preteče Aristotela. U tom svetlu se zaboravlja da se posmatra jedno pozno Platonovo delo, pod naslovom *Timaj*, u kome ostareli aristokrata razmatra ceo niz tema dotle uglavnom nepoznatih njegovoj filosofiji, tako da neki ispitivači danas ovu obimnu knjigu nazivaju enciklopedijom svih znanja toga vremena. Sasvim je moguće da u ovakvom preokretu u Platonovim interesovanjima važnu ulogu ima i Aristotel sa svojim svestranim istraživanjima, upravo u vreme svog boravka kod Platona. Aristotel je tek kasnije, za vreme rukovođenja Likejom, razradio sistem klasifikacije nauka, i danas važeći. U glavnim linijama, nastojeći da unapredi pojedinačno gotovo svaku od njih, naravno, s nejednakim uspehom. Kod Aristotela tako ima i „kolebanja i protivrečnosti, pa i vraćanja na staro i pređeno" (M. Budimir).

Pored ovih najranijih tekstova, koje je sam objavio, Aristotelovo književno delo sastojalo se, po jednoj klasifikaciji, od još dve grupe spisa.[1] Prvu su činile beleške i zbirke građe za naučne rasprave, a drugu – same te naučne rasprave.

Stari spiskovi pripisuju Aristotelu preko dvesta naslova, ali nama je sačuvano uglavnom ono što spada u ovu poslednju grupu. A i to je, kako je već rečeno, cela biblioteka. Obično se naučne oblasti i naslovi u tom tzv. *Corpus Aristotelicum* navode ne hronološkim redosledom njihovog nastanka (koji je, uostalom, krajnje teško utvrditi), već po tematskim celinama i strukama. Tako se izdvajaju knjige posvećene logici, fizici, psihologiji, prirodnim naukama, biologiji, metafizici, etici, politici, ekonomiji i, na kraju, retorici i poetici. Već iz samog navođenja tih oblasti vidi se koliko je bio ogroman raspon Aristotelovog interesovanja i naučnog istraživanja, za šta je, po mišljenju nekih ispitivača danas, delimično organizovao i timski rad u svom Likeju. Primećuje se, takođe, da nisu znatnije zastupljene one naučne discipline, bez kojih se nije moglo u

---

[1] Neki ispitivači dele Aristotelove spise na eksoteričke – namenjene širem krugu čitalaca, esoteričke – namenjene užem krugu i hipomnematičke i sinagogičke – beleške, izvode i raznu građu. Ta podela počiva i na organizaciji Peripatetičke škole i dnevnom rasporedu izlaganja u njoj, verovatno za vreme jutarnjih ili večernjih šetnji pokrivenim šetalištem, po čemu je škola i dobila svoj naziv.

Akademiji, a to su aritmetika, geometrija i astronomija. Aristotel, uopšte, nije pokazovao veće interesovanje, ni talenat, za matematiku.

Za njega je kao naučnika i filosofa prevashodno karakteristično nekoliko momenata. Najpre se obično ističe da je tek on „bio prvi mislilac u istoriji filosofije, koji je samoga sebe shvatio kao beočug u istorijskom razvoju nauke" (Asmus, Žigon), te se otuda može smatrati tvorcem ideje o istorijskom razvoju nauke. Zatim, pre Aristotela je sva filosofija bila „filosofija običnog govora", da upotrebimo moderni termin. To znači da nije bilo pravih filosofskih termina – stručnih izraza kojima bi se, jednoznačno, obeležavali i izražavali filosofski pojmovi i problemi. Pored drugih filosofskih razmatranja (o biću, kretanju, saznanju i tako dalje), grčka filosofija je od kraja šestog veka pre nove ere dosta pažnje posvećivala i jeziku i to je, kao kod Demokrita, na primer, bilo motivisano kako teorijskim, tako i praktičnim – terminološkim potrebama njegovog bavljenja filosofijom. Nije mali prilog ni sofista i Platona u tom pogledu, ali je ipak Aristotel bio prvi helenski filosof koji je filosofske izraze uzimao kao termini technici (Kurt fon Fric).

Za razliku od njegovih prethodnika u filosofiji, on ne posmatra materiju odvojeno od oblika, tako da je za njega biće njihovo dijalektičko jedinstvo. Materija – hyle – je primarno neodređena, a imanentna je mogućnost (dynamis) svakog razvoja. Kvalitativno određena forma potrebna je za razvoj. Taj oblik Aristotel posmatra kao entelehiju (entelecheim) termin, koji je skovao sam Aristotel, tj. kao energiju koja je sadržana u svakoj stvari i čiji je ujedno i krajnji cilj (telos). Dynamis je, dakle, ono što je potencijalno, energeia ono što je aktualizovano, a entelehija je rezultat tog aktualizovanja. Ovom složenom problemu posvećena je knjiga poznata pod kasnijim nazivom „Metafizika", čije ime označava da dolazi *posle* fizike odnosno, posle dela o prirodi. U njoj on iznosi svoju kritiku drugih filosofskih mišljenja – pišući tako prvu istoriju helenske filosofije – zatim i sopstvena stanovišta o mnogim problemima, o uzroku, stvarnosti, nužnosti, materiji, o odnosu pojedinačnog i opšteg, o značenju velikog broja naučnih pojmova i termina i tako dalje. I u svojim logičkim,[2] i drugim spisima, Aristotel je, baš kao i današnji stručnjaci veliku pažnju poklanjao terminologiji i definiciji.

O Aristotelovoj *Poetici*

Upravo su ove poslednje osobine, uz već pomenuto veliko poznavanje književne produkcije kod Grka, neobično važne za interpretaciju i razumevanje Aristotelovog spisa o poetici. Valjda od samog njenog postanka u drugoj polovini četvrtog veka pre nove ere, pa do danas, a pogotovo danas, razumevanje i interpretacija *Poetike* zavise od načina na koji shvatimo grčke izraze i od savremenih termina kojima ih prevedemo. Stoga nije čudnovato što neki savremeni stručnjaci prevodeći *Poetiku* na moderne jezike ostavljaju naučne pojmove neprevedenim, te tako zadržavaju grčke termine *poetika, mimeza, katarza* i dr. Tu terminološko-jezičku teškoću još pre pola veka lepo je opisao G. Marej podvlačeći da se kod prevođenja bilo koje stranice nemačkog ili francuskog filosofskog štiva na engleski sve imenice mogu prevesti odgovarajućim engleskim imenicama, nasuprot prevođenju sa grčkog, jer jedva da jedna od deset imenica sa prve stranice *Poetike* ima pravi engleski ekvivalent.

Stoga nije ni čudno što neki ispitivači smatraju da *Poetiká* u stvari, ima onoliko koliko ima njenih prevoda i ko-

---

[2] Aristotel se obično pominje kao „osnivač nauke o logici". Međutim, u starini su ga smatrali „najmnogostranijim" filosofom zbog njegovih prirodnjačkih dela. „Tek u doba rimskog carstva, posebno u trećem veku nove ere, postao je on klasični logičar" (O. Žigon).

mentara. Takođe, ljudi su pripisivali Aristotelovom tekstu ideje kojih tu zapravo nema i takve su ideje tokom vekova više uticale na književnu teoriju i praksu nego one koje se u Aristotela stvarno nalaze. „Skoro je potpuno prekinut kontakt između Aristotelovog argumenta i tradicionalnih eksegeza *Poetike*", smatra Dž. Džons.

Složenosti cele te situacije oko jednog od najuticajnijih, a najtežih dela u svetskoj književnosti,[3] dosta je doprinela i njena nepotpuna očuvanost. Biograf Diogen Laerćanin beleži u svom spisku da *Poetika* ima dve knjige; nama je poznata samo jedna, čiju kritičku verziju originala na osnovu kolacioniranja postojećih rukopisa nimalo nije lako ustanoviti.

Iako najstariji grčki rukopis, uopšte sačuvan na papirusu u Egiptu, potiče upravo iz Aristotelove epohe, nama danas nije poznat neki rukopis *Poetike* iz antike, već samo različiti, mnogo kasniji prepisi. Pri tom je izgleda izgubljen i veliki deo teksta, posebno onaj koji se po svojprilici odnosio na komediju i jambografiju. Najpotpuniji grčki rukopis (Parisinus), verovatno rukotvorina nekog vizantijskog pisara, potiče iz desetog ili jedanaestog veka nove ere; drugi, mlađi (Riccardianus), iz četrnaestog veka, ima izvesnih praznina, kao i tzv. arapska verzija, koja je zapravo najstariji zabeležen tekst Aristotelove poetike. Taj tekst je u novije vreme, ceo milenijum posle njegovog nastanka, s arapskog preveden na latinski jezik. Arapski tekst, međutim, nije prevođen sa grčkog originala, već sa sirijskog prevoda koji je načinjen otprilike u šestom veku nove ere. I taj pretpostavljeni grčki tekst i sirijski prevod za nas su izgubljeni.

O čemu je, dakle, reč u tekstu čija je milenijumska transmisija bila tako mukotrpna i pitoreskna? Reč je, ka-

---

[3] „Samo je manje teško napisati popularnu knjigu o Aristotelovoj *Poetici* nego o Euklidovim *Elementima*" tvrdio je svojevremeno veoma obavešteni L. Kuper.

ko glasi grčki naslov,[4] o poetici. A 'poetika' je upravo jedna od onih, po Mareju, neprevodivih reči. *Peri poietikes* je stilizacija u grčkom jeziku u kojoj se podrazumeva reč *techne* – veština, zanat; umetnost. Sama ta reč je veoma stara i po njenim vezama u grčkom i u drugim indoevropskim jezicima, na primer u srpskom, može se otprilike zaključiti na kakvu se vrstu delatnosti prvobitno mislilo: grčko *tekton* znači „zidar", a s tim i fonetski i semantički idu naši izrazi „tesati" i „tesla". Čak ni u Aristotelovo vreme nije još bila izgubljena semantička motivisanost navedenih grčkih izraza. Slično je i sa reči *poietike,* koja je izvedena od glagola *poieo,* inače dosta usamljenog među indoevropskim paralelama. Od istog glagola potiče i reč kojom su Grci kasnije obeležavali ono što mi danas kažemo 'pesnik' i 'pesništvo': poietes, poiesis. Koje je osnovno značenjsko polje navedene grupe reči lepo se i lako vidi iz nekoliko primera kod Homera. U *Ilijadi* on peva o bogovima kojima je dvorove slavni Hefest svojom veštinom i umom „sagradio bio".[5] Slično se kaže i za bedem „s obadve nasut strane" koji nekad „digoše" boginja Atina i Trojanci. *Poietes* je stvaralac u raznim manualnim i duhovnim poslovima, te, je tako ne samo zakonodavac, već i prozni pisac (kod Platona). U ta značenja je uključeno i ono koje je za nas danas primarno, iako se u ranijim fazama grčke kulture ideja pesnika poklapala pre sa pevačem (*aoidos*) nego sa stvaraocem (*poietes*). Slično je i sa rečima *poiesis* i *poiema* (odakle naša današnja poema), koje su se sve odnosile na proces i ručne izrade nameštaja, na primer, ili

---

[4] Knjige u antici sve do helenističkog vremena, znači do epohe nastale s Aleksandrom Velikim i njegovom svetskom imperijom, nisu imale naslova. Tek su helenistički filolozi i bibliotekari, vršeći sistematsku obradu knjiga i bibliotečku organizaciju, knjigama davali naslove. Oslanjali su se pri tom, kao u slučaju *Poetike*, uglavnom na neki ključni izraz ili pojam u delu.

[5] Na grčkom su ovi izrazi oblici glagola *poieo*; stihovi iz *Ilijade* (1, 608; 20, 147) u prevodu M. N. Đurića.

statue, građenje lađa itd., naravno i – na stvaranje sveta! S obzirom da postoje i kreacije duha, a pesma je jedna od njih, ili muzika, ili beseda, to je sve podvođeno pod isti izraz. Ni Aristotelova upotreba ovog izraza nije bez primesa većine ovih značenja, jer govoreći o poeziji, on pod tim uopšte ne podrazumeva ono što mi danas tako zovemo. Najpre, poeziju par exellence – a to je lirska poezija – on i ne obrađuje.[6] On ne ispituje ni književno stvaralaštvo uopšte, Aristotel je čak svestan da u grčkom jeziku njegovog vremena nema ni pojma ni izraza za tako nešto, čak ni za ono što mi danas zovemo *književnost*[7] (cf. 1447b). Međutim, iako izgleda da hoće da govori o književnom stvaralaštvu, i to o onom njegovom delu koje je *mimetičko*, Aristotel zapravo govori o umetničkom stvaralaštvu uopšte, jer primeri koje navodi potiču iz raznih umetnosti, u našem današnjem smislu reči. S obzirom na već opisano značenje poetike, koje uključuje i manualnu i duhovnu sferu delatnosti, to je sasvim logičan postupak.

Problem postaje još složeniji zbog uvođenja pojma *mimeze*, još jedne od teško prevodivih reči, čije kompleksno značenje veoma utiče na interpretaciju i razumevanje Aristotelovih poetskih definicija. Nema dvoumljenja u pogledu osnovnog značenja ovog izraza; to je: podražavanje, oponašanje, imitiranje. Međutim, vrlo rano se njegova upotreba prenosi i u nešto drukčije kontekste, tako da je očigledno značenje: prikazivanje, izražavanje, predstavljanje, čak i: slika. Interpretatori Aristotelove *Poetike* su predugo insistirali pretežno na prvom značenju, imitiranju, tako da je to praktični uticaj Aristotelovih koncepcija

---

[6] Jambografiju pominje na kraju; međutim, i to je samo deo antičke lirske poezije.

[7] U savremenom grčkom jeziku postoji izraz *logotechnia*, nastao iz srednjovekovnog greciteta, možda u drugoj polovini prvog milenija nove ere, ili nešto ranije. Antički grčki jezik nije poznavao ovu kovanicu, iako je kod retora, dosta pozno, zabeležena imenica *logotechnes* u značenju „umetnik vešt rečima".

češće odvelo u ćorsokak. Na jednom mestu Aristotel kaže: „Kako je pesnik podražavalac" *(mimetes)* baš kao i slikar *(zographos)* ili koji drugi likovni umetnik *(eikonopoios)*, nužno je da on svagda podražava *(mimeisthai)* jedno od ovoga troga: ili stvari kakve su bile ili kakve jesu; ili kakve su prema kazivanju i verovanju ljudi; ili, najzad, kakve treba da budu". Da li se može *podražavati*, u formulaciji na srpskom jeziku, kakvo *nešto treba da bude*? Jasno je da ne može, i da se samo uz ogromno poštovanje prema Aristotelu može ostati pri ovakvoj formulaciji. Sve što je u navedenom odeljku spomenuto kao predmet mimeze može se veoma lepo *predstaviti, prikazati* ili *izraziti*. Naravno, to treba učiniti tako da umetnička predstava ne bude što *sličnija* (tome predmetu) već da bude što *verovatnija*.

Tako dolazimo do filosofskog aspekta tumačenja umetničkog dela i do shvatanja njegove uloge u saznavanju istine ili, kako su grčki filosofi najradije govorili, onoga što jeste – bića. Umetnost ne *odslikava* stvarnost, ne *udvostručava* je, te i nije značajno kognitivno sredstvo. Ali *izražava* ono što je verovatno, a s obzirom da je njen predmet nešto opšte, a ne pojedinačno i vezano samo za određeno vreme (kao što je, na primer, kod istorije), ona ipak pruža određena saznanja. Pri tom je umetničko delo shvaćeno kao živo biće, jedno i potpuno, koje ima početak, sredinu i kraj.

Bez obzira na Platonovu argumentaciju (da je poezija imitacija kopije bića), jasno je i danas da je, sa njegovog gledišta, njegov zaključak o umetnosti ispravan: u saznavanju istine, tačnije onoga što jeste, nije najuputnije osloniti se na umetnost, kojoj to nije ni cilj ni rezultat. Taj Platonov stav, tradicionalno poznat kao 'osuda umetnosti', zapravo je samo mogao pomoći Aristotelu da koncipira umetničko delo kao nešto autonomno, što je osnovni postulat moderne nauke o književnosti. Platon je tako sprečio Aristotela da „luta" kroz umetnost tražeći u njoj kognitivne mogućnosti, jer je već sam pokazao da to ne vredi. Čak ni najangažovanija umetnost, koja je najtešnje vezana sa prilikama iz kojih je ponikla, ne pruža ključ za saznavanje objektivne stvarnosti. Pored svih mogućih veza, današnja atomska fizika, na primer, zaista ne može kroz poeziju i na osnovu nje dolaziti do teorijskih zaključaka o svome predmetu.

Umetničko delo, međutim, može imati druge namene i svrhe. Mi u njemu uživamo, radujemo se i sudelujemo saosećajući. To Aristotel izričito kaže, i to objašnjava prirodnim predispozicijama čoveka, dakle, opet kao biolog. Umetničko uživanje u savršenstvu rezultata tako je veliko da nam ne smeta ni kada je prikazani predmet ružan. To su shvatanje kasnije iskoristili zagovornici teorije po kojoj ne mora samo *lepo* biti predmet umetnosti, Šarl Bodler, na primer.

O tragediji

U ovoj knjizi *Poetike* koja je nama sačuvana najviše se govori o tragediji, manje o epskom pesništvu, a samo usput o komediji, o kojoj je, kao i o jambografiji, po svoj prilici, bilo reči u drugoj knjizi *Poetike*, za nas izgubljenoj.

O helenskoj tragediji uopšte do danas je stručna literatura nepregledna. Helenista A. Leski napisao je u svojoj *Istoriji grčke književnsoti* da su, s izuzetkom samog Platona i Aristotela, novi stručni prikazi najbrojniji upravo u oblasti tragedije. To samo potvrđuje značaj antičke tragedije koji je uočio već Aristotel. „Tragedija zaslužuje prvenstvo" zaključio je on, navodeći ceo niz argumenata u prilog svome tvrđenju da tragedija nadmaša epsko pesništvo.

O poreklu tragedije mnogo je pisano i dosta je poznato. Mislilo se da je ona deo Dionisovog kulta[8] i da se razvila iz ditirampskog pesništva koje je obrađivalo građu iz

---
[8] Ovo se danas osporava.

mitova o herojima. To navodi i Aristotel. On, međutim, objašnjavajući tačno naziv i poreklo *drame* od grčke reči za radnju *(dran)* i, delimično tačno, *komedije*, daje i tumačenje reči *tragedija*. Ovaj termin na grčkom glasi *tragodia* i već od davnine shvatan je kao pesma jaraca *(tragoi)* na koje su, navodno, ličili u satire preobučeni glumci u kultskoj povorci. Teškoća je s ovom interpretacijom, i danas najčešće prihvatanom, što se likovne predstave satira kao jaraca pojavljuju veoma pozno, tek u helenističko i rimsko doba, znači znatno posle najvećih tragičnih pisaca i Aristotela. To podlvači i Leski. Satiri i sileni su ranije bili predstavljani sa spoljnim atributima konja (uši, repovi, kopita i drugo). Prosto se samo od sebe nameće shvatanje da je u pitanju tzv. paretimološka adaptacija ranijeg, negrčkog termina, shvatanje koje je ubedljivo i produbljeno obrazložio naš najveći stručnjak za antički Balkan, profesor Milan Budimir. Rezultate svojih naučnih istraživanja iz brojnih radova on je sažeto izložio u pristupačnom eseju „Poreklo evropske scene".

Polazeći od naziva trugodia kojim najveći komediograf antike Aristofan naziva komediju, M. Budimir uspostavlja ekvaciju *tragodos – trugodos,* koja po zakonima istorijske lingvistike upućuje na negrčku fonetiku. S obzirom da je najstariji grčki glumac igrao i komične i tragične uloge,[9] a zvao se *drakis* (lakrdijaš, atleta, komedijaš), upoređenjem sa latinskim tuđicama ilirskog[10] porekla, a istog značenja, *draucus,* može se pretpostaviti da je to osnovno polazište za povezivanje manje poznate negrčke reči za

---

[9] Aristotel, čak, govori o ozbiljnoj i neozbiljnoj tragediji, koja je zapravo komedija.

[10] M. Budimir podseća na izveštaje kod rimskih autora Horatija i Takita o razvijenim oblicima scenske umetnosti kod ilirskih plemena na jugu i na severu Italije. Takvi ilirski elementi spadaju u ono što M. Budimir zove starobalkanskim predgrčkim pojavama koje se ne smeju zanemariti, jer su sa tim narodima Grci po svome doseljavanju na Balkan stupili u vrlo tesnu društveno-kulturnu simbiozu.

glumljenje i prikazivanje sa poznatijim grčkim izrazom *tragos* „jarac". „...Varijante *draukos, drakis* u grčkom rečniku pretrpele su paretimološku adaptaciju i samo se tim putem moglo doći do imenice *tragos* – jarac, koji je inače potpuno nepoznat na klasičnim vazama... Oba Dionisova praznika, jesenji i prolećni, posvećena su kultu predaka i heroja, čije duše u vreme prolećnog i jesenjeg ekvinocija jure na besnim konjima. Odatle su Dionisovi satiri i sileni bilo „konji" bilo „konjanici", a ne „jarci". Tragedija nije „jarčeva pesma", nego igra i pesma satira".

Ako je u ovom detalju objašnjenje o poreklu tragedije postalo uverljivije, još je ceo niz manje jasnih ključnih pitanja u vezi sa tragedijom. Takvi su *mimesa, katarsa*, grčko *eleos* i *phobos* i drugi. Iako je ubedljivo pokazano u stručnoj literaturi da *mimesis* znači i „prikazivanje, predstavljanje", većina prevodilaca u svetu još uvek zadržava „podražavanje".[11] U krajnjoj liniji to jeste tačno, jer, podražavajući jednu radnju ili ličnost, vi isključujete neku drugu radnju ili ličnost. Znači, ona se mora predstaviti u svemu onome što je za nju karakteristično da bi se dobila prava slika o njoj. To se, naravno, može zvati i podražavanjem.

Aristotel postavlja pitanje: Šta je svrha pomenutog prikazivanja. Najčešće se tumačilo da je to katarza, pročišćenje, ali se teško moglo saglasiti da li pročišćenje afekata, *(eleos, phobos)* koje u tom kontekstu pominje Aristotel ili pročišćenje od njih. Niti je u pitanju, kaže Leski, njihovo oplemenjivanje kako hoće mnogi, a najpre Lesing u *Hamburškoj dramaturgiji*, niti je poboljšanje čoveka koji se oslobađa prekomernih emocija. Katartično dejstvo, dakle,

---

[11] Ili, bar, *„nachahmende Darstellung"* (V. Šenher, 1979). Z. Dukat (1978) kao i M. Kuzmić pre njega (1912) koriste termin „oponašanje". I prevod profesora M. Petruševskog na makedonski jezik (1979), ima „podražavanje". Kod nas izdanja zadržavaju termine profesora Đurića, dok autor ovog teksta u novi prevod koji priprema uključuje predloge drukčijih rešenja u skladu s novijim naučnim obradama.

nije etičko. S obzirom da termin potiče iz medicinske sfere, došlo se do shvatanja da je Aristotel pod tim podrazumevao svojevrsno uživanje koje tragedija kod gledaoca stvara, izazivajući u njemu olakšanje. Ovo olakšanje sastoji se u izvesnim osećanjima, eleos, phobos, koji su se pretežno shvatili kao „Furcht und Mitleid" odnosno kao „strah i sažaljenje", koncepcija koja je pretrpela znatne izmene, tako da se danas radije govori o „jezi i bolu" (ili patnji, jadu, muci: „Schauder und Jammer").[12]

Složena je i interpretacija Aristotelovog pojma tragične krivice *(hamartia)* kao i njegovog shvatanja o „jedinstvu radnje" koje se najčešće pogrešno tumačilo kao Aristotelov zahtev o tri jedinstva (mesta, vremena i radnje).

Pored terminoloških, dramaturških i književnoteorijskih pitanja, ima još niz oblasti u koje ulaze Aristotelova razmatranja u *Poetici*; logika, estetika, stilistika, lingvistika, gramatika i sintaksa, metrika i versifikacija, itd. U stručnoj literaturi možda su još uvek nedovoljno komparativno proučeni Aristotelovi pogledi na jezik, rasuti po mnogim njegovim delima. Međutim, nije opravdano generalno okarakterisati većinu Aristotelovih jezičkih razmatranja u *Poetici* kao zastarele.[13] Takav komparativni pristup zasnovan na kompletnim Aristotelovim pogledima na jezik u svim delima, što je još 1876. Doring zahtevao u pogledu Aristotelove estetike, ja nazivam glotološkim[14] i bavim se

---

[12] M. Petruševski zadržava „žal i strav". Njegova interpretacija ima nešto osobeno: on katarzu potpuno izostavlja i umesto *pathematon katharsin* čita *pragmaton systasin*: „sastavom na takvi (t. e. žalni i strašni) sobitija". Kod Kuzmića i kod Dukata upotrebljava se takođe termin „sažaljenje i strah". U svom komentaru Z. Dukat ukazuje na mnoge interpretacije, ali ne navodi Šadevaltov predlog „*Schauder und Jammer*" iz 1955. godine.

[13] Kao, npr. Dukat, koji prekida svoj prevod *Poetike* sa 15. poglavljem.

[14] Termin podrobnije objašnjen u mojoj knjizi *Helenska glotologija pre Aristotela* (Matica srpska, 1975) i *Platon o jeziku i saznanju* (Rad, 1977, 1988, 1999).

tim istraživanjima. Nesumnjivo je to jedna od krupnih zasluga Aristotelovih, koji je shvatio koliko je jezik značajan elemenat književnog dela, postavka od kojih moderna nauka o književnosti zapravo polazi.

Priređivač kritičkog izdanja Aristotelove *Poetike* Ž. Ardi smatra da do svoje književne doktrine Aristotel nije došao na osnovu proučavanja Homera i tragičara, već pre polazeći od svoje filosofije i svoje opšte koncepcije umetnosti. Ali, i u domenu književnosti, kao i u politici i u filosofiji, Aristotel se ponašao „dvostruko: i kao teoretičar i kao erudita".

Iako se ne može odrediti vreme nastanka *Poetike* i njeno mesto u redosledu Aristotelovih dela, ipak je verovatno nastala za vreme drugog boravka Aristotelovog u Atini. Savremeni grčki filolog I. Sikutri smatra da smemo zaključiti da je *Poetika* nastala u vreme između 334. i 330. godine. „Zainteresovani za ovu temu mogli su da postoje samo u Atini" zaključuje Sikutri. Već upoznati sa jezičkim, logičkim, retorskim i stilističkim razmatranjima sofista i Platona, a verovatno i Demokrita, Atinjani su, čak i u ova nemirna vremena, po svoj prilici bili zainteresovani da čuju šta o tome ima da kaže i jedan filosof biološke orijentacije, u mnogom pogledu mislilac realista, za koga se znalo da je vrednosti grčke književnosti nekada predavao mladom makedonskom princu, sada već kralju, omiljenom ili omraženom, već prema ličnoj naklonosti i političkoj pripadnosti potencijalnih Aristotelovih slušalaca i sagovornika.

Posebno je mesto morao zauzimati Aristotelov odnos prema Platonu u pogledu vrednosti književnog dela i mesta pesnika u idealnoj državi, iz koje je, kaošto je poznato, Platon isključio pesnike, iako ja lično smatram da Platonovu negativnu osudu pesništva treba temeljno prispitati. Atinjane je morala veoma zanimati Aristotelova kritička ocena shvatanja njegovog učitelja, koga su još mnogi pamtili kao svog sugrađana. Iako naklonjen oligarhijskoj, promakedonskoj struji, Aristotel je očigledno pokušavao da bude objektivan i prema komediji, prevashodno demokratskom produktu, kako to sam kaže. Naravno, druga je stvar zašto je tragedija, uopšte govoreći, uzimala likove iz kraljevskih i drugih herojskih porodica, a komedija pretežno iz običnog naroda. Jer ako, po Aristotelu, tragedija prikazuje *radnju* koju vrše neka lica i pri tom doživljavaju uspeh ili neuspeh, to bi, naravno, mogli biti i obični ljudi iz naroda. S ozbirom da to uglavnom nije bio slučaj u književnoj produkciji Grka pre Aristotela, Aristotel je tu književnu praksu ipak uopštio i uključio u svoj filosofski sistem kad je rekao da se tragedija dosta menjala dok nije „naposletku dobila oblik koji odgovara njenoj prirodi". Znači da je takva helenska herojska drama po Aristotelovom mišljenju postigla svoj *telos,* svoj krajnji cilj, koji je izražen oblikom, kako u živom svetu inače, tako i kod književnih dela (Leski). U tome se takođe vidi da Aristotel umetničko delo posmatra kao živ organizam. I u *Poetici* Aristotel ne govori samo o književnom stvaranju, već uzima primere i iz drugih umetnosti,[15] proširujući predmet na umetničko stvaralaštvo.

1982.

---

[15] Uporedi, nasuprot, M. Simon u pogovoru izdanju *Poetike* (1979): slikarstvo i vajarstvo nisu u očima antičkog čoveka uopšte bili *umetnost, poiesis*, već *techne, veština, zanat*. – Aristotel, međutim, navodi u *Poetici* i primere iz ovih oblasti.

BELEŠKA O HELENSKOJ RETORICI I GLOTOLOGIJI

Kažu da je Demokrit sebe lišio vida ne bi li bolje sagledavao istinu. Nekima to sama sudbina donese, kao akademiku Budimiru. Sad kad ga više nema među nama, samo se možemo sećati njegove mudrosti, ljudskosti i čudesne snage, i jedinog saveta koji je više od pola veka davao tolikim generacijama svojih studenata: „Svaku misao domisliti do kraja". Sećati se, s poštovanjem, ljubavlju i zahvalnošću.

Na samom početku Aristotelovog spisa posvećenog retorici, za koji se smatra da pored njegove *Poetike* ima na evropsku misao najveći uticaj sve do današnjeg dana, čak veći i od njegove logičke teorije, daje se dosta nepovoljna ocena o svima onima koji su pre njega sastavljali pravila govorništva. Aristotel, naime, kaže da su oni tu veštinu razradili neznatno i delimično, shvatajući u „tehničkom" smislu samo dokaze, ali ne i sve ostalo. Oni su se, kaže Aristotel, bavili ispitivanjem uticaja koji na sudiju imaju elementi koji su *izvan* samog predmeta, kao što su podozrenje, i sažaljenje, i ljutnja, i slični efekti. „Jer ne valja sudiju kvariti dovodeći ga do gneva ili do straha ili do mržnje". Aristotel čak zaključuje da bi to bilo svojevrsno falsifikovanje korišćenih pravila (*Rhet.* I 1. 1354 a 11–25). Definicija retorike, prema tome, uz priznanje da je ona, kao i dijalektika, opšta i korisna, bila bi da njena funkcija (*ergon*) nije da ubedi već da sagleda i iznađe koja su sredstva ubeđivanja dostupna u svakom slučaju (1355 b 7–11).

I bez obzira na sâm termin upotrebljen u početku pasusa, a koji se može shvatiti kao da su Aristotelovi prethodnici u tom poslu bili jedino kompilatori, izgleda da Aristotel ne misli bogznakako o dostignućima helenske filosofije u domenu retorike. To je, naravno, i razumljivo, jer njegov učitelj ne samo što retoriku nije uopšte računao u filosofiju već je, sa pozicija filosofa, vodio protiv nje borbu u *Gorgiji*, a kasnije je, suptilnije, u *Fajdru*, „književno fiksirao za sva vremena", kako kaže tibingenški profesor H. Homel u jednom svom članku o antičkoj retorici. Nešto mlađi Platonov savremenik, dugoveki Gorgijin učenik Isokrat, naprotiv, retoriku je nazivao *philosophia*, „zahtevajući tako za nju isti rang kao za dijalektiku", koja je po Aristotelovoj definiciji kontrapunkt *(antistrophos)* retorici.

Jasno je da Platonovo mišljenje o retorici potiče od njegovog opšteg stava prema sofistima. Doduše, mora se unekoliko to razumeti i opravdati jer su, naročito u sudskim govorima, neki sofisti davali prednost verovatnim argumentima, a nije ih se mnogo ticala istina i njeno istraživanje. Ovde zapravo imamo mešanje raznorodnih pojava i raznih nivoa zaključivanja u jednoj nedovoljno diferenciranoj i spekulativnoj i delatnoj sferi ponašanja. To je Aristotel i pokušao da sistematiše i razgraniči u svom filosofskom kursu retorike, čije su nam beleške verovatno sačuvane u trotomnoj knjizi pod ovim imenom. Ali osnovne praktične ciljeve retorike u društveno-političkom životu svojih savremenika nije ni on isključio iz svoga razmatranja. Tu je namenu retorika u većoj meri počela da gubi tek skoro ceo vek kasnije (Aristotel je umro 322. godine pre nove ere), postajući tada, kako kaže jedan engleski stručnjak, samo sholastička disciplina.

Međutim, i bez obzira na delimičnu opravdanost Platonovog stava, Aristotel se znatno udaljio od njega i „pošao svojim putem, zasnovanim na tradiciji sofista, koji ga je uz primese sopstvenog logičkog i etičkog sistema doveo do zrele i bogate prezentacije u *Retorici*" koja je, po oceni H. Homela, najznačajniji priručnik iz te oblasti od svih koji su ikad sastavljeni i koji su do danas nezaobilazni.

Aristotelova *Retorika*, kao što je poznato, ide u red njegovih spisa koji nisu bili namenjeni široj javnosti. To su takozvani esoterički spisi koji su nam, sem nešto fragmenata onih drugih, eksoteričkih, jedino od njega i sačuvani. Neki izdavači ovog dela smatraju da završna Aristotelova redakcija *Retorike* spada u vreme između 329. i 323. godine pre nove ere, dakle u poslednje godine njegovog drugog boravka u Atini, a pred kraj života. Već sama ta dva momenta, vreme nastanka i namena dela, ukazuju na važnost predmeta u Aristotelovim očima. Iako i sâm dugogodišnji profesor, još u Platonovoj Akademiji i za njegova života, Aristotel nije zainteresovan za pojedinačno-praktičnu stranu izlaganja već za sagledavanje principa koje je moguće uopštiti u jednoj ovako šarolikoj oblasti prevashodno usmenog izražavanja. To se doslovno i kaže u prvoj knjizi – da „govor u skladu s naukom spada u nastavu" (1355 a 26), a da je njemu cilj da „pokaže dokaze i govore pomoću opštih pojmova". Aristotela ne brine suviše primedba, toliko upućivana sofistima, da se retorska veština može lako okrenuti protiv istine. On kaže da se to može desiti i sa svim drugim dobrima, čak i najkorisnijim, kojima čovek raspolaže, kao što su snaga, zdravlje, bogatstvo, vojno vođstvo itd.: sve se to koristi ako se upotrebljava pravično, a šteti ako se zloupotrebljava i nepravično primenjuje. Važno je što se kaže u tom istom odeljku da je čoveku više svojstveno da se koristi govorom nego telesnom snagom, iako se obično smatra sramotom kad neko nije kadar da samog sebe odbrani svojom fizičkom snagom (1355 b 1).

Ova ideja da je sposobnost jezičkog izražavanja naročita posebnost čovekova vrlo je stara u grčkoj filosofiji, i ne samo u grčkoj. U jednom staroegipatskom tekstu pročitano je sledeće: „Gledanje očiju, slušanje ušiju, disanje vazduha nosom, donose srcu vesti. Srce je ono koje iz toga omogućuje da proizađe svaki zaključak. A jezik je onaj koji ponavlja šta je srce smislilo. Srce i jezik imaju moć nad svim što živi, jer se sve obavlja prema zapovesti koju je srce smislilo, koja je iz jezika proizašla i koja sačinjava srž svih stvari" (prev. D. Glumac). Ovo drevno učenje o Logosu, daleki preteča Jevanđelja po Jovanu koje govori da u početku beše reč, poznato je danas kao *Spomenik memfiske teologije* i neki egiptolozi ga datuju u godinu 2780. pre nove ere. Imajući na umu ove pradavne početke jedne glotologije, svom predavanju u ciklusu *Žene-ligvisti Jugoslavije*, koji je organizovao Institut za lingvistiku u Novom Sadu, dala sam naslov *Logos makrobios* „Dugoveki jezik". To je upravo koncepcija koja se sreće i u helenskoj filosofiji i antropologiji: postojanje jezika i govora je neodvojivo od čoveka i – obrnuto. Kod drugog čoveka, kod stranca, najpre se uočava jezik kojim govori. Tako, *barbaros* znači „onaj koji govori nerazumljivim jezikom", a istom asocijativnom krugu pripada i naša reč „Nemac", kao oznaka za čoveka koji je za nas nem jer mu mi ne razumemo govora.[1]

Ali da se vratimo Aristotelu. Ne smatrajući potrebnim da obrazlaže u čemu se sastoji ta ljudska specifičnost u pogledu služenja govorom, on ukratko objašnjava na čemu počiva korist koju ljudi imaju od veštine služenja govorom. Retorika je, dakle, korisna zato što je istinito i pravedno po prirodi jače od onoga što je im je suprotno (1355a 21). I ova se aksiomatska tvrdnja nikako ne dokazuje. Uopšte je simptomatično da u svem tako strasnom traganju za istinom Aristotelovi i prethodnici i poslednici u filosofiji, pa i on sam i ne pominju zašto bi istina zapravo bila jača i zašto ono što je dobro mora pobediti. U svakom slučaju, retorika pomaže da se istina i pravda uspostave ponovo ukoliko se takav očekivani, prirodni red vrednosti

---

[1] Više o raznim shvatanjima jezika kod Helena v. u mojoj studiji *Helenska glotologija pre Aristotela* (Matica srpska, 1975).

poremeti. Zloupotreba retorike u pojedinim prilikama ne opovrgava osnovnu njenu korist kako je određena. „Retorika se može definisati kao sposobnost da se uoče sredstva ubeđivanja koja su na raspolaganju u svakom pojedinačnom slučaju" (1355 b 25). Ovakvu funkciju, nastavlja Aristotel, nema nijedna druga *techne*: ni medicina, ni geometrija, ni aritmetika, niti ijedna druga nauka, te se retorika ne odnosi ni na kakav poseban i specifičan predmet. Ona je pre opšta metodologija za utvrđivanje onoga što je verovatno.

Pominje se u literaturi da je po Aristotelovoj koncepciji retorika „indiferentna" prema moralu. Iako nije sasvim jasno šta bi to trebalo da znači, ne može se smetnuti s uma da je Aristotel, kao i neki savremeni antropolozi, na primer Bronovski, smatrao da je pravičnost deo biološke opreme ljudskog ibća i da je to socijalna dominanta svake organizovane zajednice, koja, s druge strane, i postoji zahvaljujući ovakvim prirodnim osobinama jedinke. A moral je u prvom redu odnos prema društvu, te je retorika kao „veština upotrebe jezika sa ciljem postizanja određenog utiska" na *drugog* čoveka takođe u direktnoj relaciji sa društvom i moralom. A u Katonovoj definiciji govornika kao „dobra čoveka vičnog govorništvu" *(vir bonus, dicendi peritus)*, pored mnogih naslaga starijih shvatanja, naročito preuzetih od Isokrata, nije sasvim zanemarljiv ni Aristotelov uticaj. Aristotel je smatrao da samo dobar logičar može postati i majstor u retorici, a Kikeron je kasnije tu traženu perfekciju samo proširio.

Za Aristotela je perfekcija bila nezaobilazna u retorici u svakom pogledu i na svakom nivou ubeđivanja: logičkom, psihološkom i etičkom i, naravno, ne na poslednjem mestu, u čisto tehničkom, izražajnom. Tu je valjda i najočigledniji uticaj sofistike na njegovu retoriku, u pitanjima jezika i stila, kojima je posvećena cela treća knjiga *Retorike*, koja je prvobitno, po svoj prilici, bila poseban traktat. (Ovo je samo jedan unizu razloga kojima se u novije vreme zalaže za preocenjivanje i rehabilitaciju sofista i njihovih učenja.)

Ovako shvaćena retorika činila je kasnije osnovu književnoj kritici vekovima a, kako navodi jedan američki stručnjak, pod jakim uticajem književnih recepata retorike nije bila samo drama već i istoriografija i biografija, zatim epska i elegijska poezija čak u carskom Rimu. Pitanjima jezika i stila kod Aristotela posvećuje se pažnja i u mnogim drugim spisima, naprimer: *O tumačenju, Prva analitika, Topika, O duši, o Pesničkoj umetnosti*, i drugde u *Organonu*. To još uvek, i pored množine radova, nije dovoljno proučeno, naročito ne sa današnjeg stanovišta, i iz aspekta savremenih znanja iz raznih naučnih oblasti, posebno lingvistike i semantike, nauke o književnosti i drugih disciplina. Tesna veza retorike i glotologije shvaćene kao jednog vrlo širokog i složenog pristupa jeziku u antici, zahteva, kao i mnoge druge oblasti antičke misli, temeljno preispitivanje i ocenu. Kao i savremenoj filosofiji i nauci uopšte, nisu izgleda, više dovoljni samo novi odgovori na stara pitanja. Izgleda da su potrebna i nova pitanja.

1976.

PLUTARHOV METOD
ISTORIJSKOG OPISA „DELA VRLINE"

Od Plutarha, najpoznatijeg i najplodnijeg biografa antike, sačuvano je pedeset biografija – dvadeset i tri uporedne biografije Grka i Rimljana i četiri samostalne. Svakako ih je bilo znatno više, ali su te izgubljene biografije nama danas poznate jedino po imenu ličnosti koju opisuju. Od sačuvanih pedeset biografija kod nas je prevedeno i objavljeno dosad svega dvadeset, najpre u prevodu Stjepana Senca krajem prošlog veka, zatim Miloša N. Đurića i Albina Vilhara poslednjih decenija. A u mom prevodu su objavljene biografije Teseja i Romula, pod naslovom „Biografije mitskih ličnosti antike" (Grafos, Beograd, 1987; Rad, Beograd, 2003).

Profesor Đurić je posle rata objavio četiri knjige prevoda Plutarha. U tim izborima su, slično kao kod Senca, zastupljena najpoznatija imena grčke i rimske istorije: Solon, Temistokle, Aristid, Kimon, Perikle, Alkibijad, Demosten, Aleksandar, Publikola, Koriolan, Fabije Maksim, Marko Katon, Kajsar. U Senčevu prevodu nisu objavljene biografije Solona, Publikole i Fabija Maksima, ali su zato prevedeni životopisi Tiberija i Gaja Graha, zatim Marija i Sule. Biografije Diona i Bruta objavljene su u prevodu A. Vilhara. S ozirom na kulturno-istorijski i pedagoški značaj Plutarha za protekla dva milenija, to svakako nije dovoljno. Uostalom, većina ovih izdanja dosad je rasprodata. U novom izboru treba voditi računa o karakteristikama zastupljenih ličnosti i događaja, o njihovoj aktualnosti za savremenog čitaoca, a adekvatnosti njihove prezentacije kod Plutarha, o istorijskoj ulozi prikazane ličnosti, a ne o njenom poreklu, pa, napokon, i o zanimljivosti samog teksta. Tako su uzeti u obzir Solon i Alkibijad, koje zapravo ne dele samo dva stoleća već dve epohe, kao što je slučaj i sa strogim cenzorom Katonom i kolebljivim, zbunjenim političarem i piscem Kikeronom. Nama kod antičkih ličnosti nisu uvek poznati datumi i drugi tačni podaci iz njihova života. Za Solona se uzima da je živeo od 640. do 560. godine, Temistokle otprilike od 524. do sredine petog veka. Perikle je rođen između 495. i 490. a umro 429. godine, Alkibijad je rođen oko 450, ubijen 404. godine, a Aleksandar Veliki je živeo od 356. do 13. 6. 323. godine pre nove ere. Kod Rimljana: Katon Stariji, zvani Cenzor, osnivač latinske proze, od 234. do 149. godine, Kikeron je rođen 3. 1. 106. godine, pogubljen 7. 12. 43. godine pre nove ere, Kajsar je rođen verovatno 13. 7. 100. godine, a pao kao žrtva senatorske zavere 15. 3. 44. godine pre nove ere. Ne treba možda posebno skretati pažnju na to da u Plutarhovoj biografiji Kikerona malo šta saznajemo o toj drugoj Kikeronoj delatnosti, govorničkoj i književničkoj, po kojoj je on zapravo i živ do dana današnjeg. To je karakteristično za Plutarha: njega, kao sam ističe u drugoj glavi Periklove biografije, ne zanimaju „umetnička dela", već „dela vrline". Naravno, tu treba voditi računa o klasnoj i vremenskoj uslovljenosti tog osnovnog etičkog pojma. Ponekad antička pohvala čestitosti karakternoj ispravnosti, shvaćenoj u funkciji lojalnosti robovlasničkoj aristokratiji i njenim idealima, danas deluje konzervativno, pa čak i reakcionarno. Ništa valjda bolje od toga ne pokazuje relativnost etičko-socijalnih normi i njihovu društvenu uslovljenost i ograničenost.

Drugi momenat koji valja imati u vidu kad se procenjuje značaj Plutarhovih saopštenja jeste vremenska distanca koja njega deli od mnogih ličnosti koje opisuje. Njegovi *Uporedni životopisi* su se pojavili početkom drugog veka nove ere, a Solon je na primer, živeo od 640–560. godine pre nove ere, te je Plutarh, (rođen oko 46–119. god. nove ere), od njega „mlađi" punih sedam vekova! Zapravo se čovek danas mora čuditi množini i preciznosti podataka koje Plutarh navodi za tako daleka vremena. To je, otprilike, razdoblje koje nas danas deli od poslednjih krstaških ratova, ili Zlatne horde, ili od kralja Milutina u srpskoj istoriji. Stoga nije ni čudo da Plutarh u svojoj biografiji Solona citira nekih petnaestak pisaca, pored nekolicine pesnika i delfijskih arhiva, čuvanih u svetilištu gde je i sam Plutarh bio sveštenik. Neki današnji ispitivači (npr. P. Flaselijer, priređivač najnovijeg kritičkog izdanja Plutarhovih biografija) smatraju da je on još uvek imao na raspolaganju ne samo Solonovu poeziju već i njegove zakone. Ne treba gubiti iz vida da je Solon bio jedan od sedam mudraca, ali da je za nas i prvi datovani pesnik Grčke. Ili, za svoju biografiju Temistokla, Plutarh pominje poimence dvadeset i osam autora, iako je očigledno da je broj izvora koje koristi daleko veći. A Temistokle je izvršio samoubistvo nekako sredinom petog veka pre nove ere, u šezdeset petoj godini. U novije vreme se, na primer, sumnja da je slika Temistoklovih aktivnosti projektovana kroz prizmu Aristoteloivh shvatanja o ponašanju demagoga četvrtog veka pre nove ere i doterana od strane Plutarha anegdotskim materijalom. Tome se ne moramo ni čuditi, jer nije samo vremenska distanca ono što deli Plutarha od ovih opisivanih ličnosti. Još više su to suštinski promenjene istorijske okolnosti: Temistokle je živeo u vreme uspona atinske moći i snažnog polisa, kao i u slavno vreme grčkih pobeda nad Persijancima, dok je Plutarhovo vreme – doba rimskog svetskog gospodstva, carske vlasti „večnog Rima" i nad Grčkom, sad periferijom carstva u svakom pogledu, pa čak i u kulturnom, i pored izrazite helenofilske politike jednog Hadrijana. Ovim okolnostima se može u neku ruku objasniti i Plutarhovo romanofilstvo, izraženo u poređenju grčkih i rimskih junaka, koje inače ne izvire prirodno iz većine kontrastiranih ličnoti i situacija. Plutarh nije prvi koji je pisao uporedne biografije; već je u prvom veku pre nove ere rimski biograf Kornelije Nepot, inače pisac sasvim skromne sposobnosti, upoređivao rimske ličnosti sa strancima, a zametke tog postupka sretamo i kod nešto starijeg rimskog pisca Varona. Doduše, neka od tih poređenja su i dosta adekvatna, na primer krupnih vojskovođa i osvajača Aleksandra Makedonskog i Kajsara. Ali, s druge strane, neobičnoj Periklovoj figuri i značaju njeovih političkih akcija Plutarh nije mogao naći pravi pandan u starijoj rimskoj prošlosti. Pre bi se, valjda, Perikle u nekim aspektima mogao meriti s Oktavijanom Avgustom nego sa Fabijem Maksimom. No, bez obzira na sve opravdane zamerke koje se mogu stavljati Plutarhovom izboru i metodu, njegovo biografsko delo, i pored izrazitih moralističkih tendencija, ostaje dragocen izvor istorijskih obaveštenja. Plutarh ne zove svoje spise „biografijama". Te reči, uostalom, i nema u grčkom jeziku sve do šestog veka nove ere. On jednostavno kaže „Život tog i tog", a naslov cele zbirke glasi *Paralelni životi (Βίοι παράλληλοι)*. Sam Plutarh je, u poređenju Solona i Publikole, izričito zapisao da „svaku radnju treba ocenjivati prema okolnostima u kojima se ona vršila". Ovaj stav nama, naravno, zvuči izuzetno moderno po svom zahtevu za punom konkretnošću, ali Plutarh sa više razloga nije bio u mogućnosti da ga sprovodi i dosledno oživotvori. Prvi je – njegov „sasvim osrednji talenat" mislioca i pisca, a drugi – statički karakter antičke biografije kao književne vrste. Te su biografije shvatane kao „primeri" (παραδείγματα, exempla), apstraktne ilustracije, a ne kao dinamička, konkretna rezultanta interakcije društvenog razvoja i pojedinca. Stoga i uloga ličnosti u istoriji kod Plutarha prikazana je uglavnom shematizovano i sa moralističkog stanovišta. Međutim, kasnije su te njegove biografije odigrale ogromnu ulogu, plediraju\ći uvek za pravednost, za humanost i slobodarske ljudske težnje, i to slavnim, istaknutim primerima iz neke daleke i zato zlatno obojene prošlosti. „Na serdce ništa tako ne dejstvuje kao primer: tim se ono najlakše ubedi, tim se neprimetno povodi i obrazuje", piše pre sto pedeset godina programatski u prvom broju *Letopisa Matice srpske*, prvog i danas najstarijeg slavističkog časopisa u celom slovenstvu. U *Letopisu* su, kao i u zabavniku *Danica* Vuka Karadžića, izlazile biografije slavnih Srba, ono što je Vuk zvao „Srpski Plutarh" još 1821. godine. Već sam taj podatak kazuje koliko je Plutarh bio omiljen i čitan još u devetnaestom veku, kad se i Vuk i urednik *Letopisa* Đorđe Magarašević pozivaju na njega. Moglo bi se reći da Plutarhova maksima „Ja ne pišem istoriju nego životopise" (iz biografije Aleksandra Velikog) nadživljava i njihov vek i danas se, sa svom množinom memoarske i biografske literature koja se toliko štampa i čita, upravo nalazi u svojevrsnoj renesansi, jer, po svoj prilici, čovek neće prestati da iza velikih događaja i dela traži ljudske, obične osobine, vrline i slabosti. Znači, tačno u skladu s osnovnim Plutarhovim biografskim vjeruju: „Vrlina ili nevaljalstvo ne objavljuju se uvek u najsjajnijim delima, nego često neznatno delo i neznatna reč ili, štaviše, kakva šala objasne nečiji karakter bolje nego žestoke bitke, veliki bojevi ili opsade gradova".

1978.

UMETNOST JAVNE REČI

U ulmskoj katedrali, na mestu određenom za hor, krajem 15. veka nove ere uz slike proroka prikazana je i slika jedne paganske ličnosti koja sa hrišćanstvom nije imala nikakve veze. Sve što je taj čovek, Kvintilijan, mogao znati o hrišćanstvu najverovatnije je bilo ono što se mislilo na dvoru rimskog cara Domitijana (81–96. godine nove ere), na kom je on živeo u velikoj časti kao učitelj carevih unuka. Posle Nerona, car Domitijan je bio najžešći progonitelj pripadnika hrišćanskih sekti, u Rimu i u Maloj Aziji, zato što one nisu priznavale carski kult do koga je najvišoj državnoj vlasti u ogromnom rimskom carstvu prvog veka nove ere bilo veoma stalo, između ostalog i u smislu glavne ideološke kohezivne sile među tako različitim narodima i zemljama carstva.

U hrišćanskom smislu, dakle, taj paganski retor i učitelj, po imenu Kvintilijan, ne bi spadao među likove koji treba da se ovekoveče u nekoj katedrali, da nisu prethodni vekovi, od srednjeg veka preko epohe humanizma do renesanse, pridali neopisivu važnost njegovom književnom i stručnom delu, pre toga skoro zaboravljenom skoro hiljadu godina.

Ova pomalo neobična slava tada je pripala ustvari jednom udžbeniku, obimnoj knjizi o školovanju govornika,[1] čije su odabrane strane, u ponovljenom izdanju posle bli-

---

[1] Kako i glasi latinski naslov: *Institutio oratoria*.

zu dve decenije, prezentirane nedavno našoj javnosti.[2] Kao jedno od, kod nas retkih, prevedenih dela iz antike koja se bave govorničkom veštinom, ovaj Kvintilijanov udžbenik, i sinteza o retorskoj teoriji i praksi, pruža mnogo više nego što naše doba, tako zaprepašćujuće nenaklonjeno negovanju javne reči, u prvi mah može od takve knjige očekivati. Uostalom, prevodilac sa latinskog i autor izbora iz Kvintilijanove knjige Petar Pejčinović je u svom prevodu izostavio one delove koji se striktno tiču istorijata i sistema retorike i njenih iscrpnih pravila i podela. Tako je on, izostavivši u potpunosti knjige tri, četiri i pet, kao i sedam, a delimično preveo šestu i osmu, predstavio čuvenu Kvintilijanovu sintezu u njenom, tako reći, manje tehničkom, retorskom aspektu, dajući veću važnost drugim, književno-teorijskim, književno-istorijskim, gramatičkim i pedagoškim aspektima. Iako će biti uputno da u sledećem izdanju, ako do njega dođe, bude prevedeno delo u potpunosti, kao i štampano uz uporedni latinski tekst, radi neophodnih terminoloških kolacija, ovo je veoma korisno i inspirativno izdanje, koje u mnogo čemu zadovoljava današnjeg čitaoca, čija je želja za upoznavanjem antičke misli ne retko u obrnutoj srazmeri sa šantavim znanjima stečenim u toku redovnog školovanja. Savremeni čovek, uopšte, rado doživljava antičku lektiru kao utehu, kao oazu idealnog ili kao spokojno pribežište od nedaća savremenog kriznog sveta.

Kvintilijan izričito pomaže ovakvom shvatanju. Za njega je govorništvo „izlaganje onoga što je dobro i pravično" (12, 1, 8), jer se „zao čovjek i dobar govornik nikada ne mogu naći u jednoj osobi". To je stara rimska definicija idealnog govornika „kao čestita čoveka koji se razume u veštinu govorenja" (Katon: vir bonus, dicendi peritus) ili filosofski obrazovanog i u svemu mudrog

---

[2] Marko Fabije Kvintilijan: *Obrazovanje govornika*. Odabrane strane. Sa latinskog preveo Petar Pejčinović. – Sarajevo, Veselin Masleša, 1985, str. 555. Prevedene su u celini knjige 1, 2, 9, 10, 11 i 12, delimično 6 i 8.

čoveka (Kikeron). Idealan govornik je ustvari idealan čovek, koga treba tražiti i nastojati da se ideal dostigne, makar to izgledalo nemoguće: „Neka naš govornik bude takav da se uistinu može nazvati mudrim čovjekom. Nije dovoljno da on bude samo neporočna karaktera..., on treba da ovlada naukom i govornom vještinom u tolikoj mjeri kakvu možda do sada nijedan govornik nije postigao."

Upravo ovako formulisanim zahtevom za profilom idealne ličnosti koja deluje u javnosti, jer to je sinonim za govornika, Kvintilijan je implicitno kritikovao autoritarne i tiranske ličnosti na vlasti svoga vremena, ako bismo mi danas rekli, dajući i ličnim poštenjem i blagošću mogućnost mnogo kasnijim naraštajima da se oduševljavaju njegovim spisom i pogledima. Kao retko koji pisac, on je izričito sve sam objasnio u vezi sa svojom knjigom. On zna da su „udžbenici retorike po pravilu suvoparni, jer se upuštaju u preterana cepidlačenja, slabeći i sakateći sve plemenite odlike stila i oduzimajući duhu svu životnu svežinu i živahnost, usled čega ostaju gole kosti, koje nužno moraju postojati i biti vezane jedna s drugom, ali i obložene tkivom" (*I proem.* 24). Na sreću je Kvintilijan, za razliku od drugih pisaca retoričkih priručnika, uvrstio i poglavlja o stilu, o književnoj istoriji, o grčkoj i rimskoj gramatici, kao i o osnovnoj nastavi i liku učitelja. Iz svega što izlaže u svojoj knjizi izbija ne samo Kvintilijanovo zaista temeljno poznavanje viševekovnog, i rimskog i grčkog znanja uopšte, već i poverenje u čovekove sposobnosti, poverenje zasnovano na aristotelovskim pogledima na ljudsku prirodu „kojoj je svojstven umni rad i pronalazački duh", ona *differentia specifica* za čoveka, kao što je letenje za ptice ili krvoločnost za divlje zveri. Upravo zbog tog poverenja u prirodnu obdarenost čoveka, Kvintilijan samom retorskom obrazovanju i teorijskim pravilima dodeljuje sekundarnu važnost, uviđajući, naravno, njihovu neophodnost: „Svi darovi prirode, bez posebnog učitelja, upornog učenja, bez dugog i neprekidnog vježbanja u pisanju, čitanju i govornom vježbanju sami po sebi neće ništa koristiti". Nedarovitoj osobi, dakle, knjiga o govorništvu koristi isto toliko (malo) kao neplodnom zemljištu knjiga o zemljoradnji, a pravim majstorima govorništva, uza sve vežbe i dar i posle sveg učenja, ljude čini njihovo „srce i snaga duha".

Pišući ovaj udžbenik u svojim poznim godinama, na podsticaj drugih i kao utehu u ličnoj tragediji posle smrti mlade žene i oba sinčića, skoro vek i po posle slavnih Kikeronovih knjiga o govorniku i govorništvu, Kvintilijan je, u potpuno izmenjenim političkim, društvenim, istorijskim i retorskim uslovima, doprineo revitalizaciji kikeronijanizma u svom vremenu i ogromnoj popularnosti i uticaju kikeronovskih načela u vreme humanizma i renesanse, kao i mnogo kasnije, na primer u francuskom i nemačkom baroku. Kod nas čitan davno, u latinskim školama uprošlom veku, Kvintilijan je veoma dugo čekao da bude preveden. Njegov uticaj na našu književnu misao, sasvim moguć u vreme kad je čitan, do danas naučno nije ispitan. Očigledno predstoji i kod nas nov život ovom podsticajnom delu toga skromnog i čestitog autora, čija knjiga sumira i sintetizuje znanja nekih tridesetak generacija antičkih mislilaca, stvaralaca, umetnika i državnika na jednom specifičnom polju umetnosti javne reči. Negovanje javne reči, usmenog govora pre svega, u antici se pripisuje kao što je poznato, dosta simplifikovano, potrebama javnog i demokratskog života grčkog polisa, i, kasnije, rimske republike, da bi sa pojavom autoritarnog carskog režima počelo da zamire i da gubi svoju javnu dimenziju, povlačeći se u škole kao elemenat ličnog usavršavanja. U tom smislu bi, valjda, „renesansa retorike" koju već dvadesetak godina najavljuju stručnjaci u svetu, uz povećano zanimanje publike (samo u Nemačkoj je, na primer, za devet godina objavljeno osam izdanja „Osnovnog kursa retorike" mladog profesora Šlitera[3] sa više od pedeset hiljada pri-

---

[3] Hermann Schlüter: *Grundkurs der Rhetorik*, DTV 4149.

meraka!), valjda bi, dakle, to trebalo da ukazuje na obnovljenu svest povećane potrebe ljudi za demokratizacijom javnog života uopšte. Retorika, međutim, nije samo „politički iskaz", o kom se kod nas sad tako rado raspravlja na način koji očigledno pokazuje da je reč o zameni teze, jer se zapravo radi o interesovanju za politiku i njenu sadržinu, čija je, često nejasna, fasada upravo taj komplikovani politički iskaz. Takav politički jezik – „nejasan zato što jasnoća poruke obavezuje", takođe je retorika, ako bi se moglo reći, negativna retorika. Ako, onda, treba očekivati renesansu pozitivne retorike u smislu negovanog izraza sa jasnom misaonom potkom i „čitljivom" porukom, nije reč o disciplinarnoj revitalizaciji školskih shema i klišea, već o ponovnom uočavanju dimenzije javne odgovornosti. Čovek se svemu uči, pa se može i tome učiti, mora se i tome učiti; retorika i njena pravila samo mu pomažu da svoje osobine oplemeni i stavi u službu javnosti. Koja, naravno, prevashodno procenjuje ciljeve politike, pa tek onda jezik u koji su oni upakovani.

III

O DEMONIMA BURE
KOD MILANA BUDIMIRA

U rodnom Mrkonjić-gradu, kaže mi studentkinja odande, postojala je ulica Milana Budimira. Nije bilo i spomenika. Sada je Mrkonjić-grad promenio status, ko zna šta je s njegovom ulicom. U Beogradu još nema ulice s njegovim imenom. Najlepši spomenik mu je Biblioteka Saveza slepih i slabovidih Srbije koja se zove po njemu, svedočeći trajno o ogromnoj energiji i entuzijazmu koje ljudi bez vida ulažu u stvaralački rad, postižući u tome, još od Homera, preko Miltona, Filipa Višnjića i Borhesa, divne rezultate.

* * *

Milan Budimir je rođen 1891. godine, 2. novembra, u Bosni, u Mrkonjić-gradu, gde je završio osnovnu školu. S opštinskom stipendijom završio je osam razreda tzv. Velike gimnazije u Sarajevu 1910. godine, a studije klasične filologije u Beču 1914. godine. Odmah je postavljen za suplenta u Mostaru, gde je proveo neka dva meseca. „Ja sam zajedno s ratom koji je uskoro izbio počeo da ulazim u razne austrougarske zatvore; deset-petnaest sam ih promenio", nekih šest decenija kasnije kazivao je Milan Budimir, više nego skromno ne praveći od toga priču, tako da i ne znamo dovoljno koji su to zatvori bili i zašto su ga vlasti toliko seljakale. Verovatno ne da bi mu našle komforniji zatvor.

Za vreme studija u Beču izgubio je stipendiju tadašnje bosanske vlade, koju je dobio kao najbolji od osamsto đaka sarajevske gimnazije, zato što je organizovao parastos za srpske vojnike izginule u pobedničkom Balkanskom ratu 1912. godine, a potom i demonstracije studenata na kojima su vikali „Dole Austrija". Profesor Budimir je često isticao zahvalnost bečkom profesoru Radermaheru koji je sprečio da ga izbace i sa fakulteta kad je posle petnaest dana zatvora oslobođen. Na demonstracijama je uzviknuo: „Ako je istorija učiteljica života, onda je Austrija njen najgori učenik."

Teško je ukratko prepričati njegov složen život. U Sarajevu je u gimnaziji davao časove latinskog jezika Gavrilu Principu koji je hteo da pređe iz trgovačke škole u treći razred gimnazije. Kaže da je mladi inteligentni Gavrilo za dva-tri meseca nadoknadio što su drugi učili cele dve godine. Po Gavrilu se most gde je on pogodio u Sarajevu Ferdinanda kasnije nazvao „Most Gavrila Principa". Sada to sve drukčije izgleda: pre neku godinu smo doznali da se taj most više ne zove tako, već „Ferdinandov", a da je iz školskih programa izbačen pisac koji se zove Ivo Andrić, koji je za svoje romane o Bosni dobio Nobelovu nagradu i koji je s Milanom Budimirom išao u istu gimnaziju. Bio je s njim dugo i u Srpskoj akademiji nauka, a ja sam lično imala čast da me Milan Budimir upozna s Andrićem.

Šta i kako bi oni danas kazivali o Bosni, čiji rektor univerziteta gospodin Mulić u proleće 1993. godine u Beču lično predaje tadašnjem austrijskom ministru spoljnih poslova Alojzu Moku počasni doktorat Sarajevskog univerziteta, zahvaljujući mu što je Beč podržao secesiju Bosne od Jugoslvije.

Mučno je porediti upornu borbu onih generacija, zajedno s Milanom Budimirom i Andrićem, oko jugoslovenskog ujedinjenja i napretka narodnog s novijim zbivanjima. Gde su pravi koreni i objašnjenja, najdublji uzroci složenih zbivanja oko čijeg se utvrđivanja celog života trudio Milan Budimir i pravi naučnici i istoričari, a danas ih olako i tendenciozno izriču maliciozni ministri i neki novinari? To bi nas daleko odvelo, pa da izložim dalju sudbinu mladog mrkonjićkog profesora koji odlazi u bihaćku gimnaziju na tri meseca 1918. godine, da bi potom dve godine radio u sarajevskoj gimnaziji, a posle položenog doktorata u Beču 1920. godine postaje sledeće godine asistent i odmah docent u Beogradu. Za to vreme je u Sarajevu uređivao listove *Novo djelo* i *Slovenski jug*, organ *Radene* – Radničko-demokratske naprednjačke omladine. Pored ovih listova, koji su verovatno propali sa bibliotekom u Sarajevu koja je izgorela 1992. godine, izdavao je naš profesor i publikaciju *Oko*, 1919. godine.

Simptomatično je da je publikaciji dao takav naziv odgovorni urednik Milan Budimir, koji će samo desetak godina kasnije, posle dve-tri bezuspešne operacije na očima, potpuno izgubiti očinji vid, da bi blizu pola veka proveo u tami. Za Miltona, Sartra i Borhesa govori se da su teško doživeli taj udes kad su neko vreme pre kraja života izgubili vid, a Milan Budimir je takvo stanje stoički podnosio decenijama, radeći na nezamislivo teškim, odgovornim i pipavim jezičkim pitanjima. Sam je govorio da su hteli da ga uklone s Beogradskog univerziteta kad se to dogodilo, ali su ga spasli Bogdan Popović i Aleksandar Belić, kojima je, kao i svom bečkom profesoru Ludvigu Radermaheru, bio večito zahvalan i javno to iznosio. Govorio je da se uvek nađe čestitih ljudi koji će podržati nekoga kad je u nevolji.

Profesor je bio oženjen sa dr Cvijetom Budimir, biologom i prvom ženom doktorom nauka kod nas, koja je bila sekretar Društva *Radene* u Sarajevu čiji je on bi predsednik. Kasnije je nju s odanošću zvao „moje oči". Imali su ćerku Radenu, inženjera tehnolgoije i tri divna unuka. To svedoči da se veliki naučnik i akademik u svemu nesebično uklopio u normalan porodičan i socijalan život, ne iscrpljujući se samo u nauci.

Njegova doktorska teza koju je 1920. godine odbranio na Bečkom univerzitetu bila je pisana na latinskom jeziku, koji je suvereno znao, kao i helenski, nemački, ruski, francuski, italijanski, mađarski, čak i engleski, pored niza starih i izumrlih jezika. Naslov teze je glasio: *De tempestatum daemonibus capita quattuor* „*O demonima bure*, četiri poglavlja". Mislim da vrlo pronicljivo u Spomenici Milana Budimira (SANU 1979) njegov prijatelj i đak, akademik Vojislav Đurić kaže: „Naslov *O demonima bure* iz 1920. podseća na nečastive sile koje su protutnjale preko sveta i preko njegovog naroda, tako razvejanog i tako poniženog da je morao ratovati u različnim vojskama, i za druge i protiv sebe".

Godine 1928. Milan Budimir postaje vanredni, a deset godina kasnije i redovni profesor, radeći intenzivno, kritički i stvaralački i pored lične nevolje s vidom. U to vreme spadaju njegovi referati na svetskim kongresima lingvista, klasičnih filologa, vizantologa u Pragu, Ženevi, Sofiji, Rimu, Bukureštu. U Ženevi 1933. godine njegove lingvističke poglede na protoindoevropski jezički sistem podržavaju tada vodeći helenisti, a nekoliko godina kasnije se u naučnim krugovima priznaje značajan doprinos njegovih balkanoloških studija.

Deceniju stariji od njega romanista Petar Skok i Milan Budimir su 1934. godine osnovali u Beogradu Balkanološki institut, pokrećući i uređujući nekoliko godina veoma važnu međunarodnu naučnu publikaciju *Revue internationale des études balkaniques.*

Kada je došao rat, Budimir je penzionisan od okupatora 1942. godine, a ponovo je preuzet, kako se to tada radilo, kao redovni profesor 1945. godine. Ubrzo je biran i za dopisnog, pa redovnog člana SANU, od 1952. i JAZU u Zagrebu (koja se tako zvala sve do 1992. godine, sad je HAZU), a Bosanske akademije 1969. godine. Za ovu poslednju Akademiju vezana je i nesrećna epizoda sa podrškom svih članova (osim akademika Milorada Ekmedžića) poznatoj političkoj osudi Tode Kurtovića ranih sedamdesetih godina,zbog profesorovog „nenaučnog" rada o Filipu Višnjiću! To je profesora teško pogodilo, da takva negacija njegovog višedecenijskog naučnog rada i čestitog života dođe baš iz njegove Bosne. Posledica toga je bilo da nije dobio sabrana dela, da nije sahranjen u Aleji velikana, a još uvek nema ni ulicu u Beogradu. Bolest i skoru smrt da ne pominjemo.

Pored značajnih naučnih studija koje je objavljivao u radovima svih naših akademija, Milan Budimir piše i za novoosnovani klasični časopis koji od 1950. godine s opštejugoslovenskom redakcijom izlazi u Skoplju i kome je on i dao ime *Živa antika*. Sada je ta *Živa antika* u drugoj državi.

Pored nekih dvesta naslova naučnih i književnih radova, Milan Budimir je pripremio, sam ili u koautorstvu, i blizu dve hiljade strana udžbenika za latinski i grčki jezik i za rimsku književnost. Svaki je izašao u više izdanja, tako da je praktično naša klasična nastava, sem za grčku književnost i filosofiju akademika Miloša N. Đurića, svoje postojanje dugovala najvećim delom Milanu Budimiru.

Niko nije prebrojao sve njegove đake širom zemlje. On je nastojao i da se što više uputimo u svet. Meni lično njegovo ime i preporuka otvorili su mnoga vrata, na primer atinskog rektora lingviste Kurmulija, arheologa Marinata ili mikenologa Ktistopula, slično u Beču ili kod francuskih i drugih naučnika. Čak i u Americi, gde je balkanolog na Kolumbija univerzitetu u Njujorku profesor Stavro Skendi prihvatio Ivana Gađanskog u svoj Institut samo kao Budimirovog đaka, ili Albert Lord koji nas je pozvao na Harvard. To su, naravno, lični utisci, drugi njegovi studenti mogli bi to da dopune.

Za njegovu knjigu *Sa balkanskih istočnika* objavljenoj u Srpskoj književnoj zadruzi 1969. godine i danas postoji veliko zanimanje, kao i za mnoge druge njegove radove. Ali oni nisu dostupni u knjižarama, sem udžbenika, i teško da će uskoro naš neustrašivi mudri profesor, nepokolebljivi optimista, buntovnik i borac, koji je kao sin nepismene majke dospeo do svetskog naučnog glasa, teško da će on dobiti svoja sabrana, makar izabrana dela.

1995.

STO GODINA MILOŠA N. ĐURIĆA

Pre dvadeset pet godina umro je, 5. decembra 1967, profesor Miloš N. Đurić. To vreme od čevrt stoleća dovoljan je raspon da čovek pomisli da svede i svoj neki životni bilans, lični, a ne da pogleda šta to znači, ili može značiti, za delo nekog autora koga više nema.

Mi nismo narod koji se s velikim pijetetom odnosi prema svojim vrednostima, niti narod koji neguje sećanja i podsećanja. Ponekad je to i dobro, jer ako se setite svih jubilarnih proslava i godišnjica koje su organizovane poslednjih dvadesetak godina, za mnoge bi čovek poželeo da i nisu bile, ili da nisu bile tako organizovane. Da navedem samo jedan mali primer: U spomeničkom kompleksu podignutom na Sutjesci prilikom jedne takve proslave, u zemlji koja je još tada bila naša zajednička, nigde nema pomena o legendi Sutjeske, opevanom Savi Kovačeviću.

Ili iz mog ličnog života, što nikome sem meni i nije važno: u knjizi *Martinci u vihoru rata*, nigde ne piše da je moj jedva upamćeni otac, sudija Branko Maricki, pravo iz svoje sudnice u Mitrovici odveden u zatvor pa u Jasenovac, nepovratno, jula 1942, nego se globalno, naravno netačno, navodi da su „svi uhapšeni kasnije zamenjeni".

Iz aspekta ovakvih jubileja i proslava zanimljivo je što se održava interesovanje za jednog naučnika i književnog poslenika, čija je stogodišnjica rođenja i 25 godina od smrti povod da ga se i večeras setimo ovde, na inicijativu

Biblioteke i njenog upravnika Nade Janković, i da pokažemo kako se njegova linija delatnosti nastavlja.

Reč je o profesoru Milošu N. Đuriću, članu Srpske akademije, omiljenom „Čika Miši".

Njegovi profesionalni počeci vezani su upravo za Sremsku Mitrovicu. Simptomatično je da su glavne tematske linije njegovog pedeset pet godina dugog kreativnog rada izražene već u naslovima radova objavljenim u Sremskoj Mitrovici za vreme njegovog bavljenja ovde te četiri godine.

Svoj profesorski posao počeo je Miloš Đurić u Sremskoj Mitrovici 1916. godine, kao „namjesni učitelj", još pre diplomiranja na fakultetu u Zagrebu, gde je studirao. Nisu sasvim poznate okolnosti otkud on tu, u gradiću na tadašnjoj periferiji Austro-ugarskog carstva. Da li je tome „preseljenju" doprinela zabrana projugoslovenskog lista *Vihor*, koji je 1914. godine mladi student, prvo medicine, pa posle filosofije, Miloš N. Đurić uređivao u Zagrebu sa Vladimirom Čerinom, tek treba temeljno ispitati.

Za vreme svog četvorogodišnjeg boravka u Sremskoj Mitrovici Miloš Đurić pokušava da u Osijeku izda raspravu *Smrt Majke Jugovića*. Budnom cenzorskom oku Cesarevine, koja, kao sve sile ovog sveta, nije znala da su joj tada već odbrojani dani, ovo delce mladog studenta nije promaklo ni u jeku rata, te osiječko Kraljevsko državno odvjetništvo 27. juna 1918. godine donosi sledeću zabranu:

„Slavnom hrvatskom štamparskom zavodu d.d. u Osijeku. Priopćuje se slavnom naslovu, da ne dozvoljavam tiskanje i raspačavanje književno-filozofske studije 'Smrti Majke Jugovića', predane mi u prvom otisku 20. o. m. s razloga, jer se čitavim sadržajem i smjerom ugrožavaju državni interesi, a napose nastoji razdražiti na mržnju i preziranje proti načinu vladanja i upravi državnoj te proti jedinstvenom državnom savezu cesarevine. Ova odredba temelji se na §u 9. banske naredbe od 27. srpnja 1914, broj 4.237 Prs te §a 6. tiskovnog zakona, pa se imade slavni naslov iste pod prijetnjom zakonskih posljedica strogo držati. – K. državno odvjetništvo. U Osijeku dne 27 lipnja 1918."

Samo šest meseci kasnije list *Hrvatska država* o istoj knjižici je u Zagrebu pisao: „Knjigu bi trebalo da pročita svaki dobar Srbin, Hrvat i Slovenac" (23. decembar 1918).

Bio bi svojevrstan istorijski eksperiment da se ova studija od nepunih deset tabaka štampa danas u Beogradu i u Zagrebu, da se uoči sva nesigurnost našeg življenja, sve njegove trajne, bolne i mučne dimenzije. Miloš N. Đurić je već vrlo rano bio upoznat s ovim aspektom istorije svoga naroda.

Već u Mitrovici, a možda još ranije, na studijama, on je odredio sve glavne tematske linije i okvire svoje buduće delatnosti. Te oblasti su uključivale srpsku narodnu prošlost i njen moralni značaj, srpsku narodnu književnost, helensku dramu i filosofiju, ulogu kulture u nacionalnom formiranju, kao i svetske pisce, i to one koji su smatrani i nazivani naprednim, drugim rečima književnost, *en général*. To sve kao da simbolizuju objavljeni naslovi iz njegovog mitrovačkog vremena:

Vidovdan
Filip Višnjić
Sofokle
Kulturni nacionalizam
Maksim Gorki.

Objavljivao je i stihove, ali su ti njegovi soneti, doduše, malo po strani, iako bi bilo čudo da ih onako strasna, umna i kontemplativna ličnost nije pisala. Za ove sonete, pronađene zaslugom upravnika biblioteke Nade Janković, nismo ni znali. Znalo se za pet pesama, objavljenih u *Griču* (1917) i *Savremeniku* (1917), ali ne i za ove. U svakom slučaju, poetskim stvaranjem Miloša N. Đurića se do sada još niko nije pozabavio, kao ni tolikim drugim radovima njegovih publikovanih naslova. A trebalo bi.

A i cela njegova harizma zapravo je ostala nerazjašnjena. Čime je Čika Miša, kako su ga svi zvali otkad pamtim, a zapravo niko ne zna tačno od kada, čime je on tako plenio ljude? I one koji su ga znali i one koji su samo čuli za njega? O njemu se prepričavaju stotine anegdota, i toliko ih je mnogo i *bien trouvé* da to preti skoro da zatrpa uspomenu na njegovu ogromnu intelektualnu produkciju. Kad govore o Čika Miši, svi uvek počinju s anegdotama i prisećanjima šta je on u kojoj prilici rekao. Tako nekako ispada da bi on bio upamćen kao Sokrat, koji nikad ništa nije napisao, a predstavljao je svojevrsnu prekretnicu u helenskoj, evropskoj i svetskoj filosofiji. Kako kažu, Sokrat je sam govorio da je on spustio filosofiju sa neba na zemlju, to jest da se počeo baviti čovekom.

Sokrat je uopšte bio omiljena Čika Mišina figura i simbol. Čuvena je bila trijada o kojoj je on govorio, tri ličnosti iz svetske istorije koje nikada ništa nisu napisale, a predstavljaju stožere svega. „To su bili Sokrat, Buda i Isus", sećam se kako je gromoglasno započeo jedno predavanje na Kolarčevom narodnom univerzitetu u Beogradu, pred prepunom salom.

Njegova su javna predavanja uvek bila veoma posećena, u šali se govorilo da se traži „karta više", mada se, naravno, ulaz nije plaćao.

Umeo je da govori jednostavno i zanimljivo, prisno i narodski, i o najtežim pitanjima filosofije i istorije. Izdvajao je glavne ideje i ulivao ljudima neku veru, nadu i blagost, da je to uvek za publiku predstavljalo svojevrsno duševno osveženje i olakšanje, uz saznanje o raznim alternativama u životu i prošlosti. Takva saznanja uvek čoveku stvaraju utisak slobode, vest o tome da i sam može nešto da učini i da je svaki napor potreban i koristan kada se učini.

Mi još, koji smo imali sreću da studiramo kod njega i profesora Milana Budimira, bili smo ovakvim njihovim stavom na neki način pelcovani protiv površnosti vremena, onoga što se danas ponovo krajnje površno i pojednostavljeno naziva „jednoumljem". Lično verujem da to i meni, i nekim mojim kolegama, i danas ponovo pomaže u odbrani od površnosti i grešaka novoga doba.

Njih dvojica su nam uporno, iako nenametljivo, utuvljivali u glavu da je u antičkoj Atini istovremeno postojalo tri filosofske škole, od kojih je svaka, naravno, plediralа na to da se bavi i istražuje istinu. A kako ih je bilo tri, tolerancija je bila neophodna da bi uopšte opstale.

Tako su i za Čika Mišu i Milana Budimira ideje i njihov život, istorija i njena saznanja, književnost i jezik, kao najstariji najepotkupljiviji svedoci o davnom svetu, bili oslonac i osnova za saznanja o našem vremenu i mudra uputstva u merila iskustvenog izbora. A koliko juče saznalo se da ove dve legende srpske kulture i misli 20. veka uopšte ne ulaze u znamenite Srbe. Iako ispunjavaju glavni uslov uredništva – da više nisu živi.

Čika Miša nikad nije bio kruto didaktičan. Naprotiv, užasavao se dosadne nauke i još dosadnijih profesora. Iako sam implicitno rekla da neću pričati anegdote, dozvolite da ipak ispričam jednu istinitu sitnicu, iz svoga saznanja, o kojoj nisam imala prilike da ranije govorim.

Jednom me je Čika Miša poveo na „simpozijum" na Prirodno-matematičkom fakultetu posvećen razgovoru o odnosu prirodnih nauka i filosofije. On je insistirao da se tako kaže, kako je u grčkom, i kako je govorila Isidora, a ne „filozofija", kako je u švapskom, i što na grčkom znači „mrakoljublje" (što je tačno). Ne znam zašto je mene poveo, iako je mene ta tema zanimala i nekad i sada, ne znam tačno više ni kada je bilo, biće blizu pre tri decenije. Sećam se da sam ja, s jedne strane, kao student osećala dozu strahopoštovanja prema prisutnima, a s druge sam bila nešto ljuta što sam tu, jer sam imala neke svoje druge, studentske planove za taj dan. Čika Miša nikad nije mnogo objašnjavao, pa ni zašto smo tamo otišli, tek podosta vremena, valjda dva-tri sata, mi smo odsedeli ćuteći i pažljivo slušajući. On je, uopšte, pažljivo slušao, pri čemu je delovao nekako odsutno. Onda je odjednom profesor Đurić zatražio reč i rekao otprilike: „Slušam vas, slušam satima. Prvo da vam kažem da se ne kaže *simpozijum*, nego *simposion*, i da je to kod Grka bila netrenka terevenka, kako bi rekao Laza Kostić, a kod vas se sve ubija od dosade. Ni ja ni ova moja studentkinja vas ništa nismo razumeli, mada znamo stvari o kojima govorite. O nauci se mora govoriti jasno i zanimljivo."

Nesrećni simposion je hitno napravio pauzu, pa su okrenuli, koliko su umeli, drukčije. I što je zanimljivo, na njega se niko nije naljutio. Na nekog drugog bi bacali drvlje i kamenje. To je bila ta njegova aura koja je pomagala ljudima da sami iz sebe izvuku ono najbolje.

Kad već pominjem nauku, da iznesem i njegov drugi zahtev. Čovek u tome poslu, po njegovom mišljenju, ne sme biti mrzovoljan, neprijatan, odbojan. U svemu treba da se sačuva χαρά, kako je on govorio grčki, *radost*, zadovoljstvo. Meni je to lično najveći dug prema Milošu Đuriću, iako ih imam više, uključujući i onaj što mi je on, iako me prethodno nije poznavao ni čuo za mene, omogućio da se upišem, tačnije – prepišem, na te studije kojima se i danas bavim. Ali to bi opet bila nova anegdota.

Možda ovo o radosnom bavljenju ovim poslom i narodnim životom nikad nije bilo tako aktualno kao danas, kad se mnogi stalno pitaju da li vredi uopšte išta započinjati u teškoćama u koje je zapao naš život. Odgovor profesora Đurića bi bio da se baš u teškoćama mora zapinjati, objašnjavajući stihom narodne pesme: „Na muci se poznaju junaci." Jer je i sam profesor Đurić prošao kroz težak, težak život, počev od rane majčine smrti do pogibije na Sremskom frontu sina jedinca, maturanta Rastka Đurića, samo mesec dana pre kraja rata, 8. aprila 1945. godine. O tom neprebolnom gubitku nikad, ama baš nikad nije govorio, samo je sve radio za spomen na sina i za dobro naroda. Njemu je posvetio prvo izdanje prevoda helenskih tragedija u „Prosveti" 1948. godine.

Tu je napisao: „Seni svoga jedinca Rastka M. Đurića svršenog maturanta koji u odbrani otadžbine junački pogibe 8. IV 1945. god. posvećuje svoje prevode Miloš N. Đurić."
Nikad nije primećeno da je on tu napisao „svoje prevode", a ne „ove prevode". To zapravo znači da je sve svoje prevode ubuduće jednom za svagda posvetio Rastku. Svu svoju biblioteku je nazvao sinovljevim imenom i poklonio Filosofskom fakultetu u Beogradu. Kad sam pripremala pre nekoliko godina za štampu novo izdanje njegovog prevoda Aristotelove *Poetike*, uzela sam odatle Čika Mišin lični primerak grčkog originala, jednu lepu, brižljivo čuvanu i puno korišćenu starinsku knjižicu briljantne štampe. Na marginama su urednim Čika Mišinim, oštrim i lepim rukopisom bile ispisane njegove primedbe i varijante za prevod, koje su mi bile dodatno uputstvo kod pripremanja knjige.

Čika Miša je inače sve pisao rukom, poput Meše Selimovića koji je tvrdio: „Za mene je književnost ručni rad". Donosio nam je Čika Miša na časove, da se svi učimo korekturi, šifove i svoje rukopise prevoda Homera. Mislim da je i dan-danas u Matici srpskoj primerak njegovog prevoda Homerove *Ilijade* i *Odiseje*, sve te 24 hiljade stihova, hiljade stranica teksta komentara i predgovora, ispisano njegovim gustim, kosim, odlučnim rukopisom.

Prevodima helenskih tragičara Ajshila, Sofokla i Euripida sledili su prevodi skoro neprevodivog komediografa Aristofana, brojnih i glavnih Platonovih filosofskih dijaloga i *Odbrane Sokratove*, Aristotelovih spisa, atomiste Epikura, istoričara Herodota, Tukidida, Ksenofonta i Plutarha, zatim Pausanije, Longa, Lukijana, helenskih liričara. Ako čovek pomisli šta znači samo na srpskom, u prevodu, pročitati homerske epove, možda može naslutiti šta znači prevesti ih sa grčkog, a da ne dodajemo još sve nabrojane druge helenske autore. Rimski pisci se ređe pominju, ali ni tu ne možemo čitati Seneku bez Čika Mišinog prevoda. Preveo je i sve latinske pisce iz poznate Čajkanovićeve zbirke. A kad su ga u jednoj anketi 1956. godine pitali: „Šta biste radili kad biste se ponovo rodili?" – on je odgovorio da bi njegov izbor bio unekoliko drukčiji, da više ne bi prevodio ni helenske tragedije, nego da bi se odlučio za komedije, i to Aristofanove. Ovaj njegov odgovor i stav nikad nismo dovoljno proučili ni uvažili, a simptomatično je da je Aristotelova poetika tragedije sačuvana, a poetika komedije – izgubljena. To je ona poetika komedije koja čini okosnicu Ekovog romana *Ime ruže* i razlog svih onih kaluđerskih ubistava i zločina, da bi se, i kao fikcija Ekova, po drugi put izgubila u požaru.

Miloš Đurić je sa drugih evropskih jezika, koje je odlično znao, uključujući i engleski, što je bilo tada ređe, preveo Rabindranata Takura, ogromnog Duranta, pa Adlera, Junga i štošta drugo.

Ako se saberu stranice ovih prevoda – Jungovi *Psihološki tipovi* sa 550 stranica, Adlerovo *Poznavanje čoveka* sa 300 strana (doduše zajedno sa Vladimirom Dvornikovićem) i Durantov *Um caruje* sa 550 strana, Takur – 150, Frajtag – 50 i dr., dobije se preko 1600 strana veoma stručnog teksta prevedenog sa modernih jezika koje je Čika Miša jako dobro znao i koji su, stvarajući našu terminologiju u tim naukama, još skoro potpuno neproučeni i nedovoljno ocenjeni. Kao što je skoro potpuno zanemareno Čika Mišino zanimanje za psihologiju uopšte. Odličan znalac ljudske duše i karaktera, čime se savremenici baš i ne mogu pohvaliti, on je ta svoja saznanja primenjivao na antička znanja o čoveku i ljudskim tipovima. Iz tog aspekta i njegovo bavljenje Plutarhovim biografskim studijama istaknutih grčkih i rimskih državnika dobija drugo, a ne samo istorijsko obrazloženje. Posebno danas kad su neki strani ministri, koji su koliko prošle godine krojili sudbinu sveta, naše zemlje i naroda, znači našu, po novinskim vestima, u svojim zemljama optuženi za teške krivice, korupcije i zloupotrebe. Treba očigledno Plutarhovim očima i danas sagledavati sveukupnost delatnosti raznih državnika, da bismo se koliko toliko spasli. A sve je to, nekako, imao u vidu Mološ N. Đurić i sve je to bilo u kontekstu njegovog bavljenja antikom. Nije on slučajno napisao rad pod naslovom *Jedan primer helenske psihoanalize* (1960), insistirajući, u drugom radu, da je čovek za vjeki „vječna zublja vječne pomrčine". Obeležavajući svoju 50-godišnjicu naučnog rada u kulturi 1963. godine, Čika Miša je izjavio: „Čovek je u srcu isti kao pre 5000 godina."

I to je jedan od naših brojnih dugova prema Čika Miši, još neispunjenih – proučavanje njegovog znanja psihologije.

Za jednog antičkog autora je rečeno da je napisao više nego što mnogi drugi u životu stignu da pročitaju. To je ponovljeno i za Čika Mišu.

Nikad se i ne pominje da je on priredio još 1925. godine 16 zbirki srpske narodne poezije i 4 zbirke pripovedaka! Napisao je stotine eseja, rasprava, kritika i prikaza, uglavnom sedam godišnje, značajno je izgradio našu filosofsku terminologiju (što je možda još najmanje proučavano), bio je prvorazredni stilista u pisanju i nenadmašni kozer u pričanju. A bez njegovih knjiga kao što su *Platonova Akademija i njen politički rad*, *Istorija helenske književnosti*, *Istorija helenske etike*, *Istorija starih Grka u odabranim izvorima* i tako dalje, skoro da bi bilo nemoguće obrazovanje stalno novih generacija u ovoj tako značajnoj oblasti. Jer danas naročito ponovo moramo videti „ko smo, šta smo, odakle dolazimo i kuda idemo", kako kaže jedan savremeni grčki pesnik, u ovo vreme „drukčije polarizacije sveta", u kojoj se na vetrometini našao naš narod, koji možda ima grešaka, kao sve što je ljudsko, kako bi rekao Dekart, ali koji ima sveto pravo na opstanak i svoje opredeljenje. Što je, kako sad vidimo, Čika Miši bila prva briga. Nikad nismo ni uočili da je on svoje knjige štampao u Beogradu, Zagrebu, Sarajevu, Cetinju, Podgorici, Novom Sadu, da je bio urednik *Žive antike* u Skoplju. Čika Mišini radovi mogu nam i dalje pomagati u sagledavanju raznih naših mogućnosti, pogotovo ako se setimo ne samo njegovih knjiga sa helenskom ili nacionalnom tematikom, nego i onih šire balkanskih, pa slovenskih i svetskih, kakva je, na primer, studija *Ave India*, koja je jedna od prvih takvih stvari u našoj književnosti, napisana još 1929. godine. Pored Indije, interesovao se za Istok uopšte, za Kinu, Kitaj, kako je govorio, i njegovu kulturu i filosofiju, ali ni to još nismo proučili.

Insistirajući na filosofskoj sintagmi Παθήματα μαθήματα, što je stavio i u naslov svoje knjige eseja iz 1962. godine *Patnja i mudrost*, kao na najčovečnijoj devizi, profesor i akademik Đurić je uvek i pre svega stavljao kao moto Sofoklovu misao: „Πολὰ τὰ δεινὰ κ' οὐδὲν δεινώτερον ἀνθρώπου." „Mnogo je sila u svetu, ali ništa nije silnije od čoveka".

Čika Miša je bio čovek koji je, po sopstvenim rečima, najviše cenio slobodoljubivost, pregalaštvo i čestitost, a užasavao se licemernosti, osionosti, samovolje, tiranije. To je on zvao grčkim terminom ὕβρις. Verujem da bi on današnju svetsku istorijsku nepromišljenost i nadmenost novog svetskog poretka ocenio kao ὕβρις. Čika Miša je bio uveren da je svaka ὕβρις kratkoveka. Nadajmo se da će i sada biti tako.

Veliki radnik i borac, ostavio nam je u amanet mnoge teme za razmišljanje, a sve je nekako počelo u Mitrovici, gradiću koji je dobio ime po hrišćanskom svecu Dimitriju pre šest vekova, a u svojoj paganskoj prošlosti bio je jedan od četiri najvažnija grada tadašnje ekumene i skoro bezmernog Rimskog carstva. Samo za jedan vek te prošlosti, šta bi danas dali belosvetski milioneri. Možda im zato, između ostalog, i smetamo.

25. novembra 1992.
Sremska Mitrovica

PROFESOR ĐURIĆ U GRČKOJ

Sa Čika Mišom nisam bila u Grčkoj. Sa Čika Mišom sam bila na Avali, na Stražilovu, u Karlovcima. I mislim da je to sve, sem naravno u Beogradu. I još smo, samo nekoliko kratkih nedelja pred njegovu smrt, po njegovoj želji, Ivan i ja bili kod njega da mu pričamo o Americi, iz koje smo se upravo vratili septembra 1967. Najviše ga je zanimalo da li smo bili na grobu Jovana Dučića, i razočarao se što nismo, zaboravljajući kolika je to zemlja i kolikih prostranstava. Toliko, o putovanjima.

Ali sam ga na neki čudan način našla u Grčkoj, u Atini, desetak godina kasnije. tačnije 1976. godine.

S obzirom da ovaj razgovor o njemu organizujemo u okviru Društva srpsko-grčkog prijateljstva, ispričaću ukratko jednu epizodu o primeru takvog prijateljstva u vezi sa profesorom Milošem Đurićem.

Dve godine posle pada hunte otišla sam na kraće u još rovitu Grčku, nekim svojim poslom. Dotle sam već objavila dosta eseja o savremenoj grčkoj poeziji i veliki broj prevoda pesama.

Sve sam to birala iz nekoliko knjiga koje sam dotle kod kuće imala, i jedne ili dve antologije. Za veće nabavke nikad nije bilo para, a nikakva se ni naša ni grčka institucija nikad nije zainteresovala da pomogne oko knjiga ili časopisa. Provodila sam skoro sve vreme po atinskim knjižarama, prepisujući što nisam mogla da kupim. S neverovatnom ljubaznošću, odobravajući popuste kod kupovine knjiga koje samo oni mogu, vlasnici knjižara su mi izlazili u susret i pomagali, meni, svojoj zemlji, i grčkoj i srpskoj kulturi i književnosti. naročito gospodin Filipoti i vlasnici knjižare *Estia*, kojima nikad nisam dovoljno javno zahvalila, pa sad evo to činim, posebno gospođi Karaitidi.

Grčke pesnike nisam lično znala, ni druge pisce, ni kritičare. U nekoj od tih knjižara su mi dali broj telefona pesničkog para Rite Bumi Papa i Nika Pape.

Pozvala sam ih odnekud iz grada telefonom i javio se ženski glas kome sam se snebivljivo predstavila da sam iz Jugoslavije, iz Beograda, i rekla da prevodim pomalo grčku poeziju (ne znam da li ćemo se ikad naučiti samohvalisavosti koja se neguje u Americi, i kraj koje naša skromnost i stidljivost deluje glupo). Tek da bolje uverim u svoje reči gospođu Ritu, iz straha da je možda gnjavim svojim pozivom, kazala sam joj nekoliko stihova njenog muža koje sam odnekud znala napamet.

U slušalici je na to odjeknula eksplozija oduševljenja. „Niko, Niko, vikala je Rita u drugu sobu, dođi, ovde je jedna Srpkinja, devojka, κοπέλλα, kako je vikala, koja zna tvoju pesmu Περνοῦν μέσα στὴ νύχτα οἱ ξένοι στρατιῶτες ...

> „Prolaze ulicom noću strani vojnici
> pevaju, lupaju oružjem po pločniku,
> ubijaju nas da se zabave,
> ali večeras ne znaju ništa,
> sve mi znamo večeras
> i ubijamo ih tom svojom tajnom."[1]

To je bila pesma *Strani vojnici* iz 1946, iz zbirke Ἡ τετράχρονη Νύχτα, čijem naslovu *Četvorogodišnja noć* ne treba komentara u zemlji u kojoj su, kao i kod nas, tu noć proživela sva deca, zajedno sa mnom.

---

[1] Prev. Ksenija Maricki Gađanski.

Gospodin Papa je došao po mene kako smo se dogovorili, i nisu ni hteli da čuju da ne provedem celo popodne kod njih. Moj profesor Miron Flašar je prevodio poeziju ove grčke pesnikinje, neobične lirske snage, ako se sme tako reći. I njenu pesmu Ἡ βωδάμαξα, *Volujska zaprega*, za koju mi je ona ispričala da je njihov veliki prijatelj i za života čest gost Niko Kazancaki rekao da je to pesma titanskog zamaha, jedna od njegovih omiljenih.

Ovih dvoje sedamdesetogodišnjaka, žestokog temperamenta i poletne srdačnosti, poklonili su mi svoje knjige koje su imali pri ruci, interesujući se i za naše pesnike koje su nameravali da uključe u svoju *Svetsku poetsku antologiju* u pripremi, u prvom redu za *Krvavu bajku* Desanke Maksimović. Kad je bila gotova, tu antologiju nikad na žalost nisam videla.

Među tim poklonjenim knjigama bila je i jedna ogromna, jako teška knjižurina, tvrdih bordo korica, sa blizu šesto stranica. Nisam je mogla, naravno, odmah prelistati, a uskoro sam otputovala. Skoro sam za tu knjižurinu platila dodatak na prtljag za avion.

A posle mi je uvek bilo žao, jer o nečemu iz te knjige nikad više nisam mogla razgovarati ni sa Nikom Papom ni sa Čika Mišom. U toj knjizi ovog neobičnog grčkog pesnika, pod naslovom *Istinita istorija neohelenske književnosti*, objavljenoj 1973. godine, dakle još pod huntom, što je stvarno bila hrabrost, ima jedno kratko poglavlje posvećeno stranim helenistima. Među 25 imena iz sveta koja je Niko Papa tu naveo na strani 505 nalazi se i tekst o Milošu Đuriću.

Niko Papa je za vreme našeg susreta pomenuo da se divi što profesor Đurić nije potpisao okupatorski apel protiv naprednih boraca, kakvima su sebe smatrali i Rita i Niko, s Đurićevim objašnjenjem da „on predaje etiku". G. Niko nije rekao da ga je upoznao u Beogradu, 1964. godine, kako je napisao u toj knjizi. Pobrojao je važnije grčke autore koje je Čika Miša prevodio, neke naslove i biografske podatke o „međunarodno poznatom mudrom profesoru univerziteta u Beogradu", nesrećnom ocu kome su sina jedinca od osamnaest godina ubili Nemci.

Uvek mi je bilo žao što o tom susretu nema načina da se sazna nešto više. Oboje ovih pesnika, nekih četrnaest godina mlađih od Čika Miše, njega su doživeli kao znatno stariju ličnost, jer je Niko zapisao: „bilo mu je tada osamdeset godina". To objašnjavam njihovom neverovatnom živošću i energijom, pred kojom je krupna, seda, odmerena Čika Mišina staračka figura delovala kao neki davni uzvišeni Homer ili Platon.

To je moj susret sa Čika Mišom u Grčkoj. Kao što sam ovde na sednicama Društva govorila dva-tri puta, naša su međusobna poznanstva sa grčkim kulturnim poslenicima sasvim nedovoljna, naročito sa njihove strane. Kao što sam analizirala u jednom svom nedavnom eseju pod naslovom *Mi, svet i Grci*, ni u knjigama gde bi nas moralo biti, uopšte nas nema. Ukazala sam na knjigu profesora Lina Politija *Istorija neohelenske književnosti*, objavljenoj 1978. godine, i u prevodu na engleski, gde u obimnim sinoptičkim hronološkim tablicama na kraju knjige nema ni jednog jedinog istorijskog datuma iz srpske istorije, čak ni Kosovskog boja ni Prvog srpskog ustanka, ni Prvog ni Drugog svetskog rata u Jugoslaviji. A po svakoj logici i realnom događanju moralo ih je biti. O ličnostima da i ne govorimo. Dok sam bila predsednik Neohelenske sekcije Društva za antičke studije Srbije nameravali smo i predlagali da se prihvati naučni projekat ispitivanja podataka o našoj zemlji i istoriji u grčkim enciklopedijama. U jednoj se starijoj, na primer, još uvek navodi kao Νοτιοσλαβία, što ne znam da li iko više koristi. Možda nije kasno ni sada za takva proučavanja, ni suviše duga ni suviše skupa, koja bi najpre doprinela boljem međusobnom poznavanju. Jer mi se uopšte ne poznajemo dovoljno, kao da smo na raznim planetama. Ili da smo neko vreme bili.

Stoga mi je u još većoj meri drag neveliki podatak o profesoru Đuriću u knjizi grčkog pesnika. U svoje dve nešto kasnije objavljene antologije uključila sam oba ova pesnika, samo da spomenem.

Ma da je njegovo bavljenje u Grčkoj svedeno faktički na ovako oskudan podatak, uz još jedan novinski tekst, profesor Đurić je na jedan drugi, iako ne manje stvaran način, zapravo ceo svoj život proveo u Grčkoj! Po sopstvenoj odluci i želji, možda u onom smislu kako je Hegel govorio da se svi „mi u Grčkoj osećamo kao u svome zavičaju". O tome doživljaju Helade Miloša N. Đurića je dosta govoreno, i danas ovde, iako mislim da sve ovo nije poslednja reč o tome, nego, naprotiv, treba tek da *počnemo sa preispitivanjem fenomena* Miloša N. Đurića i njegove harizme.

Pre tri nedelje sam imala prilike da govorim u Sremskoj Mitrovici[2] i ove nedelje u Beogradu, na svečanoj sednici u Udruženju književnih prevodilaca Srbije o obema Čika Mišinim godišnjicama. Veče u Sremskoj Mitrovici organizovano je na inicijativu tamošnje biblioteke u znak sećanja na najraniji period Đurićevog života i rada proveden u tom gradu od 1916. do 1920. godine. Za tu priliku smo pregledali onovremene listove iz Mitrovice i našli neke objavljene radove za koje dotle nismo znali. Kad se sve to spoji sa već poznatim, dobijaju se tematske linije Čika Mišinog intelektualnog interesovanja koje su, po mom mišljenju, ostale konstanta svih pedeset pet godina njegovog kasnijeg rada. To su:

– srpska narodna prošlost i njen moralni značaj
– srpska narodna književnost
– helenska misao i književnost i njene paralele sa srpskom
– uloga kulture u nacionalnom formiranju
– svetski pisci, i to oni koji su smatrani i nazivani naprednim.

---

[2] Vidi prethodni tekst u ovoj knjizi.

To je izraženo naslovima kraćih tekstova i prevoda njegovih iz tog vremena:

Vidovdan
Filip Višnjić
Sofokle
Kulturi nacionalizam
Maksim Gorki.

Malo po strani su, doduše, objavljeni čika Mišini ljubavni soneti, za koje nismo znali, a njegovim se poetskim izrazom, koliko ja znam, do sada niko nije ni pozabavio.

Brojne su kasnije okolnosti morale doprineti da se on više zainteresuje za helensku stranu, za razmišljanje o slobodi i kulturi, o onome, što ponovo prema Hegelovim rečima, „našem duhovnom životu daje smisao i služi mu za ukras", onome što su Evropi, kroz nauku i umetnost, poklonili Grci. Kao antipod slobodi i slobodnoj volji za Čika Mišu je uvek bila ὕβρις, koju je doživeo već kao vrlo mlad čovek, kad mu je zabranjena studija *Smrt Majke Jugovića* (27. 6. 1918) i cela života je nastavio da piše o tome, na primeru Kreonta, i uopšte. Ne znam da je iko kod nas ὕβρις toliko obrađivao i osuđivao kao Miloš Đurić.

Ali, za razliku od Hegela, on je imao više razumevanja i sklonosti za orijentalno, azijsko nasleđe, izraženo već ranim radom iz 1922. godine i sintagmom slovensko-indijski panhumanizam. I ti njegovi radovi o Indiji i Kitaju tek treba da se danas analiziraju.

Ima jedan poseban aspekt koji Miloša N. Đurića povezuje i sa savremenom grčkom kulturom. Još u svojim *Problemima filosofije kulture* 1929. godine on je napisao da „sreća nije postignuće cilja, no putovanje ka cilju...", da ona nije u aktualnom ostvarenju sna već u stalnom *napredovanju* ka ostvarenju toga sna. To upadljivo odgovara intonaciji danas čuvene Kavafije pesme iz 1911. godine pod naslovom *Itaka*:

„Kada se spremiš prema Itaci da pođeš,
treba da zaželiš da putovanje bude dugo,
pustolovina puno, puno saznanja.
- -
Itaka ti je dala divno putovanje.
Da nema nje, ne bi ni pošao na put.
Ali nema ništa više da ti da.

I ako je nađeš siromašnu, Itaka te nije prevarila.
Tako si mudar postao, s tolikim iskustvom,
pa ćeš razumeti već šta to Itake znače."[3]

Ne znam uopšte da li je Čika Miša znao za Kavafija i ovu njegovu pesmu. Sasvim moguće da jeste. Za razliku od uvreženog mišljenja da je Kavafi u Grčkoj bio potpuno zapostavljen i da je, nepoznat, čamio u svojoj Aleksandriji u Egiptu, tadašnja Atina je njega odlikovala najvišim grčkim ordenom i mnogi su ga već obožavali u samoj Grčkoj. Tamo je naš ambasador bio Jovan Dučić, od koga do danas u kulturnoj saradnji nijedan naš poslanik nije više učinio. U stvari, nije ni blizu kao on učinio.

Ali ovaj kompleks mogućih ličnih i drugih saznanja o savremenoj grčkoj kulturi i književnosti ne znam da je uopšte ispitivan.

I da završim: Čika Mišin trajni boravak u grčkom svetu neodoljivo me podseća na stih iz pesme *Asinski kralj* nobelovca Jorga Seferija koji kaže, o kralju,

„ za kojim smo tako pažljivo tragali po ovom
                                         akropolju
dotičući ponekad svojim prstima njegov dodir na
                                      ovom kamenju."[4]

Prva pesma budućeg nobelovca Seferija objavljena je u jednom stranom prevodu 1937. godine upravo u Beo-

---
[3] Prev. Ksenija Maricki Gađanski i Ivan Gađanski.
[4] Prev. Ksenija Maricki Gađanski.

gradu, u *Revue internationale des études balkaniques* Petra Skoka i Milana Budimira.[5] Biće da se ipak tada više čitalo grčke poezije nego što možda mislimo.

Meni Čika Mišino bavljenje Grčkom uopšte nekako izgleda kao to „pažljivo traganje po akropolju", gde je tražio suštinu čoveka i čovečnosti, suštinu kojoj su, po njegovom dubokom uverenju, uvek pripadali i Srbi.

1992.

---

[5] V. o tome saopštenje Ivana Gađanskog u Smirni, 5. 10. 2000. na stogodišnjicu Seferijevog rođenja.

ESTETIKA SVETLOSTI U STUDIJAMA O NJEGOŠU MIRONA FLAŠARA

„U istoriji srpske estetike Njegoš nema premca po veličini zamisli kojima je tretirao probleme poezije i po superiornosti s kojom je iz vlastitog iskustva govorio o umetniku, njegovim sposobnostima i njegovim dužnostima", ocenjuje u svojoj knjizi iz 1989. godine *Estetika kod Srba* Dragan M. Jeremić (SANU, str. 207) Njegoševo mesto i doprinos u srpskoj estetičkoj misli i umetničkom ostvarenju.

Nešto drukčije, ali takođe krajnje pohvalno, o Njegoševom značaju u tom pogledu govori i Milan Ranković u svojoj pregnantnoj knjizi *Istorija srpske estetike* iz 1988. godine (Zavod za izdavanje udžbenika, str. 31). „U srpskoj kulturi nema stvaraoca čija je filosofska-estetička misao do te mere impregnirala čitavu tvoračku delatnost, kao kod Njegoša."

Naravno, o Njegošu su mnogo puta izrečeni važni sudovi, ali navodim ove specifične ocene naših vodećih teoretičara iz oblasti estetike po kojima je Njegoš nesumnjivo na vrhu našeg stvaralaštva i u tom pogledu.

Možda moja obaveštenost nije dovoljna, ali čini mi se da od Isidorine beleške, kako kaže Jeremić, *Njegoševa estetika* u knjizi *Njegošu, knjiga duboke odanosti* (Beograd, 1951, Novi Sad, Matica srpska, 1961) i studije akademika Vojislava Đurića *Njegoševa poetika* (Beograd, 1964) nema novijih specijalno estetičkih studija o Njegošu.

Stoga se bojim da je malo nesmotreno da se ja danas ovde upuštam u tako tešku temu i tako deficitarno obrađivanu.

Moj motiv da o tome govorim je sasvim skromnog očekivanja: da sebi razjasnim neke pojmove i termine, „u preseku većeg broja koordinata", kako kaže moj prerano, 1997. godine, preminuli profesor, kasnije i prijatelj i saradnik u mnogim poslovima, Miron Flašar u jednom svom radu o Njegošu (*Luča I* 1, 1984, 81).

Kao što je poznato, Miron Flašar je uradio ili objavio bar dva tuceta studija o Njegošu u rasponu od blizu četiri decenije – počev od njegovog rada u *Živoj Antici* 1958. godine i obimne doktorske teze iz 1959. godine do posthumno objavljene knjige u CANU 1997. godine *Njegoš i Antika*, koju mi je ljubazno poklonio njegov brat profesor građevine Aleksandar Flašar.

Većina ovih njegovih radova proučava antičko nasleđe kod Njegoša, filosofsko, književno, istorijsko, religijsko i biblijsko, i tako dalje. Specifičan metod profesora Flašara, do koga je veoma držao, a čija je realizacija zahtevala ogroman trud i rad, bio je da konkretno identifikuje Njegoševu lektiru i sve moguće dokaze za pouzdanu identifikaciju njegovih znanja kao izvora za kasnije poetske iskaze.

Možda nekada i ne lako čitljivi, ovi Flašarovi radovi predstavljaju prostranu i bogatu riznicu za sve potonje ispitivače. Jer teško da se može očekivati da se dopuni ili bitno izmeni ono što je Miron Flašar proučio o platoničarskoj i neoplatoničarskoj mitsko-mističkoj tradiciji koja je uticala na Njegoša, o heksaemeralnom, vizionarskom i uopšte hrišćanskom sloju Njegoševih filosofskih pogleda.

Druga oblast temeljnih Flašarovih tekstualnih istraživanja i analiza u vezi sa Njegošem su pisci, knjige i deje iz francuske, ruske i italijanske književnosti najviše. (Iako je J. Milović pisao *O velikom uticaju Geteovom na Njegoša*, Beograd, 1934, Flašara je to manje zaokupljalo). Proučavao je i mesto mogućeg Danteovog i Miltonovog uticaja na našeg velikog kozmološkog pesnika.

Bez želje da ovoj učenoj građevini išta dodam, ja sam se zapitala šta bi profesor Flašar mogao reći o Njegoševoj estetici, jer to nije bila prevashodna tema njegovih komparativnih proučavanja. On je dosta ispitivao simboliku svetlosti kod Njegoša, pre svega, naravno, u *Luči mikrokozma*. Tragajući za njenom „središnjom metaforom", Flašar konstatuje sledeće: „Opšte je i vazda ponavljano uverenje da slika svetlosti, da metaforika i simbolika svetlosti jeste osnovno i središnje obeležje ovog Njegoševog speva." Iako to „pred svačije oči iskače kao činjenica neposredno uočljiva", tumači *Luče* se potom, odmah, razilaze u sudu... o podrobnijim razmatranjima, kaže Flašar. Iako su sva „dêlom umesna", „ova su tumačenja ostala „ipak naporedna, kumulativna, bez jedinstva i bez usmerenja ka jednostavnom tumačenju Njegoševog speva" (*op. cit. p. 81*), u suštini „mozaična", „zbunjivog i zbunjenog besporetka". Miron Flašar se, prihvatajući tako i paralele sa našom folklornom i narodnom književnošću, sa Danteovom *Komedijom*, sa platonskim, novoplatonskim, filonskim, kabalističkim, manihejskim i bogomilskim izvorima, s novovekovnim evropskim kod Miltona i Lamartina itd., odlučno usprotivio jedino shvatanju da je simbolika svetlosti „nešto sveopšte, u svim narodima prisutno, sve tamo do divljaka ostrva Fidži i Vašukulumba". To je u stvari bio pogled Isidore Sekulić, dat „u želji da se naglasi Njegoševa samostalnost", na koji je 1952. data „puna i autoritativna replika u radu *Njegoš, kabala i Filon* moga profesora Anice Savić Rebac", navodi Miron Flašar i zaključuje da je ona „odlučno ukazala na potpuno tradicionalnu prirodu Njegoševe svetlosne simbolike".[1]

---

[1] V. Miron Flašar: *Dante, Njegoš i heksaemeralno predanje*. – Zagreb, JAZU, 1984, 187.

Produžavajući tako liniju ispitivanja „svoga profesora Anice Savić Rebac", Miron Flašar je uporno, dokumentovano i opsežno, po sopstvenim rečima, „ukazivao pre svega na platoničarske i novoplatonske paralele za svetlosne metafore i termine" *Luče* ili srodnih Njegoševih pesama (*Luča* I 1, 148).

Očigledno je da se u svim ovim pristupima problematici govori o „simbolici svetlosti". Može izgledati neopravdano da se stavi naslov *Estetika svetlosti*, kako sam ja predložila.

Naravno, način na koji o svemu ovome govorimo zavisi od značenja termina koje upotrebljavamo. Tu spada i nezaobilazno pitanje o tome šta je sama estetika. To bi bilo lako ako bismo je mogli smatrati kao „znanje ograničeno na lepotu". kako je 1769. godine Herder hteo da modifikuje definiciju Aleksandra Gotliba Baumgartena, osnivača estetike, iz 1750. godine da *„Aesthetica est scientia cognitionis sensitivae"*, „nauka o čulnom saznanju". U svom pregledu o estetici u knjizi *Philosophische Disziplinen* iz 1998. godine (hg. Annemarie Pieper) minhenski profesor Wolfhart Henckmann, posle istorijskog uvoda, estetiku posmatra dvostruko: *Ästhetik als Theorie der ästhetischen Erfahrung* (p. 43) i *Ästhetik als Theorie der Kunst* (p. 47). Odlučujući se za ovo drugo shvatanje kao danas najprihvatljivije, Henkman naglašava da „lepota ne definiše, kao još kod Hegela, suštinu umetnosti", iako se estetika i danas još uvek bavi „lepim umetnostima", kako se to nekad zvalo. Ali one same danas „nur noch selten als *schön* gelten wollen". Tako imamo i estetike ružnog i već čega svega ne, uključujući i „Sexualästhetik" kao „bürgerliche Rezeption von Obszönität und Pornographie", kako glasi naslov knjige nemačkog autora P. Gorsen-a iz 1972. godine (Reinbek).

Nisam navela punu definiciju Baumgartenovu, čiji mi srpski prevod nije pri ruci. On, naime, uz reč *„Aesthetica"*, odmah u zagradi navodi objašnjenje šta sve pod tim podrazumeva i kaže: („theoria liberalium artium, gnoseologia inferior, ars pulcre cogitandi, ars analogi rationis").

Henkman smatra da se svi ti pojmovi u zagradi mogu supsumirati pod pojam „čulnoga saznanja" (der Begriff der „sinnlichen Erkenntnis", p. 36). Takvo shvatanje ima osnova i u samim helenskim terminima.[2]

Iako je estetika kao nauka širi pojam od teorije umetnosti (Kunsttheorie), očigledno nju uključuje, pa tako uključuje i sve poetike kao teorije o stvaranju umetničkog dela. U tom smislu je i knjiga profesora Voje Đurića o Njegoševoj poetici i rasprava o Njegoševoj estetici istovremeno.

Slični momenti mogu se naći i kod Mirona Flašara na nekim mestima, a svakako je šteta što sâm nije na tome više insistirao za života. Verovatno bi tog estetičkog pristupa kasnije bilo više, da je stigao pre smrti da ta istraživanja završi.

Navešću nekoliko primera, iz jednog od najboljih Mironovih radova iz ove oblasti, objavljenog pod naslovom

---

[2] αἰσθάνομαι – opažati čulima (Herodot)
čulom mirisa (Ksenofont)
čulom vida (Sofokle)
čulom sluha (Tukidid, Sofokle)

čulom uma, razumeti (Tukidid)
biti uman (Tukidid)
imati samosvest (Tukidid)
αἴσθησις – sposobnost opažanja čulima, senzacija (Euripid)
αἴςθησιν αἰσθάνεσθαι (Platon)

organ čula, jedno od pet čula (Platon, Aristotel)
αἰσθητήριον – organe de sensation, sens (Hipokrat, Aristotel)
ὁ αἰσθητής – onaj koji opaža čulima
αἰσθητικός 3 – onaj koji ima sposobnost da oseća ili razume (Platon, Aristotel, Plutarh)
αἰσθητός 3 – perceptible par les sens, sensible (Platon, Sekst Empiričar).

Svetlost kao terminus technicus: o središnjoj metafori „Luče mikrokozma" (str. 80–148) u novopokrenutoj nikšićkoj *Luči* (I 1 1984).[3] Ceo taj centralni segment časopisa, objavljen pod naslovom *Simbolika svjetlosti u filosofiji*, pripremio je i preveo kolega Bogoljub Šijaković.

Insistirajući na već navedeni način na Njegoševim paralelama ili toposima iz poznoantičke filosofije i književnosti, Miron Flašar donosi i neka poređenja iz Njegošu savremene evropske (francuske i ruske) književnosti koji se ne uklapaju u potpunosti u postulisanu „simboliku svetlosti". Tako, na primer, na str. 95/96 pomenute studije autor kaže: „Kako je Njegoševo poznavanje (*sc.* tradicije) ne samo apstraktno, konceptualno, nego pored predstava sadrži i poetske teme i opise, motive i metafore, moguće je da ono gdekad zavisi od literarnih izvora i tako da se pesnik njihovih iskaza seća više zbog pesničke lepote nego zbog konceptualnih pojedinosti". Iako se autor boji da „ta mogućnost stoji, unekoliko, na putu tumačenju Njegoševog pesničkog izraza", ja to vidim kao značajan metodski momenat upravo u tumačenju Njegoševe estetike. Poezija nije mehanički zbir onoga što pesnik može sve da zna, nego je upravo „originalna" prerada raznih usvojenih detalja i saznanja, originalna u smislu kako to Jovan Deretić lepo kaže za Njegoša (*Kratka istorija srpske književnosti*, Beograd, 1987, 118).

Dalje u svojoj studiji Flašar govori o Lamartinovoj pesmi *Harmonies*, koju je Njegoš temeljno čitao, kako se profesor Flašar takođe temeljno uverio, i u njoj se govori o vasioni (str. 100/101) i zvezdama koje polaze u vasionu eliptičnom putanjom obnavljajući stalno nebesa. Vasioni nema kraja, sunca su bezbrojna. Itd. Očigledno da, pored moguće metafizike u drugim segmentima pesme, ovde imamo tako reći naučni opis.

---

[3] Stara *Luča* je izlazila od 1895. do 1900. godine.

Slično je i na str. 109. ove studije izložen „veoma uzdržan" stav ruskog naučnika Lomonosova (1711–1765) „u obradi tema i preuzimanju slika poreklom iz antičke svetlosne mistike i kozmičke teologije". „I tamo gde je okvir iskaza očigledno tradicionalan, kao u *Jutarnjem* i u *Večernjem razmišljanju o božjem veličanstvu*, središnji motivi su naučna shvatanja o prirodi sunca i severne svetlosti" (str. 109).

I da ne dužim, sličnih primera i iskaza ima više, a bilo bi zamorno da navodim citate iz ovih dela.

Stoga bih ukratko saopštila svoj predlog da se iskazi o suncu i svetlosti kod Njegoša, pa i u *Luči*, posmatraju u četvornoj, stepenastoj shemi:

1. sunce (svetlost)   kao materijalno sunce
2.   "   "   kao metafora
3.   "   "   kao simbol i imaterijalno sunce
4.   "   "   kao estetička kategorija.

Nije svako pominjanje sunca očigledno metafora ili simbol, koliko god odnosi među njima ne bili sasvim jasni, a estetički ili poetološki pristup sve ih obuhvata i izražava.

Implicitno to kaže i Miron Flašar, kada, na primer, ukazuje na to da „problem Njegoševe zavisnosti od Dantea treba formulisati kao pitanje o *mogućnom primarnom jedinstvu* (podvukla KMG) konceptualnog i narativnog sloja u Njegoševom spevu..." *(Dante, Njegoš...* str. 184).

Očigledno je to pitanje književne formulacije koje spada u domen poetike, odnosno estetike. Pri tome se kod nas jako zanemaruje kompoziciona shema i literarna struktura speva. Određujući da *Luča* „spada u velike kozmogonijske spevove čovečanstva" (op. cit. p. 1118), Deretić samo kratko beleži da je ona „kao pesnička tvorevina neujednačenija od drugih Njegoševih velikih dela".

Ne objašnjava u čemu se ta neujednačenost ogleda i otkuda da od 1831 stiha, koliko spev ima,

na *prvu* pjesmu otpada 350 stihova
na *drugu* " " 141 stih
na *treću* " " 340 stihova
na *četvrtu* " " 210 stihova
na *petu* " " 510 stihova
na *šestu* " " 280 stihova
uz uvodnu *Posvetu Simi Milutinoviću*
" " 200 stihova

što sve zajedno čini 2031 stih!

Kažu da je Njegoš sastavio ovaj spev za ciglo četiri nedelje 1843. godine (mart/april) kad mu je bilo 29 godina![4] Znači da je nedeljno sastavljao preko 500 stihova ili blizu 70 dnevno. To ukazuje na ogromnu koncentraciju u njegovom radu tih nedelja velikog uskršnjeg posta i takođe verujem da pokazuje da mu je ogromno bilo stalo do opšteg pogleda i funkcije, da ne kažem poruke, više nego do preciznosti unetih detalja. On se spremao na put u Beč sledeće godine, po treći put, jer se prethodno u Beču zadržavao dvaput na odlasku u Rusiju 1833. i na povratku 1836. godine. Približavala su se dramatična evropska zbivanja sledećih godina, i Njegoš je izgleda žudeo da ispiše kozmičku sudbinu čoveka, jer je njegova istorijska sudbina bila na velikoj probi i prekretnici. *Luča mikrokozma* je objavljena 1845. godine. Sagorevajući i sam u svemu tome – ne treba zaboraviti da Njegoš nije bio samo književnik, već vladar crkveni i svetovni, a to je svuda i uvek teško, a kod našeg sveta nije ništa lakše – Njegoš je još stigao da napiše *Gorski vijenac* (objavljen 1847) i *Šćepana Malog* (1851). Redosled pojavljivanja ovih velikih naslova nije nikako mogao biti obrnut!

U vizionarsku poeziju obično pesnici utkaju sve što su dotle lično doživeli, saznali, čuli, pročitali, videli, ali to, kako kaže Milan Ranković, impregniraju, svojim neponovljivim darom i pronicljivošću.

---

[4] Tek 1. novembra te godine Njegoš je napunio trideset godina.

Tako je, na primer, u ovom veku kasniji vodeći grčki lirski pesnik, Angelo Sikeljano, sa devetnaest godina, za jednu noć, u Sinajskoj pustinji, otišavši u posetu sestri, napisao čudesnu vizionarsku poemu *Alafroiskiotos* i danas jednu od najlepših pesama na grčkom jeziku.[5]

Verujem da se temi svetlosti kod Njegoša, i to upravo s estetskog aspekta, još valja vraćati i da će neko ispitati semantiku i funkciju sve relevantne leksike kod Njegoša. Jer kod njega je i

> svjetla ruka (*Svobodijada* VII 51)
> i
> svjetle kraljice (*Gorski vijenac* 996)
> i
> vječno svjetla dviženja (*Luča mikrokozma* I 124)
> i
> svjetla ideja (*Luča mikrokozma* I 92).

I tako dalje.

Ovakve se odredbe ne komentarišu u našim tumačenjima ni rečnicima za Njegoša. Ako je reč o „čulnom saznanju" o kom govori Baumgarten i celo jezičko polje grčkog glagola αἰσθάνομαι u antici, šta može u estetskom pogledu biti čulnije od *svjetlih* entiteta svakojake vrste u Njegoševoj poeziji. Ona sva sija od takve leksike, i mislim da to spada u njegovu estetiku *prima facie*.

1998.

---

[5] Naslov označava „čoveka lake senke", što sam ja prevela sa *Vilenjak*, v. Ksenija Maricki Gađanski: *Antologija savremene grčke poezije*, Beograd, Nolit, 1978.

UMETNOST I OKVIRI

Sasvim se slažem s viđenjem mog Sremca Mike Vidakovića, inače doktora za najređu i najtežu stvar – *smešno i teoriju smešnog*, viđenje formulisano u prvom pozivu za skup na osnovu interesovanja članstva našeg Estetičkog društva na majskoj ovogodišnjoj skupštini, da je „potrebno temeljno preispitivanje pojava i delatnosti u ovoj oblasti".

Ali kojoj oblasti? S obzirom da je predložena tema „Čemu umetnost – na kraju milenija?" biće da je ta oblast umetnost. Znači, dakle, da mi znamo šta je umetnost, samo treba da preispitamo *čemu* ona danas, odnosno šta je njena svrha, cilj i zadatak.

Vi se mnogi tim više bavite od mene, pa verovatno i bolje znate šta je umetnost: ili, bolje, šta je *sve* umetnost. Kako ja baš ne znam, a da bih možda formulisala neki budući cilj ove delatnosti, pokušala sam da definišem šta je to umetnost, polazeći od termina i pojma.

I kao kod mnogih osnovnih stvari, to ide vrlo teško.

Najpre, kod Vuka, dakle pre nekih vek i po – te reči nema. Otkad ima *umetnost* u srpskom vokabularu ne može se, zasad, analizirati, jer srpski rečnik SANU – nije dotle stigao. A kad će, ne zna se.

Vuk ima izraz *v(j)eština* (juž.) u značenju *die Geschicklichkeit, Meisterschaft, scientia,* tj. *vičnost, znanje, poznavanje.* Vuk u *Rječniku* ne navodi nikakvih primera ni potvrda, tako da reč zaprema jedva dva reda u knjizi, za razliku od 84 reda koliko ima lema *vještica*. To i jeste ista osnova, indoevropsko *ved- „znati", ali nas sad zanima *veština*. *Vešt* zapravo znači „poznat", po nastanku, a Vuk još ima oblik prideva *umjetan* kao oznaku za čoveka, i znači isto *vešt, vičan, geschickt, habilis, aptus.*

Ima Vuk i oblik iz Crne Gore *umještina*, koji znači „*das Wissen, scientia*", ali da li bi to bilo što i naše današnje *umetnost* – ne znam.

U *Rečniku SANU* pod *veština*[1] kao drugo značenje reči, danas zastarelo, navode se upotrebe u smislu *umetnost*. Primeri su iz sredine prošlog veka:

„Вештина є обште єдна одъ најплеменитіихъ страна човештва".[2]

„Svaka (je) ikona u crkvi (u Neapolju) znamenitost stare ili nove veštine. Osim lepih veština slabo koja druga znanja napreduju (u Neapolju)", piše Ljubomir Nenadović (1826–1895) u *Pismima iz Italije*.[3]

Autori *Rečnika SANU* navode kao zastarelo i upotrebu „lepe veštine" kao prevod za *septem artes liberales*, što ja baš ne bih tako lako prihvatila.

E, pa šta je onda, (bila), umetnost? Đorđe Trifunović kaže da se u „našim srednjovekovnim pisanim izvorima često javljaju izrazi *hitrost* i *hudožastvo* koji mogu označavati i *umetnost* i *veštinu*",[4] ali u 10. veku umetnost je označena uglavnom izrazom *hitrost*, kojim se prevodi nekoliko grčkih pojmova: „ἐπιςτήμη, ἐμπειρία, δεινότης, τέχνη". To je književni jezik. U narodnom je taj izraz zadržao svoje ranije značenje: veština ili lukavstvo. Iako je, zanimljivo, i *hudožastvo* u skali značenja imalo i lukavstvo – ono u srednjovekovnom jeziku najčešće označava umetnost.

---

[1] II 577 (1962).
[2] Людевита Штура књига о народнимъ песмама и приповедкама славенскимъ, съ чешкога превео Бошковићъ Јованъ, у Новомъ Саду, 1857, 4.
[3] 16, 8; 16, 71.
[4] *Azbučnik*, 1990, 372.

Budući da Đorđe Trifunović navodi etimologiju ovog izraza koja ga vezuje za gotsko *handags* ∞ nem. *Hand,* ispada da i ova onomasiologija ukazuje na „veštinu, vičnost, sposobnost, iskustvo", kako se u ruskom i kaže umetnost. Tumači se kao praslovenska posuđenica iz gotskog *kausjan* „γεύεcθαι, δοκιμάζειν" (kušati, probati), što su uzeli i Romani u Galiji, te stoga današnji Francuzi imaju reč *choisir.*[5]

Ovakvi apstraktni pojmovi očigledno su se vekovima pozajmljivali i adaptirali zajedno s pismenošću, i predstavljali su prve okvire nekog stvaralaštva – leksiku.

Nemam ovde potrebe da objašnjavam neke druge izraze za „veštinu, umetnost", na primer grčko τέχνη, što se najčešće identifikuje s tim izrazima. Τέχνη, međutim, prvobitno izražava pojam „konstruisati, fabrikovati" i τέκτων „zidar", srodno s lat. texo, „tkati", odakle: *tekst,* i koradikalno s našom alatkom *tesla*. To bi bili drugi okviri – materijal i način obrađivanja.

Pored τέχνη, i češće se kao sinonim za *umetnost* koristi latinsko *ars, artis,* maločas pomenuto u onoj srednjovekovnoj sistemskoj pedagogiji *artes liberales.*

Ars je, opet, koradikalno s izrazima *ritus, artus,* ἄρθρον, ἀριθμός, *ordo* i ukazuje na religijsku delatnost sređivanja i brojanja. To bi bili sledeći okviri umetnosti – religijski, ritualni i sistematizujući.

Jedan latinski gramatičar iz 4. veka nove ere, Diomed, nešto mlađi od čuvenog Ajlija Donata, ostavio nam je jednu pregnantnu definiciju za *ars*. On kaže: „Ars est rei cuiusque scientia usu vel traditione percepta tendens ad usum aliquem vitae necessarium".[6] „Ars je poznavanje kakve stvari, dobijeno upotrebom ili tradicijom, koje smera na neku upotrebu korisnu za život". To znači „veština, talent", što je, i u apstraktnom i u konkretnom smislu, pret-

---

[5] P. Skok, *Etimol. rječnik hrv. ili srp. jezika,* II 247.
[6] Diom. *Gramm. Lat.* (Keil) I 421.

hodna rimska misao posmatrana suprotstavljeno nekim važnim pojmovima. Za Kikerona je, na primer, *ars* suprotno prirodi, *natura*,⁷ za Ovidija i Seneku suprotno duhu, ćudi, *ingenium*, i, za mnoge, suprotno znanju, *scientia*, ἐπιϲτήμη. Odnos prema prirodi i čoveku su još jedan, važan, okvir, za umetnost.

I sve to nam pokazuje i sama terminologija. Umetnost je uvek bila tesno *vezana za nešto drugo*, imala je uvek brojne i različite funkcije, postojala je samo *u tim mnogim okvirima*.

Kantovska autonomija lepog i novija shvatanja o autonomiji umetnosti možda i nisu pomogli umetnosti. Da jesu, zar bi trebalo da se pitamo danas: čemu umetnost? Ako smo joj uklonili sve te njene prirodne okvire u kojima je jedino postojala, zašto se čudimo što ne znamo šta ćemo s umetnošću?

Međutim, Kantovsko lepo i „sviđanje bez interesa" uopšte ne mora biti u suprotnosti s istorijskim okvirima umetnosti kako ih ja shvatam, jer se između *lepog* i *umetnosti* ne stavlja nužno znak jednakosti.

Pored toga, rekla sam na početku da ne znam šta je *sve* umetnost. Kod nas se pod *umetnošću* obično podrazumevaju likovna umetnost, pa i muzika, u novije vreme, uz scensku, i film i televizija. Univerzitet umetnosti, ipak, nema književnost u svom programu. Šta je književnost? Istorija umetnosti – znači likovnih – studira se na Filosofskom fakultetu. Istorije i teorije književnosti na Filološkom. Institut, gde je Milan Damnjanović našao tako srećno dom za naše Estetičko društvo, zvao se Institut za književnost i umetnost. Tako se legitimiše i većina naših listova i časopisa.

Kad dođe do finansiranja, još je komplikovanije. Umetnost se finansira iz Ministarstva za kulturu, gde se jedino još ubraja arhitektura. Svi ostali – filosofski i filo-

---

⁷ Cic. *Brut*. 236.

loški fakulteti – iz Ministarstva za prosvetu i nauku uključujući i istoriju umetnosti. Univerzitet umetnosti, opet, dobija novac i od Ministarstva za kulturu.

Autonomnost ovako nedefinisanih ili neusklađenih delatnosti očigledno ne može imati isti status i njihov predmet istu funkciju i namenu.

Godine 1990. *Princeton university* u SAD izdao je jednu poveliku knjigu[8] do koje sam ja došla nedavno, o preispitivanju atinske drame u njenom društvenom kontekstu. U nizu radova se pokazuje da danas sve više saznajemo o originalnom stvaranju i izvođenju tragedija i komedija u Atini i da nam sve više izgleda pogrešno da ih uopšte nazivamo „komadima" (plays) u modernom smislu reči.

U mojoj formulaciji ovog izlaganja – antička i tragedija i komedija imale su sasvim druge okvire.

Uostalom, ne samo antički festivali, već moderni još više, imaju *naslove*: svaki Bitef je bio *nečem* posvećen, svi komadi i predstave, koliko god različiti međusobno, dobijali su specifičan okvir. U antici to je bila religiozna i kultna namena, danas je neka druga.

U Beogradu se ovih dana novembra 1997. održava festival autorskog filma „Pogled na svet". Da li bi publika isto išla masovno na predstave da je samo objavljeno da se prikazuje, recimo, 15 filmova? Treba im *naslov*, treba im neki smisao i svrha. Okvir. I još nešto. Treba im osećanje recentnosti i prestiža. Nije svejedno da li je neki film dobio Lava u Veneciji na festivalu, ili nešto slično, pre deset godina ili pre godinu dana. I to je okvir, vremenski, prestižni, moda.

I finansijski. Pre koju nedelju je objavljeno da je senzacija otkriće da omiljeni Van Gogovi *Suncokreti* nisu originalni. Ako se ta ocena održi – ode dosta nula s milionske cene u dolarima za ovu sliku. Slično je i u suprotnom

---

[8] *Nothing to Do with Dionysos?* Athenian Drama in Its Social Context. Ed. John J. Winkler and Froma J. Zeitlin. – Princeton Univ. Press, 1990.

slučaju – javljeno je nešto kasnije da je Rembrantov *Mladić* pouzdano original. I dopisaše se na ceni nule. A ona ocena se, izgleda, nije održala.

A umetnička dela se sama po sebi baš ni u čemu nisu promenila. Kao ni egipatski hijeroglifi – u vreme kad su ljudi umeli neke 3,5 hiljade godina da ih čitaju, pa onda nekih 14 vekova kako nisu, sve do 1822, kad je Šampolion našao ključ za njih, pa opet danas kad opet znamo, ali samo malobrojni. Tu je okvir ljudsko znanje i recepcija, predmet je po sebi nepromenjen.

Bilo bi mi potrebno mnogo više vremena da razjasnim malo temeljnije šta sve po mom mišljenju spada u ovo moje protivljenje da se višestruka pozicija umetnosti shvata samo kao (nedopustiva) instrumentalizacija umetnosti. Naravno, to je moguće, kao i svaka zloupotreba. Ali nije svaka funkcija umetnosti za čoveka i društvo nužno po definiciji instrumentalizacija i manipulacija.

S umetničkim delom je kao sa stazama u parku – ako planer napravi stazu u jednom pravcu, narod uvek pođe kroz park nekom svojom stazom. Ako teoretičari i filosofi ukinu umetnosti neki kroz istoriju postojeći okvir umetnosti – neku funkciju i namenu za kojom ljudsko biće i društvo oseća potrebu, narod će taj okvir ispuniti nečim drugim. Možda tako nastaje i kič i šund. Ali je činjenica da postoje.

Arheolozi takođe danas preispituju najstarije tragove umetnosti, uglavnom crteža, za koje se nekako uvek mislilo da imaju mađijsku funkciju. Najnovije nalaze u Sahari tumače kao svojevrsno obeležavanje *granica teritorija* tih pradavnih ljudi, za koje pojma nemamo ko su bili, ali koji su, eto, dobro znali, kako da komuniciraju – umetnošću. I da tako dobro procene kalendar i geografiju, da se sledeće godine tačno nađu istog dana na nekom udaljenom mestu.

Umetnost je, ipak, i pre svega, komunikacija. I na nju se moraju primenjivati pravila koja važe i za druge sisteme komunikacija.

Izuzetno važan okvir u umetnosti je *žanr*, ali to bi zahtevalo posebno izlaganje. Kao i *versifikacija*.

Nemački filosof Bajervaltes napisao je da kraj milenija sam po sebi ne znači ništa, ali nove planetarne tehnologije možda znače. Videćemo.

1997.

SADRŽAJ

I

Ka najstarijoj evropskoj glotologiji 7
Kako nastaje slika Kentaura 34
O Heraklitu, ponovo 50
Oblast snova i antička atomistika................ 79

II

Iza leđa legende: Sokrat 89
Platon i Demokrit........................... 105
Istorija Atine u Platona 117
Demostenov govor *O vencu* 128
Aristotel – najznačajniji mislilac antike.............. 149
Beleška o helenskoj retorici i glotologiji............ 166
Plutarhov metod istorijskog opisa „dela vrline" 172
Umetnost javne reči........................... 177

III

O demonima bure kod Milana Budimira........... 185
Sto godina Miloša N. Đurića 191
Profesor Đurić u Grčkoj....................... 201
Estetika svetlosti kod Njegoša 209
Umetnost i okviri 218

Izdavačko preduzeće
RAD
Beograd, Dečanska 12

*

Glavni urednik
NOVICA TADIĆ

*

Grafički urednik
MILAN MILETIĆ

*

Za izdavača
SIMON SIMONOVIĆ

*

Štampa
Elvod-print, Lazarevac

Tiraž 500

CIP – Каталогизација у публикацији
Народна библиотека Србије, Београд

821.14'02.09
821.14'02.09:808.1
811.14'02(497.11)"19":929

МАРИЦКИ Гађански, Ксенија

    Bure i snovi / Ksenija Marickik Gađanski. – Beograd : Rad, 2004 (Lazarevac : Elvod-print). – 227 str. ; 21 cm. – (Kolekcija Pečat)

Tiraž 500. – Napomene i bibliografske reference uz tekst.

ISBN 86-09-00860-6

a) Грчка књижевност, античка – Језик b) Грчка књижевност, античка – Мотиви c) Класични филолози – Србија – 20в

COBISS.SR-ID 116163084

www.ingramcontent.com/pod-product-compliance
Lightning Source LLC
Chambersburg PA
CBHW071700090426
42738CB00009B/1607